"十二五"中等职业教育物流专业工学结合系列教材

# 电子商务与现代物流实务

主　编　周爱国
副主编　龚方明　李华凤
　　　　程　明　魏江霞

中国物资出版社

**图书在版编目（CIP）数据**

电子商务与现代物流实务/周爱国主编 . —北京：中国物资出版社，2012.1（2022.8 重印）

（"十二五"中等职业教育物流专业工学结合系列教材）

ISBN 978 - 7 - 5047 - 4099 - 1

Ⅰ.①电…　Ⅱ.①周…　Ⅲ.①电子商务—物流—物资管理—中等专业学校—教材

Ⅳ.①F713.36②F252

中国版本图书馆 CIP 数据核字（2011）第 263402 号

| | | | | |
|---|---|---|---|---|
| 策划编辑 | 张　茜 | | 责任印制 | 梁　凡 |
| 责任编辑 | 张　茜 | | 责任校对 | 孙会香　饶莉莉 |

| | | | | |
|---|---|---|---|---|
| 出版发行 | 中国物资出版社 | | | |
| 社　　址 | 北京市丰台区南四环西路 188 号 5 区 20 楼 | | 邮政编码 | 100070 |
| 电　　话 | 010 - 52227588 转 2098（发行部） | | 010 - 52227588 转 321（总编室） | |
| | 010 - 52227566（24 小时读者服务） | | 010 - 52227588 转 305（质检部） | |
| 网　　址 | http://www.cfpress.com.cn | | | |
| 经　　销 | 新华书店 | | | |
| 印　　刷 | 北京九州迅驰传媒文化有限公司 | | | |
| 书　　号 | ISBN 978 - 7 - 5047 - 4099 - 1/F・1636 | | | |
| 开　　本 | 787mm×1092mm　1/16 | | 版　　次 | 2012 年 1 月第 1 版 |
| 印　　张 | 14.25 | | 印　　次 | 2022 年 8 月第 3 次印刷 |
| 字　　数 | 338 千字 | | 定　　价 | 42.00 元 |

# 序　言

为贯彻落实《国家中长期教育改革和发展规划纲要（2010—2020年）》，推行工学结合、校企合作、顶岗实习的职业教育人才培养模式，中国物资出版社现代物流教材中心特组织国家示范性中等职业学校教师以及职业教育专家共同开发了"十二五"中等职业教育物流专业工学结合系列教材。

近年来，中等职业教育在教学改革及课程建设方面取得了巨大成就，教材是教学课程的物化，所以教材建设需要同步跟进、创新。本系列教材的编写正是在物流专业课程体系全面、系统改革的基础上进行的，因此本系列教材具有如下特点：

（1）依据校企合作、工学结合的模式编写教材。本系列教材的编写以职业院校教师为主，以物流企业人员为辅，把课堂知识与岗位技能要求相融合，保证了课本知识符合物流企业所需人才的培养方案要求。

（2）注重学生实操性。教材打破了原来学科体系的编写方法，以任务、实训案例为载体，以小贴士、小资料为课外补充，充分展示了本系列教材理论与实践的结合、知识与岗位技能的对接的特点。不仅增强了教学活动的互动性，活跃了课堂气氛，而且有助于学生掌握物流岗位"必须"知识，直观了解企业的物流活动。

（3）案例真实，实训性强。教材选取的企业典型案例，具有真实性、针对性，有助于学生真实体会物流企业岗位工作内容。教材中还设置了具体的工作任务及工作流程，并采用步骤式的方案引导学生分组进行实践操作，培养学生全局意识及工作过程中的协调能力。

（4）任务、案例循序渐进，易于学习。教材中任务、案例的安排遵循由简单到复杂、由单一到综合的递进关系，梯度明晰，逻辑性强，符合中等职业学校学生认知特点和职业教育能力培养方案。此外，循序渐进式的安排也有助于增强学生的自信心，激发学生对物流专业学习的兴趣。

本系列教材是中国物资出版社及该系列教材编委会在职业教育方面努力创新、不断完善的成果，但仍有许多需要改进之处。伴随不断的实践和经验的总结，中国物资出版社会与职业教育专家、全国物流专业教师共同再接再厉，为全国中等职业学校物流专业的学子提供规范、适用的精品教材。

编委会

2011 年 8 月

# 前　言

电子商务作为数字化生存方式，代表着未来的贸易方式、消费方式和服务方式。回顾国内电子商务的发展，整体趋势似乎总是受制于传统的物流模式。如何迎合客户需求，创造完美的购物体验，如何使得线上与线下衔接得当，已成为电子商务企业提升核心竞争力的关键。没有现代物流就不会有电子商务；反过来，现代物流也需要电子商务来改变传统的物流方式。可见，电子商务与现代物流的融合是大势所趋，人心所向，符合时代发展的规律。在这一背景下，《电子商务与现代物流实务》一书应运而生。

《电子商务与现代物流实务》一书主要从电子商务与现代物流的关系入手，系统介绍了电子商务环境下如何开展现代物流管理。全书模块化设计，运用项目导向教学法、任务驱动教学法、系统思维导图教学法、合作式学习法等教学模式，融教、学、做于一体，按岗位工作流程和需要重构教材体例，深度解读电子商务环境下现代物流的运作规律，全面凸显出做中学、做中教的职业教育特点。其主要模块包括解读电子商务与现代物流的关系、电子商务环境下的物流系统、电子商务环境下物流模式的选择、电子商务环境下的商品采购与库存管理、电子商务环境下的物流配送、电子商务环境下的供应链管理等。

鉴于职业院校的学生形象思维较强、逻辑思维相对较弱的智力特征，我们本着"必须为准，够用为度，实用为先"的原则，在体例设计上进行了全新的探索。每个模块分成若干任务，每个任务由任务导入、知识准备、任务实施、任务小结、课后训练等教学活动组成。

任务导入——通过简单提问或对话等情境导入教学活动，教师在任务驱动下组织项目教学。

知识准备——完成该任务必备的知识清单。精选小贴士、经典案例以激发学生学习兴趣，引发对任务的思考和探究。

任务实施——根据该任务需要，针对不同工作岗位流程和实际创设完成该任务的具体操作流程。任务实施由实施目的、实施内容、实施地点和工具、实施步骤、实施指导、实施时间、评价标准7个板块构成。

任务小结——归纳该任务知识点和实操要点。

课后训练——由单选、多选、判断、简答、案例分析等形式的习题构成，旨在让学生在课后对相关应知理论进行巩固提高。

本书由高级讲师周爱国主编，模块一、模块二由周爱国编写；模块三由龚方明编写；模块四由李华凤编写；模块五由程明编写；模块六由杨诚、魏江霞编写。由周爱国负责全书的统稿，高级讲师金萍主审。

在本书编写过程中，我们参考了大量国内外的著作、文章和网络上最新的资料，在此向各位论著的作者和相关媒体致以衷心的感谢。

为方便教师教学，本书还配有习题答案（电子版）。请有此需要的教师登录中国物资出版社网站（www.clph.cn）进行下载。广大读者若有不解之处，请来函或网上询问。主编的电子邮箱：zhouagok@126.com。

编　者

**2011 年 9 月**

# 目　　录

# 模块一　解读电子商务与现代物流的关系

**学习目标**

【知识目标】

1. 了解电子商务的含义和特点

2. 熟悉电子商务的构成和功能

3. 掌握现代物流的含义、功能和类型

4. 熟悉电子商务与现代物流的关系

【能力目标】

1. 能识读电子商务的五种运行模式

2. 能分析电子商务对现代物流的影响

3. 能解读现代物流对电子商务的影响

4. 能识读电子商务环境下现代物流业的发展走势

【情感目标】

1. 通过深度解读电子商务与现代物流的关系，增强发展现代物流的危机感

2. 通过任务驱动教学法和合作学习法的运用，重在提升合作意识，培养团队精神

（建议总课时：14 课时）

## 任务一　认识电子商务

 **任务导入**

要深度解读电子商务与现代物流的关系，首先必须认识电子商务。现在让我们一起走入神秘莫测、多姿多彩的电子商务世界吧！

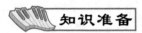

## 一、电子商务的基本概念

电子商务最早起源于 20 世纪 60 年代，产生的原动力是信息技术的进步和商贸的发展。人们对电子商务的认识，是仁者见仁，智者见智，时至今日，还难以给出一个统一的定义。

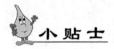

### 电子商务产生和发展的条件

◆计算机的广泛应用

◆网络的普及和成熟

◆信用卡的普及应用

◆电子安全交易协议的制定

◆政府的支持与推动

我们综合各方专家对电子商务的界定，认为电子商务有广义和狭义之分。

狭义的电子商务是指利用 Internet 进行的商务交易活动。它的运营范围仅局限于 Internet 上所进行的电子贸易。

而广义的电子商务则是利用计算机硬件设备、软件和网络基础设施，通过一定的协议连接起来的电子网络环境并进行各种商务活动的方式。这些商务活动不仅仅局限于企业之间，也包括在企业内部、个人和企业之间发生的商务活动。如网上营销、网上客户服务、网上广告宣传、网上调查等。

## 二、电子商务的构成

本书所指的是广义的电子商务，其构成及各部分关系如图 1-1 所示。

**1. 网络系统**

网络系统包括 Internet（因特网）、Intranet（企业内部网）、LAN（局域网）、Extra-net（企业外联网）。其中 Internet 是电子商务的基础，是商务、业务信息传递的载体；Intranet 是企业内部商务活动的平台；Extranet 则是企业与用户进行商务活动的桥梁或纽带。

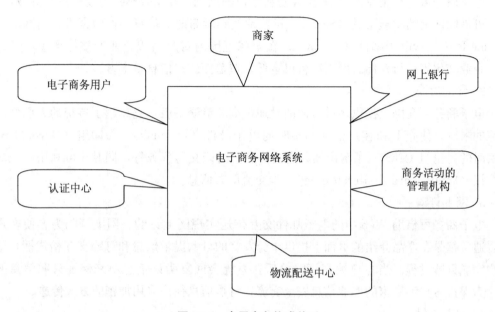

**图 1-1 电子商务构成关系**

**2. 电子商务用户**

电子商务用户即企业用户与个人用户。企业用户建立在 Intranet、Extranet 和管理信息系统（Management Information System，MIS）基础之上，对企业人、财、物、产、供、销进行科学管理。而个人用户则利用浏览器、个人数字助理、手机等接入互联网获取信息、购入商品等。

**3. 认证中心**

认证中心是法律保护的注册权威机构，直接负责发放与管理电子证书，确保网上交易各方能够相互确认对方的身份。

**4. 物流配送中心**

物流配送中心就是根据商家送货要求，组织运送用户从网上直接订购的商品。

**5. 网上银行**

网上银行是为网上交易的用户和商家提供支付和结算业务的数字化系统工具，且提供 24 小时全天候实时服务。

**6. 商务活动的管理机构**

商务活动的管理机构主要包括工商、税务、海关、商贸等部门的管理系统。

### 三、电子商务的功能

电子商务是一种新型的商业业态，描述了通过网络完成交易的方式。其功能主要包括广告宣传、咨询洽谈、网上订购、网上支付、电子账户、服务传递、意见征询、交易管理等。

1. 广告宣传

电子商务可凭借企业的 Web 服务器和客户的浏览，在 Internet 上发布各类商业信息。客户可借助网上的检索工具（Search）迅速地找到所需商品信息，而商家可利用网上主页（Home Page）和电子邮件（E‑mail）在全球范围内对产品或企业的整体形象、经营理念、企业文化等进行宣传。网上广告成本低、覆盖面广、信息量丰富。

2. 咨询洽谈

电子商务可在网上提供多种方便的异地咨询和洽谈手段，它超越了传统的人们面对面交流的限制，使企业和客户借助非实时的电子邮件（E‑mail）、新闻组（News Group）和实时的讨论组（Chat）了解市场和商品信息、洽谈交易事务等，同时还可利用网上的白板会议（Whiteboard Conference）进一步交流即时信息。

3. 网上订购

电子商务可借助 Web 中的电子邮件交互传送实现网上订购。网上订购为方便客户操作，通常都是在产品介绍的页面上提供十分友好的订购提示信息和订购交互格式框，帮助客户完成订购过程。当客户填完订购单后，系统会回复确认信息单来保证订购信息的收讫。为保证客户和商家的商业信息安全交流，订购信息往往采用加密的方式传递。

4. 网上支付

网上支付是电子商务重要的环节。客户和商家之间可采用智能卡、电子资金转账、信用卡账号、电子现金、电子钱包及电子支票等，通过银行进行支付。在网上直接采用电子支付手段可减少交易环节，加速交易过程。但网上支付需要更为可靠的信息传输、安全性控制，以防止欺骗、窃听、冒用等非法行为。安全问题得不到保证，用户就不可能放心使用，电子商务就不可能大发展。

5. 电子账户

网上支付必须有电子金融来支持，即银行或信用卡公司及保险公司等金融单位要为金融服务提供网上操作的服务。而电子账户管理是网上金融管理最基本的组成部分。信用卡号或银行账号都是电子账户的一种标志，而其可信度需配以必要技术措施来保证，如数字证书、数字签名、加密等手段的应用提供了电子账户操作的安全性。

6. 服务传递

客户付款后，商家应尽快地将其订购货物传递到他们的手中。有些货物在本地，而有些货物在异地，电子邮件能在网络中进行物流的调配。而信息产品最适合在网上直接传递，如软件、电子读物、信息服务等，可直接从电子仓库中将其发送到用户端。

7. 意见征询

利用网上的信息交换，商家可提供产品和服务细节、产品使用技术指导，征询和回答客户意见，了解市场和反馈信息，拉近与客户的距离，发现商机。电子商务能十分方便地采用网页上的"选择"、"填空"等格式文件来收集用户对销售服务的反馈意见。这样使企业的市场运营形成一个封闭的回路。

 案例分析

### 海尔在线的服务传递和意见征询

经典回放：海尔的服务传递。在海尔网上订单生成后，进入处理流程，海尔内部有一套严格的订单处理过程控制办法，如对订单的接收、联系用户、确定货源、与用户约定送货时间、安排配送、送货上门、回访等环节的时间和操作都有严格要求，并且采用信息系统跟踪监控，确保用户订单及时有效的得到处理，最大程度地让每个用户满意。

海尔的在线意见征询。海尔有"联系我们"这个栏目。在客户的信息提交成功之后，他们将在两日内与客户电话联系或回复邮件，及时收集客户对商品和服务的反馈意见，客户的反馈意见能够提高网上交易售后服务的水平，使企业获得改进产品，发现市场的商业机会，使企业的市场运作形成一个封闭的良性回路。

学生讨论：

1. 你认为电子商务中的服务传递与传统方式有何不同？还应有哪些要求？

2. 比较电子商务与传统方式的意见征询方式，有哪些优点？


8. 交易管理

网上整个交易管理涉及人、财、物等多个方面，企业和企业、企业和客户、企业和政府及企业内部等各方面的协调和管理。因此，交易管理实际上是涉及商务活动全过程的管理。如市场法规的制订、税费的征管、交易纠纷的仲裁等。

## 四、电子商务的特征

电子商务与传统的商务活动相比，有其鲜明的特点。

1. 虚拟性

电子商务通过 Internet 为代表的计算机网络进行交易，买卖双方从贸易磋商、签订合同到资金支付等，无须当面进行，均可通过计算机互联网完成，整个交易过程完全虚拟化。对卖方而言，可以利用网络管理机构申请域名、制作自己的主页、上产品信息网。电子商务通过虚拟现实、BBS（电子公告牌）等新技术的发展，使买方能够根据自己的需求选择广告，并将信息反馈给卖方。通过信息的相互交流，签订电子合同、完成交易并进行电子支付。整个交易都在网络这个虚拟的环境中进行。

2. 高效性

电子商务活动主要在网络上进行，表现为全天候、无纸化、低成本，计算机自动处理

数据，使原料采购、产品生产、需求与销售、银行汇兑、保险、货物托运及申报等过程无须专人干预，就能在最短的时间内完成。而传统的贸易方式用信件、电话、传真传递信息，必须有人参与，每个环节都要花费不少时间和费用。电子商务克服了传统贸易方式费用高、易出错、处理速度慢等缺点，极大地缩短了交易时间，降低了交易成本，从而使整个交易快捷、经济、高效。

3. 方便性

在电子商务环境中，买卖双方不再受地域的限制，能以非常简捷的方式完成过去较为繁杂的商务活动。电子商务通过 Internet 网上的浏览器，客户足不出户就能看到商品的具体型号、规格、售价、商品的真实图片和性能介绍，借助多媒体技术甚至能够看到商品的图像、动画演示和听到商品的声音，使客户基本上达到亲自到商场里购物的效果。特别是客户可以减少路途的劳顿和人员的拥挤，在网上购物对客户也具有趣味性和吸引力。

4. 安全性

在电子商务环境中，安全性是一个至关重要的核心问题。它要求网络能提供一种端到端的安全解决方案，如加密机制、签名机制、安全管理、存取控制、防火墙、防病毒保护等，这与传统的商务活动有很大的不同。

5. 透明化

电子商务使买卖双方从交易的洽谈、签约以及货款的支付、交货通知等整个交易过程都在网络上进行。通畅、快捷的信息传输可以保证各种信息之间互相核对自动化、实时化，防止伪造信息的可能性。如，在典型的许可证 EDI（电子数据交换）系统中，由于加强了发证单位和验证单位的通信、核对，假的许可证就不易漏网。

6. 协调性

在电子商务环境中，电子商务企业从寻找客户开始，一直到洽谈、订货、在线付（收）款、开电子发票乃至到电子报关、电子纳税等通过 Internet 往往一气呵成。要实现完整的电子商务除了买家、卖家外，还要求银行或金融机构、政府机构、认证机构、配送中心等机构的通力协调，整体配合。

## 五、电子商务的运行模式

按电子商务应用服务的领域及对象不同，可分为五种运行模式，即企业对企业、企业对消费者、政府机构对企业、政府机构对公众、消费者对消费者的电子商务。

1. 企业对企业的电子商务模式（B2B 或 B to B）

企业对企业的电子商务（如图 1-2 所示），即 Business to Business 或 B2B 电子商务模式。其代表网站主要有中国商品交易中心网、阿里巴巴、慧聪网等。

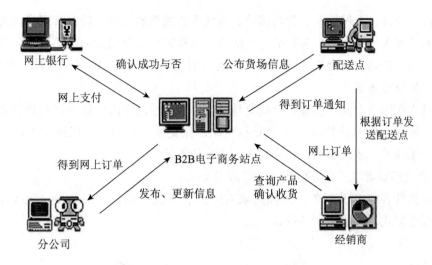

**图 1 - 2  B2B 企业对企业的电子商务模式**

企业与企业的电子商务模式是电子商务中的重头戏。它是指企业在开放的网络中寻求贸易伙伴、谈判、订购到结算的整个贸易过程。通过电子商务，生产领域的商品生产企业可以根据买方的需求和数量进行生产，以及实现个性化的生产；流通领域的商贸企业可以更及时、准确地获取消费者信息，从而准确订货，减少库存，并通过网络促进销售，提高效率、降低成本，获取更大的利益。

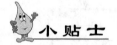小贴士

## B2B 基本模式

◆B2B 电子商务直销模式。这是网络企业立足于自己的站点直接宣传、展示本企业经营的产品和服务，并直接将自己的产品展示在网上与客户进行交易的在线直销模式。

◆B2B 电子商务中介模式。这种模式由一家中介机构在网上建立网站，然后把供应商的产品信息汇集起来，采购商的代表可以从中介机构的网站上查询到供应商的产品信息。这是当前最流行的电子商务模式。

◆B2B 电子商务的专业服务模式。这种模式是指网上机构通过标准化的专业服务，为企业内部管理提供专业化解决方案的服务型电子商务交易模式。该模式反映的是中介网络机构对企业的服务，体现着创造新的收益流和降低成本的多种机会。

在 B2B 电子商务运行模式中，参与主体主要包括认证机构、采购商、供应商、B2B 服务平台、物流配送中心、网上银行等。

供应商的主要业务有产品目录制作和发布、产品数据维护、在线投标、在线洽谈、网上签约、订单处理、在线业务数据统计等。采购商的主要业务有在线招标、在线洽谈、网

上签约、订单处理、支付货款、货物接受、在线业务数据统计等；后台管理是由交易中介服务平台的管理者（第三方）对在平台上的商务流程进行的管理活动，而不参与交易双方企业的相关商务活动。后台管理的主要内容有注册会员管理、系统运营维护、产品管理、订单管理、信息发布等。

企业可以在网络上发布信息，寻找贸易机会，通过信息交流比较商品的价格和其他条件，详细了解对方的经营情况，选择交易对象。在交易过程中，可以迅速完成签约、支付、交货、纳税等一系列操作，加快货物和资金的流转。

2. 企业对消费者电子商务模式（B2C 或 B to C）

企业对消费者的电子商务，也称商家对个人客户的商务，即 Business to Customer，B2C 电子商务模式（如图 1-3 所示）。

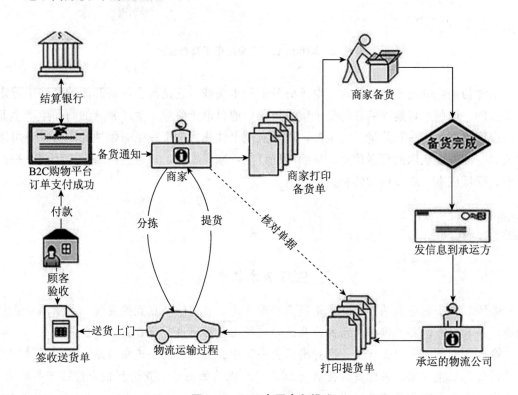

图 1-3　B2C 电子商务模式

B2C 模式是我国最早应用的电子商务模式，以 8848 网上商城的正式运营为标志，目前采用 B2C 模式的主要以当当网、卓越网、京东商城等为代表。B2C 模式是企业通过互联网为消费者提供一个新型的购物环境——网上商店，消费者通过电脑在网上购物，这里的"物"指实物、信息和各种售前与售后服务。由于这种模式节省了客户和企业的时间和空间，大大提高了交易效率。目前 B2C 电子商务的付款方式是货到付款与网上支付相结合，而企业货物的配送，大多数选择物流外包方式以节约运营成本。随着用户消费习惯的改变以及优秀企业示范效应的促进，网上购物用户正在迅速增长，这种商业运营模式在我国已经基本成熟。

小贴士

### B2C 网上购物流程（如图1-4所示）

1. 选择商家　消费者登录互联网，查看网页和商户铺面。

2. 准备支付　在网上买东西付钱，当然用网上银行服务最方便。现在国内大多数银行都开通了网上结算服务。在使用网上银行前，用户应该按相应银行的指示安装安全证书，安装完毕后，即可使用网上银行的各项服务。

3. 会员注册　网购一般都采取会员制，首先要注册成为会员，会员注册是免费的，在会员注册时，要小心地选择密码，密码最好包含大写小写字母和数字，使别人不容易猜出来。

4. 选购商品　网上购物网站都提供有方便的查询功能。随便地输入一个词，这个词也许是商品的名字、功能或生产商，都可由此查到你想要的结果。

5. 发货方式　在付款之前，你要弄清商家的发货方式。目前流行的网上购物发货方式有邮寄和快递。

6. 支付方式　当你选完你要购买的商品后，接下来就是付账。真正的网购当然是要在网上支付的。淘宝用支付宝付款、拍拍用财付通付款，易趣用安付通付款，这些都是通过网银结算的。好处是网站作为第三方，付款就先存放在第三方那儿，等收到货后，你再通知第三方付款给卖家，钱货都安全。有些购物网站，还采用邮局汇款支付、银行汇款或到货付款等支付方式。

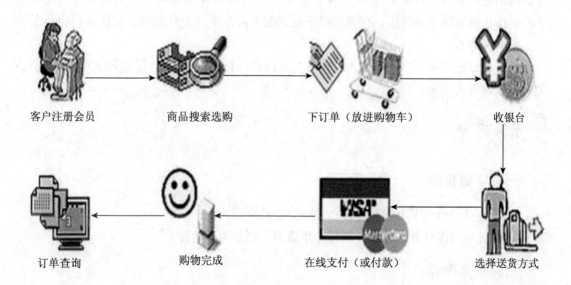

客户注册会员　　　　商品搜索选购　　　　下订单（放进购物车）　　　　收银台

订单查询　　　　购物完成　　　　在线支付（或付款）　　　　选择送货方式

图1-4　B2C网上购物流程

3. 政府机构对企业的电子商务模式（G2B 或 G to B）

政府机构对企业的电子商务，即 Government to Business，或 G2B 电子商务模式。也就是政府通过电子网络系统为企业提供公共服务。从这个意义讲，又可称其为电子政务。

政府主要通过电子化网络系统 G2B 模式旨在打破各政府部门的界限，实现业务相关部门在资源共享的基础上迅速快捷地为企业提供各种信息服务，精简管理业务流程，简化审批手续，提高办事效率，减轻企业负担，为企业的生存和发展提供良好的环境，促进企业发展。

G2B 模式目前主要运用于政府电子采购与招标、电子化报税、电子证照办理与审批、相关政策发布、提供咨询服务等。

4. 政府机构对公众的电子商务模式（G2C 或 G to C）

政府机构对公众的电子商务，即 Government to Customer，或 G2C 电子商务模式。G2C 与 G2B 模式一同也属于电子政务运行模式的范畴。

政府通过各级政府网站，向民众提供市民办事、便民公告、政策答疑、民意调查、福利费发放、个人缴税等服务内容，引导公民方便地获得政务、办事、旅游、生活等方面的信息咨询及服务。

5. 消费者对消费者的电子商务模式（C2C 或 C to C）

消费者对消费者的电子商务，即 Customer to Customer，或 C2C 电子商务模式。

C2C 电子商务模式是一种个人对个人的网上交易行为，C2C 同 B2B、B2C 一样，都是电子商务的几种模式之一。不同的是 C2C 是用户对用户的模式，C2C 商务平台就是通过为买卖双方提供一个在线交易平台，使卖方可以主动提供商品上网拍卖，而买方可以自行选择商品进行竞价。目前 C2C 电子商务企业采用的运作模式是通过为买卖双方搭建拍卖平台，按比例收取交易费用，或者提供平台方便个人在平台上开设网上商店，以会员制的方式收取服务费。

C2C 模式的产生以 1998 年易趣的成立为标志，目前采用 C2C 模式的主要以 eBay 易趣、淘宝网等为代表。

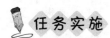

## 一、实施目的

1. 了解电子商务网上购物过程，并能分析其流程。
2. 通过小组成员分工协作，增强合作意识，培养团队精神。

## 二、实施内容

1. 在卓越网（亚马逊）、当当网或淘宝商城上以用户身份购买一件商品，利用网上银行或其他支付方式进行货款支付。

2. 体验完成从身份注册到购物的整个流程。

3. 了解和认识 B2C 网站所提供的服务和功能。

4. 了解和认识 B2C 网站主页的布局、栏目设置、信息的表现形式。

### 三、实施地点和工具

1. 配有 Internet 的多媒体教室或实训室。

2. 备有计算机、投影仪、笔及白纸。

### 四、实施步骤

1. 学生分组，三人一组，自选组长，并以小组为单位开展活动。

2. 画出从身份注册到购物的整个电子商务流程。

3. 编制实施报告，并制作成 PPT。

4. 各组派代表上台演示演讲。

5. 各组派一名代表对其他各组的实施报告打分。

6. 教师点评，评定等级。

### 五、实训指导

1. 讲解电子商务的概念。

2. 描述电子商务的构成和功能。

3. 分析电子商务的特征。

4. 讲解电子商务的五种运行模式。

5. 指导学生分组、制作 PPT 及演讲。

### 六、实施时间

本项任务实施时间需 6 学时。

### 七、评价标准（如表 1-1 所示）

表 1-1　　　　　　　　　从身份注册到购物的整个电子商务流程评价

| 评价等级 | 评价标准 |
| --- | --- |
| 优秀 | 能在规定时间内独立编撰实施方案报告，且方案要素完整；流程准确，环节不省不漏；小组成员有严密的分工协作，且讲解或运用流畅 |
| 良好 | 能在规定时间内独立编撰实施方案报告；小组成员有分工协作 |
| 合格 | 能在教师帮助下完成实施方案报告 |
| 不合格 | 没能完成实施方案报告 |

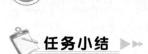 **任务小结** ▶▶▶

通过本任务的实战体验和相关知识解读，学生认识了电子商务的五种运行模式，深度了解了 B2C 电子商务运作，全面感受了从会员身份注册到购物的整个电子商务过程。

## 【课后训练】

**一、单项选择题**

1. 电子商务最早起源于（　　　）。

A. 20 世纪 60 年代        B. 20 世纪 80 年代

C. 20 世纪末           D. 21 世纪初

2. 电子商务活动主要在网络上进行，表现为全天候、无纸化、低成本，计算机自动处理数据，使原料采购、产品生产、需求与销售、银行汇兑、保险、货物托运及申报等过程无须专人干预，就能在最短的时间内完成。即（　　　）。

A. 虚拟性     B. 高效性     C. 方便性     D. 透明化

3. 企业对消费者的电子商务，即（　　　）。

A. B2C      B. B2B      C. G2B      D. C2C

**二、多项选择题**

1. 电子商务的构成包括（　　　）。

A. 网络系统    B. 电子商务用户    C. 认证中心    D. 物流配送中心

E. 网络银行

2. 电子商务的功能主要包括（　　　）。

A. 广告宣传    B. 咨询洽谈    C. 网上订购    D. 网上支付

E. 交易管理

3. 电子商务产生的原动力是（　　　）。

A. 时代的需要    B. 信息技术的进步    C. 网络的产生

D. 现代物流的发展    E. 商贸的发展

**三、判断题**

1. Internet 是电子商务的基础，是商务、业务信息传递的载体。（　　　）

2. C2C 电子商务模式是一种企业对个人的网上交易行为。（　　　）

3. 在 B2B 电子商务运行模式中，参与主体主要包括认证机构、采购商、供应商、B2B 服务平台、物流配送中心、网上银行等。（　　　）

**四、简答题**

1. 什么是电子商务？它有何特点？

2. 电子商务由哪几部分构成？它有哪些功能？

3. 简述电子商务的五种运作模式。

## 五、案例分析题

### 春秋航空：在线服务，低成本运作

经典回放：2004 年成立的春秋航空是上海第一家民营航空公司，也是中国第一家提出按照"低成本"模式运营，做"中国式的美国西南航空"的公司。

春秋航空通过 B2C 电子商务模式，将传统的中间商剔除，采用网上订票减少中间环节，减轻人力包袱。同时春秋航空采用单一机型，不设头等舱和公务舱，全部是经济舱，不提供餐食，这些至少省下 6％～7％的费用，相较其他航空公司也节省约 20％的成本。

春秋航空从售票系统到离港系统的所有软件都是自主开发的，通过线上整合，网站成了旅游及商务出行的一个实用平台，不设售票网点，通过电子客票形式实现无纸化、电子化的订票、结账和办理登机手续全过程。旅客可通过互联网购买机票和用银行卡网上支付票款，到机场凭身份证办理乘机手续。春秋航空目前除了为顾客提供网上订机票外，还提供酒店预订、保险、旅游服务产品等。与传统航空公司的收入模式相比，春秋航空的商业模式可从更多渠道获得收入。2010 年春秋航空营业收入达到 43.2 亿元，增长了 62％，净利润达 4.7 亿元，同比增长 240％。对于民营航空，这一数字会让太多对手汗颜。

问题分析：
1. 春秋航空通过 B2C 电子商务模式取得了哪些竞争优势？
2. 你能描述 B2C 电子商务模式在其他领域的应用吗？

# 任务二　走进现代物流

![任务导入]

要深度解读电子商务与现代物流的关系，除了必须认识多姿多彩的电子商务外，还必须叩开物流这扇大门，走进日新月异的现代物流世界。

**知识准备**

## 一、现代物流的概念

### (一) 物流概念的起源

物流（Physical Distribution）一词最早出现于美国。在 20 世纪初，西方一些国家出现了生产大量过剩、需求严重不足的经济危机，企业基于此提出了销售中的物流问题，因此那时的物流是指销售过程中的物流，即流通物流。

 **小 贴 士**

### 神秘的物流旅程

许多经济学家和企业家把物流视为"经济界的黑暗大陆"、"尚待开发的金矿"、"第三利润的源泉"、"降低成本的最后处女地"。

第二次世界大战期间，围绕着战争物资供给，"后勤（Logistics）"理论被应用于战争之中。"后勤"是指将战时物资生产、采购、运输、配给等活动作为一个整体进行统一部署，以确保战略物资补给的费用更低、速度更快、服务更好。后来后勤一词在企业中广泛使用，涵养了生产过程和流通过程中的物流，使物流（Logistics）的概念更为宽泛。

中国早期的物流概念来自日本，且"物流"一词直接取自日语，译成"物的流通"，到了 20 世纪 60 年代中期，改称为"物流"。物流最直接的解释，是指物的实体流动。

 **案例分析**

### 茶马古道（如图 1-5 所示）

经典回放：茶马古道是指存在于中国西南地区，以马帮为主要交通工具的民间国际商贸通道，是中国西南民族经济文化交流的走廊，茶马古道是一个非常特殊的地域称谓，是一条世界上自然风光最壮观，文化最为神秘的商贸线路，它蕴藏着开发不尽的文化遗产。茶马古道源于古代西南边疆的茶马互市，兴于唐宋，盛于明清，第二次世界大战中后期最为兴盛。

茶马古道分川藏、滇藏两路，连接川滇藏，延伸入不丹、锡金、尼泊尔、印度境内，直到抵达西亚、西非红海海岸。滇藏茶马古道大约形成于公元六世纪后期，它南起云南茶叶主产区思茅、普洱，中间经过今天的大理白族自治州和丽江地区、香格里拉进入西藏，直达拉萨。有的还从西藏转口印度、尼泊尔，是古代中国与南亚地区一条重要的贸易通道。普洱是茶马古道上独具优势的货物产地和中转集散地，有着悠久的历史。

图 1-5 位于中国云南丽江的茶马古道

学生讨论：

以马帮为主要交通工具的茶马古道说明了什么？

(二) 现代物流的内涵

目前，关于物流定义主要有两种。

在国际上，普遍采用的是 2001 年美国物流管理协会的定义："物流从供应链运作中，以满足客户需求为目的，对货物、服务和相关信息在产出地和销售地之间实现高效率和低成本的流动和储存所进行的计划、执行和控制的过程"。

我国国家标准 (GR/TI 8354—2001)《物流术语》中将物流定义为："物品从供应地向接收地的实体流通过程。根据实际需要，将运输、储存、装卸、搬运、包装、流通加工、配送、信息处理等基本功能实施有机结合"。

综上所述，现代物流泛指原材料、产成品从起点至终点及相关信息有效流动的全过程。它将运输、仓储、加工、整理、配送、信息等方面有机结合，形成完整的供应链，为用户提供多功能、一体化的综合性服务。

## 二、现代物流的功能

现代物流功能分解如图 1-6 所示。

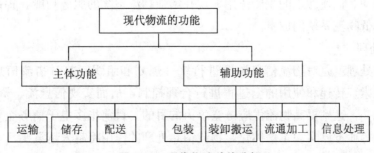

图 1-6 现代物流功能分解

（一）主体功能

若将物流系统比作一座桥梁，那么，构成其桥梁与桥墩的就是运输、储存与配送三个功能。

1. 运输

运输是物流系统中最为重要的功能之一。它是使物品发生场所、空间转移的物流活动。运输追求的目标就是最大限度地实现运输合理化，以达到安全、迅速、准时和经济的要求。

2. 储存

储存是以改变"物"的时间状态为目的的活动，以克服产需之间的时间差异获得更好的效用。储存也是物流的主要功能，与运输一样处于重要地位。

3. 配送

配送是在经济合理区域范围内，根据客户要求，以配货、送货为主要形式将物品按时送达指定地点的物流活动。配送是物流中一种特殊的、综合的活动形式，其要素一般包括集货、分拣、配货、配装、运输、加工等，主要涉及从供应链的制造商到终端客户的运输和储存活动。配送创造了时间和空间的双重效用。

（二）辅助功能

在由运输、储存和配送为主要功能构成的物流系统中，还存在着诸多辅助性功能。概括地讲，辅助功能主要包括包装、装卸搬运、流通加工、信息处理等。

1. 包装

包装是包装物及包装操作的总称，是物品在运输、保管、交易、使用时，为保持物品的价值、形状而使用适当的材料容器进行保管的技术和被保护的状态。包装是生产的终点，又是物流的起点，具有保护商品、方便物流、促进销售、方便消费四大功能。

2. 装卸搬运

在同一地域范围内，如车站范围、工厂范围、仓库内部等，以改变"物"的存放、支承状态的活动称为装卸，以改变"物"的空间位置的活动称为搬运，两者统称装卸搬运。在全部物流活动中，只有装卸搬运活动伴随物流活动的始终。

3. 流通加工

流通加工是流通中的一种特殊形式，是指对物品进行加工，使物品发生物理、化学或形状变化的活动。流通加工的主要作用表现在增强物流系统的服务功能，提高物流对象的附加价值，降低物流系统的成本。

4. 信息处理

物流信息处理就是对物流信息资源进行统一规划和组织，并对物流信息的收集、加工、存储、检索、传递和使用的全过程进行合理控制，从而实现信息流、资金流、商流、物流的高度统一，达到提高物流供应链竞争力的目的。目前很多电子商务企业的订货、库存管理、配送等业务已实现了一体化，物流信息处理的作用将越来越重要。

### 三、现代物流的分类

（一）按物流研究范围分类

按物流研究范围分类，现代物流可划分为宏观物流、中观物流和微观物流。

1. 宏观物流

宏观物流是指社会再生产总体的物流活动，是从社会再生产总体角度认识和研究的物流活动。如社会物流、国民经济物流、国际物流等。宏观物流具有综合性和全局性等特点。

2. 中观物流

中观物流是社会再生产过程中的区域性或行业性物流，它是从区域或行业的角度来认识和研究物流活动。如特定经济区物流、城市物流和行业物流。

3. 微观物流

微观物流是指消费者、生产者所从事的实际的、具体的物流活动。如企业经营活动过程中的生产物流、供应物流、销售物流、回收物流、废弃物流、生活物流等。具体性、实务性和局部性的特点显而易见。

（二）按物流在供应链中的作用和功能分类

按物流在供应链中的作用和功能分类，现代物流可划分为供应物流、生产物流、销售物流、回收物流和废弃物流。

1. 供应物流

供应物流是指企业供应生产所需要原材料、零部件、燃料、辅助材料的物流活动，具体包括采购、运输、装卸、检验、入库等环节。

2. 生产物流

生产物流和生产流程同步，是从原材料购进开始直到生产成品发送为止的全过程的物流活动。生产物流的发展经历了人工物流→机械化物流→自动化物流→集成化物流→智能化物流五个阶段。

3. 销售物流

销售物流是指伴随企业销售活动，将产品从供方转移到需方的物流活动，具体包括仓储、分类、包装、装卸、运输和售后服务。销售物流是企业营销活动的重要组成部分，从企业拿到客户订单开始物流过程，产品送达客户并经过售后服务，伴随商流的物流过程才算结束。

4. 回收物流

回收物流是指企业在供应、生产、销售过程中产生的可再利用物资的回收活动。

5. 废弃物流

废弃物流是指企业供应、生产、销售过程中产生的废弃物品（如废气、污水、废渣等）的收集、处理和再生的物流活动。

**（三）按照物流活动的空间分类**

按照物流活动的空间分类，现代物流可以划分为城市物流、国内物流和国际物流。

**1. 城市物流**

城市物流是以一个城市为地理区域进行的物流活动。

**2. 国内物流**

相对于国际物流而言，国内物流是发生在一个国家范围内的物流活动。相对于城市物流而言，国内物流是打破区域限制更大范围内的国内物流活动。

**3. 国际物流**

国际物流是指在两个或两个以上的国家（或地区）之间进行的物流活动。

**（四）按照物流系统性质分类**

按照物流系统性质分类，现代物流可划分为社会物流、行业物流和企业物流。

**1. 社会物流**

社会物流是企业外部物流活动的总称，是指超越一家一户的，以社会为范畴，面向社会的物流。具有综合性和广泛性的特点。

**2. 行业物流**

行业物流指同一行业的物流活动。

**3. 企业物流**

企业物流是指企业内部物品实体的流动，是企业各项具体物流活动的总和。通常，企业的物流活动往往包括生产物流、供应物流、销售物流、回收物流和废弃物流等多种具体的物流活动。

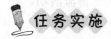 任务实施

## 一、实施目的

1. 识读现代物流的基本内涵和类别。
2. 通过小组成员分工协作，增强合作意识，培养团队精神。

## 二、实施内容

1. 按主体功能与辅助功能对现代物流进行功能描述。
2. 按物流研究范围对现代物流分类，并举例说明。
3. 按物流在供应链中的作用和功能对现代物流分类，并举例说明。
4. 按照物流活动的空间对现代物流分类，并举例说明。
5. 按照物流系统性质对现代物流分类，并举例说明。

## 三、实施地点和工具

1. 配有 Internet 的多媒体教室或实训室。

2. 备有计算机、投影仪、笔及白纸。

## 四、实施步骤

1. 学生分组，三人一组，自选组长，并以小组为单位开展活动。
2. 画出现代物流的功能分类图。
3. 画出现代物流的基本类别图。
4. 编制实施报告，并制作成 PPT。
5. 各组派代表上台演示演讲。
6. 各组派一名代表对其他各组的实施报告打分。
7. 教师点评，评定等级。

## 五、实训指导

1. 讲解现代物流的概念。
2. 描述现代物流功能。
3. 分析现代物流的分类。
4. 指导学生分组、制作 PPT 及演讲。

## 六、实施时间

本项任务实施时间需要 4 学时。

## 七、评价标准（如表 1-2 所示）

表 1-2　　　　　　　　　实施方案评价

| 评价等级 | 评价标准 |
|---|---|
| 优秀 | 能在规定时间内独立编撰实施方案报告，且方案要素完整；分类准确，画法正确；小组成员有严密的分工协作，且讲解流畅 |
| 良好 | 能在规定时间内独立编撰实施方案报告；小组成员有分工协作 |
| 合格 | 能在教师帮助下完成实施方案报告 |
| 不合格 | 没能完成实施方案报告 |

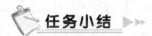 **任务小结** ▶▶

通过本任务的实战体验和相关知识解读，学生认识了现代物流的基本内涵，透彻分析了现代物流的基本功能，深度解析和全面感受了现代物流的分类过程。

## 【课后训练】

一、单项选择题

1. "物流"一词,最早出现于( )。

A. 美国　　　　　B. 日本　　　　　C. 中国　　　　　D. 欧盟

2. 按物流在供应链中的作用和功能分类,现代物流可划分为( )。

A. 宏观物流、中观物流和微观物流

B. 供应物流、生产物流、销售物流、回收物流和废弃物流

C. 城市物流、国内物流和国际物流

D. 社会物流、行业物流和企业物流

3. 按照物流活动的空间分类,现代物流可划分为( )。

A. 宏观物流、中观物流和微观物流

B. 供应物流、生产物流、销售物流、回收物流和废弃物流

C. 城市物流、国内物流和国际物流

D. 社会物流、行业物流和企业物流

二、多项选择题

1. 现代物流的主体功能包括( )。

A. 运输　　　　　B. 储存　　　　　C. 配送　　　　　D. 包装

E. 流通加工

2. 回收物流是指( )。

A. 企业在供应、生产、销售过程中产生的可再利用物资的回收活动

B. 供应物流过程产生的可再利用的包装物、衬垫物等的回收

C. 生产过程产生的可再利用的边角余料的回收

D. 各种报废的生产工具、设施以及失去部分使用价值的辅助材料和低值易耗品的收集、分类、加工及转化为新的生产要素

E. 销售物流过程产生的可再利用的包装物、衬垫物等的回收

3. 现代物流的辅助功能主要包括( )。

A. 包装　　　　　B. 装卸搬运　　　　　C. 信息处理　　　　　D. 流通加工

E. 储存

三、判断题

1. 包装是生产的终点,又是物流的起点。( )

2. 宏观物流是从社会再生产总体角度认识和研究的物流活动。( )

3. 行业物流指不同行业的物流活动。( )

四、简答题

1. 什么是现代物流?

2. 现代物流由哪几部分构成?它的主体功能和辅助功能分别包括哪些?

3. 简述现代物流的分类。

## 五、案例分析题

### 电子商务：成也物流，败也物流

时至今日当当网、淘宝、京东网等国内电子商务巨头以提升自身用户体验的务实姿态，纷纷自建物流体系，无论是李国庆、马云还是刘强东在对待用户体验上从回避到献媚的华丽转身，说明了一个至关重要的问题，物流作为电子商务最后一公里、最接近用户的界面，承载的不仅仅是一次购物体验，更放大了用户对电子商务品牌的认可程度。可以说，电子商务是信息传播的保证，而物流是执行的保证，没有物流，电子商务只能是一张空头支票。

实际上，物流成本高，已是业内公开的秘密，这也成为整个电子商务企业所面临的最大瓶颈。无论是京东商城、当当网，还是卓越网，这些需要自己承担物流成本的电子商务企业至今赢利之路无不艰辛。

在中国深圳的用户足不出户，就可以享用一座现代图书馆，并且不用为此支付一分钱。青番茄网站提供这样的服务：你只需注册并交纳一定的押金，就可以免费借阅图书。其与众不同的地方在于，对方将快递送书上门，并在借阅期满后上门收书。对于其提供的每一项服务，几乎都由自己埋单，它不是公益组织，也不是慈善机构，它靠什么赚钱呢？

通过简单计算即知，这是一笔巨大的投入。目前的同城快递单次费用一般在 10 元左右，以半价计，一个读者借阅一次，往返快递费用为 10 元，60 万读者借一次，则意味着花掉 600 万元。因此对青番茄来说，物流同样是一个致命难题。青番茄目前采取的解决方式是：部分自建，部分与 DHL 合作。

青番茄现在对读者承诺的送书时间为 3～5 天。该企业负责人表示之所以不承诺当日送达，是因为同城非"当日达"的价格要低得多，在她看来，因为一切都是免费的，读者对送达时间也就没那么苛刻，"但以后肯定要努力争取更快一些。"她说。

问题分析：

1. 为什么没有物流，电子商务只能是一张空头支票？
2. 电子商务为什么成也物流，败也物流？

# 任务三　解读电子商务与现代物流的关系

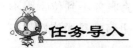

随着互联网和电子商务的迅速发展和应用，政府和企业纷纷以不同的形式介入电子商务活动。电子商务已成为 21 世纪新的生产经营形态。电子商务改变着传统产业结构的同时，现代物流业也不可避免地受到影响，两者之间的关系越来越紧密。那么电子商务与现

代物流究竟是一个什么关系呢？这将是我们下面要探讨的主要问题和完成的任务。

电子商务将把现代物流提升到前所未有的高度，并促进现代物流技术的发展。

现代物流是电子商务发展的支撑和基础，是电子商务的重要组成部分。

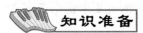 知识准备

## 一、电子商务与现代物流的关系

电子商务是一场商业领域的根本革命，它的本质是商务，商务的核心内容是商品交易，而物流水平直接制约着商品交易的发展。可见，电子商务与现代物流有着密切的关系。

电子商务是通过 Internet 进行商务活动的新模式，集商流、信息流、资金流、物流于一身。现代物流虽包含在电子商务之中，但过去人们对电子商务过程的认识却往往只局限于信息流、资金流的电子化、网络化，而忽略了物流的电子化过程，认为对于大多数商品和服务来说物流仍可由传统的经销渠道来完成。但随着电子商务的进一步推广和应用，现代物流的重要性对电子商务活动的影响日趋明显。

1. 现代物流是电子商务发展的支点和基础，是电子商务的重要组成部分，是电子商务不可缺少的支撑体系

网上完成交易的货物必须通过现代物流系统送到购买者手中。大力发展现代物流，企业可进一步降低交易成本，使得货物运输配送更快捷、高效，从而实现更多的经济效益与社会效益。

2. 电子商务使物流服务的空间有了更大拓展，将物流业提升到前所未有的高度，并促进物流技术的发展

电子商务所要求的物流与传统商务所要求的仓储运输等物流服务存在较大的差别，传统的"看物守摊式"物流服务使得电子商务企业直到今天仍抱怨物流服务不到位、跟不上。而电子商务的迅猛发展需要的不仅仅是传统的功能型物流服务。更多的是增值性物流服务。

小 贴 士

### 增值性物流服务

增值性物流服务一般是指在完成传统的物流基本功能服务的基础上，根据客户需要提供的各种延伸业务活动。

现代物流的信息交易和组织管理更是要借助电子商务的手段实现，从而使现代物流效率更高、物流资源利用更加充分。

案例分析

### 海尔电子商务破解物流难题

经典回放：网络购物的便捷性即体现在送货上门，快捷方便，但对于家电尤其是冰箱、洗衣机、空调等体积较大的产品，对物流配送的效率、货物安全都要求较高。不过，尽管各大家电厂商在建立电子商务渠道方面不遗余力，但消费者对其的态度却是又爱又恨。反观国内部分网购平台在这方面却有着明显的不足，消费者在下单之后，快则三五天、慢则半个月才能收到。快递不快，成为消费者诟病的原因。

为了改变这一切，白色家电海尔集团旗下海尔商城就做出了"24小时限时达"的承诺，消费者在网上商城下单后，24小时内就可享受集送货上门、调试安装于一体的一站式服务，满意后再付款；如果海尔在24小时内没有送货到门，消费者购买的任何产品都可免单。

海尔商城何以有此信心，破解网购平台的物流难题，让大件家电也能快速送达消费者的手中？这都要得益于海尔多年来的渠道建设，海尔专卖店已经遍布于社区之中。有了这作为基础，海尔商城利用虚实互动作为手段，将网络销售与遍及全国的现实渠道相结合，消费者在网上下单之后，由离顾客最近的专卖店出货，从而将网购周期大大缩短，使得送货时间限定在24小时之内，即使像冰箱、洗衣机、空调这类大件产品也能在既定的时间内顺利送达。这便是海尔商城相较传统网购平台的优势所在。在如今这个注重效率的时代，海尔商城以"24小时限时送达"的承诺，开启了网购的新局面。

学生讨论：

1. 你知道海尔商城是如何破解物流难题的？

2. 你认为传统制造商试水电子商务有何优势？

## 二、电子商务对现代物流的影响

现代物流在未来的发展与电子商务的影响是密不可分的，可以这样理解这种关系：物流本身的矛盾促使电子商务发展，而电子商务恰恰提供了解决物流矛盾的手段；反过来，电子商务自身矛盾的解决也需要物流提供手段，新经济模式要求新物流模式。

（一）电子商务提升了现代物流业的地位

在电子商务环境下随着绝大多数的商店、银行虚拟化，商业事务处理信息化、多数生产企业柔性化，现代物流业必须承担更重要任务，履行更重要的职责，既要把虚拟商店的货物配送到用户手中，又要及时从生产企业组织货物进货入库。

电子商务强化了配送业的地位。就电子商务交易方式本身而言，买方通过轻松点击完成购买，卖方则通过物流把货物配送给买方。没有配送，电子商务就无法实现，可见电子商务的命运与配送业已经连在了一起。从某种程度上说，电子商务时代的物流方式就是配送方式。

电子商务使库存集中化，而库存集中导致运输集中，并促进多式联运得到较大发展。电子商务使制造业与零售业实现"零库存"，实际上是把库存转移给了配送中心，配送中心成为了整个社会的仓库。物流企业既是生产商的仓库，又是用户需求的实际供应者，是代表所有生产商及供应商向用户进行实物供应的唯一最集中、最广泛的供应者，是进行区域市场实物供应的唯一主体。

电子商务同时使企业采购过程简单化和顺畅化。总之，现代物流业将成为社会生产链条的领导者和协调者，为供应链上各环节提供全方位的物流服务。可见，电子商务把现代物流业的地位提升到了前所未有的高度。

（二）电子商务为现代物流创造了一个虚拟性运动空间

在电子商务环境下，人们在开展物流活动时，现代物流的各种职能及功能可通过虚拟化的方式表现出来。在这种虚拟化的过程中，人们可通过各种组合方式，寻求物流的合理化，使商品实体在实际的运动过程中，达到效率最高、费用最省、距离最短、时间最少。

（三）电子商务将使现代物流运作实时化

在电子商务环境下，现代物流的运作是以信息为中心的，信息不仅决定了现代物流的发展方向，而且也决定着现代物流的运作方式。用信息暂时代替实物库存，从而形成虚拟库存，可通过 EDI 交换数据。由于信息共享的即时性使制造商在全球范围内进行资源配置成为可能，故制造商的组织结构将趋于分散并逐步虚拟化。网络对物流的实时控制是以整体物流来进行的。网络全球化可使物流在全球范围内进行整体实时控制，从而保证物流运作合理化。

（四）电子商务将改变物流企业对现代物流的组织和管理

在传统经济条件下，物流往往是从某一企业的角度来进行组织和管理的，而电子商务则要求物流从社会的角度来实行系统的组织和管理，以打破传统物流各自为政的分散状态。这就要求企业在组织物流的过程中，不仅要考虑本企业物流的组织与管理，而且更重要的是要考虑全社会的整体系统，将系统的管理方法和手段应用于物流管理之中，确保物流的顺畅运行，实现物流管理的合理化、系统化和高效化，促进电子商务的发展。

（五）电子商务将促进物流基础设施改善和物流技术进步

电子商务的电子化、高效化和全球化的特点，要求现代物流必须具有良好的交通运输网络、通信网络等系统基础设施。

电子商务还将促进物流技术进步。物流技术主要包括物流硬技术和软技术。物流硬技术是指在组织物流过程中所需的各种材料、机械和设施等；物流软技术是指组织高效率的物流所需的计划、管理、评价等方面的技术和管理方法。现代物流技术包括各种操作方法、管理技能，如流通加工技术、物品包装技术、物品标识技术、物品实时跟踪技术等，同时包括物流规划、物流评价、物流设计、物流策略等。在计算机网络技术的应用普及后，尤其是电子商务的飞速发展，物流技术中又综合了许多现代技术，如 GIS（地理信息系统）、GPS（全球卫星定位）、EDI（电子数据交换）、BARCODE（条码）等。

（六）电子商务将拓展物流服务空间

电子商务环境下对物流的需求已不是普通的运输和仓储等传统性物流服务，而是增值性的全方位物流服务。除了需要进一步强化配送服务外，还要体现在以下四个方面。

1. 便利性服务——使人变懒的服务

一切能够简化手续、简化操作程序的服务都是增值服务。简化是相对消费者而言的，并不是说服务的内容简化了，而是指为了获得某种服务，以前需要消费者自己做的事情，现在改为由商品或物流服务提供商去做，从而使消费者获得这种服务变得简单，而且更加好用，这当然增加了商品或服务的价值。如在提供物流服务时，推出一条龙的"门对门""桌对桌"服务、代办业务、24 小时营业、物流全过程追踪等。

2. 低成本的服务——发掘第三利润源泉的服务

发展电子商务，一开始就应寻找能够降低成本的物流方案。企业可以考虑的方案包括：采用第三方物流服务商；电子经营者之间、电子商务经营者与普通商务经营者联合，采用物流共同化计划。

3. 快速反应服务——使流通过程变快的服务

快速反应已成为物流发展的动力之一。传统的观点和做法变成单纯对快速运输的一种要求。而现代物流的观点认为，可以通过两条途径使过程变快，一是提高运输基础设施和设备的效率，如修建高速公路、铁路提速、制定新的交通管理办法及提高汽车的行驶速度等；二是优化电子商务系统的配送中心和物流中心的网络，重新设计适合电子商务的流通渠道，以此来减少物流环节、简化物流过程，完善快速反应物流系统。

4. 延伸服务——将供应链集成在一起的服务

电子商务环境下物流要求提供将供应链集成在一起的服务，强调物流服务功能的恰当定位与完善化、系列化。除了传统的存储、运输、包装、流通加工等服务外，向上可以延伸到市场调查与预测、采购及订单处理，向下可以延伸到配送、物流咨询、物流方案的选择与规划、库存控制决策建议、货款回收与结算、教育与培训、物流系统设计与规划方案的制作等。

### 三、现代物流对电子商务的影响

1. 现代物流是电子商务的重要组成部分

我们知道，电子商务＝网上信息传递＋网上交易＋网上结算＋物流配送。一个完整的商务活动，必然涉及信息流、商流、资金流和物流等"四流"的流动过程。在电子商务环境下，前三流可以通过计算机和网络通信设备实现，即形象地说通过点击"鼠标"来完成。物流作为四流中最为特殊的一种，是指物质实体的流动过程。对于各种电子出版物、信息咨询服务、软件等少数商品和服务来说，可以直接通过网络传输的方式进行，而对于大多数商品和服务来说，仍要经由物理方式传输，通过一系列机械化、自动化工具的应用，最多可以通过网络来优化。对于物流可形象地称之为"车轮"。从这个意义讲，电子商务＝鼠标＋车轮。

由此可见，现代物流是电子商务的重要组成部分。随着电子商务的推广与应用，物流对电子商务活动的影响日益明显。

2. 现代物流是电子商务的支点和基础

电子商务通过快捷、高效的信息处理手段在网上较容易解决信息流（信息交换）、商流（商品所有权转移）和资金流（电子银行支付）的问题，而将商品及时、安全地配送到消费者手中，即完成物流（商品的空间转移）过程，标志着电子商务过程的终结。因此物流系统效率的高低是电子商务成功与否的关键。没有现代物流作为支撑，电子商务的巨大威力就难以得到有效的发挥；没有一个与电子商务相适应的物流体系，电子商务就难以得到有效的发展。电子商务领域的先锋——亚马逊网上书店比世界上最大的零售商沃尔玛开通网上业务早三年。然而，沃尔玛因拥有遍布全球的由通信卫星支撑的物流配送系统，这就使沃尔玛在送货时间上比亚马逊快了许多。在我国，物流设施落后，物流技术发展滞后，配送体系尚不完善，要发展电子商务首先应改善物流设施，导入先进物流技术，建立与电子商务相衔接的配送体系，否则，现代物流将成为电子商务发展的最大瓶颈。

3. 现代物流是电子商务实现以客户为中心的根本保证

电子商务的出现，在最大程度上方便了最终消费者。他们不必再跑到拥挤的商业街，一家又一家地挑选自己所需的商品，而只要坐在家里，在因特网上的搜索、查看、挑选，就可轻松地完成他们的购物过程。但是如果他们所购的商品迟迟不能送达，或商品所送并非自己所购，那消费者还会选择网上购物吗？

如果缺少了现代物流设施和技术，电子商务给消费者带来的购物便捷就等于零，消费者必然会转向他们认为更为安全的传统购物方式，那网上购物还有什么存在的必要？可见，现代物流是电子商务实现以客户为中心的根本保证。

4. 现代物流是电子商务实现跨区域、跨国交易的支撑

随着电子商务发展日趋成熟，跨国、跨区域的物流将日益重要。如果没有全球的物流网络、物流设施和物流技术的支持，电子商务将受到极大抑制；如果没有完善的多式联运

的物流系统，即使电子商务能够降低交易费用，但也无法降低物流成本，电子商务所产生的效益将大打折扣。只有更加重视跨区域物流、跨国物流，广泛开展区域和国际物流合作，电子商务才能向纵深发展。

## 四、电子商务环境下现代物流业的发展走势

### 1. 物流要素集成化

物流要素集成化是现代物流业的发展方向。在电子商务时代，物流业发展到集约化阶段主要表现为物流要素集成化。物流要素集成化就是以物流系统整体优化为目的，对物流系统功能、资源、信息、网络要素及流动要素等进行统一规划、系统运作的供应链一体化服务。如一体化配送中心不仅仅提供储运服务，还须按客户要求开展配货、配送以及其他各种高附加值的服务。其实现形式主要有要素一体化、建立战略联盟、资源共享和第三方物流等。

### 2. 物流服务一流化

物流服务一流化是现代物流业追求的目标。在电子商务环境下，现代物流业是介于供货方和购货方之间的第三方，如何提供高质量的服务是物流管理的中心课题。美、日等国家电子商务企业成功的秘诀，就在于建立了以客户为中心的物流运行机制。

要实现物流服务一流化的目标，首先，在观念上变革，由"推"到"拉"。配送中心应更多地考虑"客户要我提供哪些服务"，从这层意义上讲，它是"拉"，而不是仅仅考虑"我能为客户提供哪些服务"，即"推"。其次，电子商务企业要与货主企业结成战略伙伴关系，一方面有助于货主企业的产品迅速进入市场，提高竞争力，另一方面则使电子商务企业有稳定的资源，服务质量和服务水平正逐渐成为比价格更为重要的选择因素。

### 3. 物流信息化

物流信息化是现代物流业发展的必由之路，更是电子商务的必然要求，要想提供最佳的服务，物流系统必须有良好的信息处理和传输系统。物流信息化，包括商品代码和数据库的建立，运输网络合理化、销售网络系统化和物流中心管理电子化建设等。大型的配送中心已经建立了ECR（有效客户反应）。通过它，制造商就可以根据客户反馈的信息及时地决定生产，使生产在适应市场需求上能够采取主动。通过JIT（准时生产方式）系统，可从零售商店很快地得到销售反馈信息。配送不仅实现了内部的信息网络化，而且增加了配送货物的跟踪信息，从而大大提高了电子商务企业的服务水平，降低了成本，从而增强了竞争力。

### 4. 物流全球化

电子商务的发展打破了时空限制，加速了全球经济一体化的进程，致使物流业的发展从区域向全球扩展。物流全球化趋势也给电子商务企业带来了新的问题，使电子商务企业与物流运营商、生产商更紧密地联系在一起，形成了社会大分工。

### 5. 物流标准化

以互联网为平台的电子商务，对物流业的发展提出了新要求，要求物流标准化。物流

标准化是指以物流为一个大系统，制定系统内部设施、机械装备，包括专用工具等的技术标准，包装、仓储、装卸、运输等各类作业标准，以及作为现代物流突出特征的物流信息标准，并形成全国乃至和国际接轨的标准化体系。

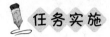 任务实施

### 一、实施目的

1. 理解电子商务与现代物流的关系。
2. 通过小组成员分工协作，增强合作意识，培养团队精神。

### 二、实施内容

1. 描述电子商务与现代物流的关系。
2. 解读电子商务对现代物流的影响。
3. 解读现代物流对电子商务的影响。

### 三、实施地点和工具

1. 配有 Internet 的多媒体教室或实训室。
2. 备有计算机、投影仪、笔及白纸。

### 四、实施步骤

1. 学生分组，三人一组，自选组长，并以小组为单位开展活动。
2. 画出电子商务与现代物流的关系图。
3. 画出电子商务对现代物流的影响图。
4. 画出现代物流对电子商务的影响图。
5. 编制实施报告，并制作成 PPT。
6. 各组派代表上台演示演讲。
7. 各组派一名代表对其他各组的实施报告打分。
8. 教师点评，评定等级。

### 五、实施指导

1. 讲解电子商务与现代物流的关系。
2. 描述电子商务对现代物流的影响。
3. 描述现代物流对电子商务的影响。
4. 分析电子商务环境下现代物流的特点。
5. 指导学生分组、制作 PPT 及演讲。

## 六、实施时间

本项任务实施时间需 4 学时。

## 七、评价标准（如表 1-3 所示）

表 1-3　　　　　　　　　　　　　　　实施方案评价

| 评价等级 | 评价标准 |
| --- | --- |
| 优秀 | 能在规定时间内独立编撰实施方案报告，且方案要素完整；小组成员有严密的分工协作，且讲解流畅 |
| 良好 | 能在规定时间内独立编撰实施方案报告；小组成员有分工协作 |
| 合格 | 能在教师帮助下完成实施方案报告 |
| 不合格 | 没能完成实施方案报告 |

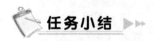
**任务小结** ▶▶

通过本任务的实战体验和相关知识解读，学生理解了电子商务与现代物流的关系，深度解析了电子商务对现代物流的影响和现代物流对电子商务的影响，同时明晰了电子商务环境下现代物流的特点和现代物流业的发展趋势。

## 【课后训练】

一、单项选择题

1. 电子商务是一场商业领域的根本革命，它的本质是商务，商务的核心内容是（　　　）。

A. 广告宣传　　　B. 电子交换　　　C. 商品交易　　　D. 咨询服务

2. 物流要素集成化的实现形式主要有（　　　）、建立战略联盟、资源共享和第三方物流等。

A. 要素一体化　　B. 物流信息化　　C. 物流智能化　　D. 物流柔性化

3. （　　　）是现代物流业发展的必由之路，更是电子商务的必然要求。

A. 物流信息化　　B. 物流智能化　　C. 物流社会化　　D. 物流柔性化

二、多项选择题

1. 电子商务对现代物流的影响，主要表现为（　　　）。

A. 电子商务提升了现代物流业的地位

B. 电子商务为现代物流创造了一个虚拟性运动空间

C. 电子商务将使现代物流运作实时化

D. 电子商务将改变物流企业对现代物流的组织和管理

E. 电子商务将促进物流基础设施改善和物流技术进步

2. 现代物流对电子商务的影响，主要表现为（　　）。

A. 现代物流是电子商务的重要组成部分

B. 现代物流是电子商务的支点和基础

C. 现代物流是电子商务实现以客户为中心的根本保证

D. 现代物流是电子商务实现跨区域、跨国交易的支撑

E. 现代物流是电子商务发展的终点

3. 电子商务环境下现代物流业的发展走势，主要包括（　　）。

A. 物流要素集成化　B. 物流信息化　　　C. 物流标准化　　　D. 物流服务一流化

E. 物流全球化

三、判断题

1. 物流增值服务一般是指在完成传统的物流基本功能服务的基础上，根据客户需要提供的各种延伸业务活动。（　　）

2. 电子商务是现代物流的重要组成部分。（　　）

3. 电子商务＝网上信息传递＋网上交易＋网上结算＋物流配送。（　　）

四、简答题

1. 简述电子商务与现代物流的关系。

2. 如何理解电子商务对现代物流的影响？

3. 简述现代物流对电子商务的影响。

4. 简述在电子商务环境下现代物流业的发展走势。

五、案例分析题

## VANCL：高成长下的物流挑战

B2C 电子商务企业 VANCL（凡客诚品）正在演绎着爆发式增长的商业神话。尽管距创立时间只有短短两年多，自 2007 年 10 月 18 日上线以来，VANCL 年收入增长率达到惊人的 29576.86％。2009 年在服装自有品牌 B2C 网站当中，VANCL 更是以 28.4％市场份额排名第一。营业额为 5 亿～6 亿元，2010 年达 20 亿元。

为了应对 VANCL 自身以及 V＋上线后可能带来的爆发式增长，创始人 CEO 陈平于 2010 年年初就已不声不响地进行了北京、广州等地的仓储、运输等物流环节的改造与升级。

自建配送队伍的优势：VANCL 自成立之初，就采用自建和外包相结合的物流配送方式。2008 年 4 月 VANCL（凡客诚品）又将自建物流系统分离出来，成立独立的如风达快递公司，并只为 VANCL 服务，主要保障核心城市的最后一公里配送服务。目前，如风达所提供的配送业务量约占 VANCL 总订单量的 25％，主要承担北京、上海、广州、杭州以及苏州这五个核心城市的物流配送，每天两次送货。

一般情况下，自建的物流及其个性化服务会增加企业 20％～30％的成本，但这些成本也会被企业视作品牌价值投放，以期获得不错的回报。一方面自建的配送队伍可更好的保

证回款速度，一般第三方物流企业在代收货款后往往都有最少1～3天的回款周期；另一方面自建配送团队的打造也被视为软性宣传九牛二虎之力的一部分。如 VANCL 自己的配送公司如风达就给快递员配备了统一的电动自行车，并对配送员统一配发带有公司 LOGO 的工装，这无疑将每一个配送员当做一个流动的广告牌，与其路面上的广告遥相呼应。VANCL 在推动二次配送、货到刷卡、开箱试穿、当场退货等这样一些服务时，自建的配送队伍可以做得更好；另外，在人力资源的内部调配上也有好处，能够避免第三方物流节假日放假无法送货等困扰，并且更具灵活性。

自建配送队伍货款回收既安全又快速。VANCL 现在推出了在订单下达后不仅支持买家的货到付款，在主要地区已升级到了货到刷卡——快递人员随身携带移动 POS 机进行收款。

难题隐忧：很多电子商务企业都面临着来自物流方面的难题，难题之一是退换货的逆向物流问题。如顾客下了一个包含六件商品的订单后，收货时只想要其中四件商品，而退掉另两件商品。在这种情况下，顾客只能先退回整票订单，然后再重新订购其他四件商品。因为直接拆包退货，会直接增加整个物流环节的复杂性，不可控因素更多，会对整个链条形成很大的压力。

难题之二是普遍存在的库存控制问题。库存与销售量完全相符不可能，电子商务经营者无法准确判定哪些产品好卖，哪些产品不好卖。

问题分析：

1. VANCL（凡客诚品）为什么自建物流？

2. 电子商务企业自建配送队伍有什么优势，又有什么困难？

# 模块二 电子商务环境下的物流系统

## 学习目标

**【知识目标】**

1. 了解电子商务物流系统的概念、构成和特点

2. 熟悉电子商务物流系统设计的目标和要素以及应注意的问题

3. 掌握电子商务物流系统的含义、特点和类型

4. 熟悉电子商务物流作业系统的概念和功能

5. 了解电子商务物流信息系统的概念和特征

**【能力目标】**

1. 能分析电子商务物流系统分析的内容和过程

2. 能分析电子商务物流系统评价的原则、标准、方法和过程

3. 能解读电子商务物流作业流程

4. 能理解分析电子商务物流信息系统的架构

5. 能识读电子商务物流信息技术的应用

**【情感目标】**

1. 通过深度解读电子商务物流系统，培植系统观念

2. 通过对电子商务物流作业流程的分析，培养严密的逻辑思维意识

3. 通过任务驱动教学法和合作学习法的运用，提升合作理念，培养团队精神

（建议总课时：14 课时）

## 任务一 电子商务物流系统解读

**任务导入**

电子商务代表未来的贸易方式、消费方式和服务方式，是信息化和网络化的产物。而电子商务的基础就是建立高效可靠的物流系统，因此电子商务在线服务背后物流系统的建立已成为电子商务解决方案的核心部分。

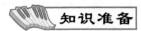

## 一、电子商务物流系统的概念与构成

1. 电子商务物流系统的概念

电子商务物流系统是指在计算机及互联网技术、现代通信技术和现代交通运输系统的支持下，以电子商务活动为先导，由供应链上各环节企业组成的，以完成商品的空间和时间转换、整合各种物流资源为主要功能的有机整体。

电子商务物流系统的目的就是实现整个贸易活动的电子化，逐步改变人们传统的物流观念，为物流创造了一个虚拟性的运作空间。

2. 电子商务物流系统的构成

同传统物流相比，电子商务物流系统主要是基于互联网上进行搜索、选购、订货、控制库存等信息系统的操作。电子商务物流系统由物流作业系统和物流信息系统两部分组成。

电子商务物流作业系统是在运输、保管、配送、装卸、包装等作业中，以电子商务网络为平台，运用各种技术手段，以最大限度提高效率，使各功能之间紧密衔接和配合的系统。电子商务物流系统的运行环境必须要有计算机及互联网技术、现代通信技术和现代交通运输系统等。如图2-1所示。

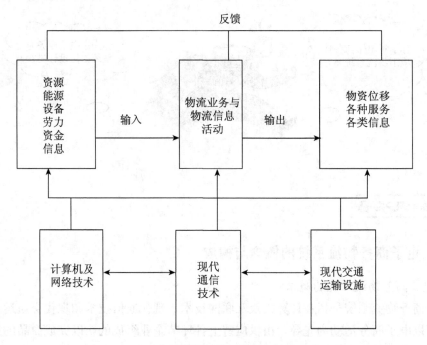

图 2-1　电子商务物流系统运行环境示意

电子商务物流信息系统也称物流神经系统，它是指由人员、设备和程序所组成的，为物流管理者执行计划、实施、控制等职能提供信息的交互系统，它与物流作业系统一样是物流系统的子系统。电子商务物流系统既是电子商务系统中的一个子系统或组成部分，也是社会物流大系统的一个子系统。

完善的物流系统对电子商务的发展特别重要。其一，它是电子商务活动得以最终实现的必要条件。网上订货只有通过物流系统的配送才能真正到达客户手中。其二，它是电子商务企业建立自身信誉和培植竞争优势的重要前提。配送是否及时，覆盖是否广泛，质量是否保障，将成为客户选择电子商务企业的重要依据。因此，越来越多的电子商务企业正在努力建设自己的物流配送系统，旨在拓展和巩固自己的市场。不少专业物流运营商也在改造和完善自己的物流功能，以适应电子商务物流配送的需要。然而，作为一种现代化的网上销售系统，并不是简单的"网上订货＋按单送货"，它对物流功能提出了不少新的要求。传统物流只有向与电子商务要求相适应的现代物流方向转变，才能真正适应电子商务发展的需求。

## 二、电子商务物流系统与传统物流系统的比较

电子商务物流系统并不是独立于传统系统之外的一个新系统，相反地，它是传统物流系统在信息时代的发展，二者的联系和区别如下：

（一）电子商务物流系统与传统物流系统的联系

二者的组成要素和功能是相同的，都是由运输、储存、装卸搬运、包装、流通加工、

配送和物流服务等组成；二者存在的目的也是相同的，都是为了完成商品和物资的空间位移及时间转移，创造空间效应和时间效应，最大限度地发挥各种资源的作用。

（二）电子商务物流系统与传统物流系统的区别

**1. 运作方式不同**

传统的物流活动在运作过程中，不管是以生产为中心，还是以成本利润为中心，实质上都是以商流为中心，并从属于商流活动；电子商务物流是以信息为中心，信息流不仅决定了物流的运动方向，而且也决定着物流的运作方式。

**2. 着眼点不同**

传统物流活动中，也依据计算机对物流进行实时控制，但这种控制都是以单个功能、单项作业甚至某个程序为着眼点而进行的，这样物流被认为是纯粹花钱的项目，其创造利润的作用普遍被忽视了；电子商务物流则在全球范围内实施整体的实时控制，通过内部和外部资源的整合，达到不断创造效益的结果。

**3. 组织和管理难度不同**

在传统物流系统中，往往是某一个企业对自身物流进行组织和管理，因此组织难度相对较小；而在电子商务物流系统中，它要求企业在组织物流活动的过程中，不仅要考虑本企业的物流组织和管理，而且要考虑整个供应链及至全社会物流系统的组织运作。

**4. 竞争观念不同**

传统物流企业普遍规模偏小，为了生存彼此之间存在着激烈的竞争，而这种竞争的结果往往是两败俱伤，相关企业常常无法获得正常利润，导致经营惨淡；在电子商务物流下则提倡物流企业之间相互联合起来，在竞争中形成一种协同竞争的状态，以实现物流高效化、合理化、系统化。

**5. 设施设备水平不同**

传统物流系统一向被认为是一个劳动密集型行业系统，即使在推动物流机械化进程这么多年之后的今天，这种局面也未根本改观；而电子商务系统为提高动作效率，要求为其服务的物流系统配备现代化的计算机及网络设备、通信设备、交通运输设施与设备、仓储设施和设备等，因此，电子商务物流系统的建设过程首先就是一个物流基础设施现代化的过程。

### 电子商务对物流系统结构的影响

◆中介逐渐消失。由于网上客户可直接面对制造商并可获得个性化服务，所以，传统物流渠道中的批发商和零售商等中介将被逐渐取代，但区域销售代理商将受制造商委托逐步加强其在渠道和地区性市场中的地位，作为制造商产品营销和服务功能的直接延伸。

◆运输范围的扩大和运输速度的提高。由于网上时空的"零距离"特点与现实世界的反差巨大，客户对产品的可得性的心理预期加大，导致企业交货的压力变大。因此，物流系统中的港、站、库、配送中心、运输线路等设施的布局、结构和任务将面临较大的调整。

◆组织结构趋向分散。信息共享的即时性，使制造商在全球范围内进行资源配置成为可能，所以，其组织结构将趋于分散并逐步虚拟化。当然，这主要是那些拥有品牌的、产品在技术上已实现功能模块化和质量标准化的企业。

◆特殊物流系统趋于隐形化。由于大规模的电信基础设施的建设和发展，将使那些能够在网上直接传输的有形产品的物流系统隐形化。这些产品主要包括书报、音乐、软件等，即已经数字化的产品的物流系统将逐步与网络系统融合，并最终被网络系统取代。

### 三、电子商务物流系统的特点

**1. 功能集成化**

电子商务物流系统着重于将物流与供应链的其他环节进行集成，包括物流渠道与商流渠道的集成、物流渠道之间的集成、物流功能的集成、物流环节与制造环节的集成等。物流系统的竞争优势主要取决于它的功能整合与集成的程度。在电子商务时代，物流发展到集约化阶段，这种一体化配送中心不仅提供仓储和运输服务，还可以开展配货、配送和各种提高附加值为目的的流通加工服务项目，也可按客户的需要提供其他服务。

**2. 系统复杂化**

电子商务物流系统与传统物流系统相比更为复杂，这主要是由电子商务自身特点所决定的。电子商务要求物流系统提供更加完备、迅速和灵活的服务，并随时保持物流信息的畅通。符合电子商务快捷和灵活要求的物流系统将比以往的物流系统更为复杂，而且需要具有一定的柔性，以便随时根据环境和需求变化进行动态调整。

**3. 服务系统化**

电子商务物流系统除强调物流配送服务功能的准确定位与完善化、系统化以及储存、运输、包装和流通加工等传统服务外，还在外延上扩展至市场调查与预测、采购及订单处理，向下延伸至物流配送咨询、物流系统方案的选择与规划、库存控制策略建议、贷款回收与结算、教育培训等增值服务，而且在内涵上提高了上述服务对决策的支持作用。

**4. 手段现代化**

电子商务的物流系统要为客户提供更快捷、更方便、更人性化的服务，必须使用先进物流硬件和软件。电子商务越发展，生产、流通和销售的规模越大，范围越广，物流配送技术、信息技术、设备及管理就越现代化。

**5. 组织网络化**

Internet 的无边界性特点导致了电子商务客户区域的离散性与不确定性，显然，过于分散的配送网络不利于物流企业实施集中的批量配送。但随着现代通信技术和网络技术的发展，构建跨地区的物流网络已成为可能。为了保证对电子商务提供快速、全方位的物流支持，电子商务的物流系统就需要建立全国性、规模性的物流网络，保证整个物流配送网络有最优化的库存水平及库存分布。

6. 目标分散化

在经济一体化、信息全球化日益明显的今天，电子商务企业要十分注意企业的灵活性和相对独立性，一般不会将企业的业务高度集中在一两个点或一两个大城市，而是要尽可能地分散目标，从而规避风险。而电子商务企业的目标分散化也导致了物流系统的目标分散化。

7. 经营市场化

电子商务物流系统的经营是市场化运作，电子商务企业无论是采用自营物流，还是物流联营或物流外包，都必须确保整个物流系统以最小的投入取得最佳的产出。

## 四、电子商务物流系统分析

（一）电子商务物流系统分析的内容

电子商务物流系统分析主要包括物流系统外部环境分析和物流系统内部条件分析。

1. 物流系统外部环境分析

（1）商品供应情况。商品是电子商务的客体，具有一定数量和品质的商品供应是电子商务系统运行的基础，商品的规模和构成决定了电子商务物流系统的深度和广度。

（2）商品销售情况。商品销售的规模和构成决定了电子商务物流系统的规模和构成。商品销售的速度越快，则要求商品采购的速度越快，从而要求物流的速度也越快。

（3）社会经济状况。社会经济状况决定了个人和企业购买力的大小和取向，方兴未艾的电子商务也必然受其影响，从而间接影响物流系统。

（4）网络发展水平。由于我国网络建设起步较晚，地区经济发展又极不平衡，因此，电子商务的发展也很不均衡，在进行电子商务物流系统分析时，需要对该地区的网络环境以及发展水平进行充分细致的调查分析，从而确定地区物流系统的规模和水平。

（5）国家的方针政策和制度也影响着电子商务物流系统的发展。

2. 物流系统内部条件分析

（1）商品需求变化的特点、需求量、需求对象、需求构成以及所涉及需求的联系方法；

（2）物流系统内部各子系统相关活动的数据，包括采购、仓储和运输等；

（3）构成物流系统的新技术、新设备和新要求等；

（4）库存商品的数量、品种、分布情况、季节性销售变化、产品质量状况以及顾客对产品的各种反馈意见等；

（5）运输能力的变化，运输方式的选择以及针对不同商品、不同要求运输条件和运输要求等；

（6）各种物流费用的占用和支出等。

（二）电子商务物流系统分析的过程

电子商务物流系统分析的过程就是在电子商务环境下构建物流系统分析的步骤或流

程。如图 2-2 所示。

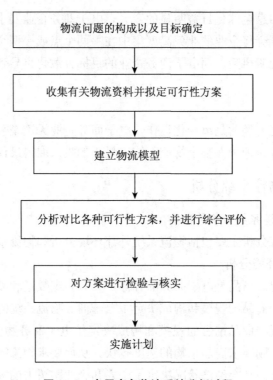

图 2-2　电子商务物流系统分析过程

1. 物流问题的构成以及目标确定

当一个研究分析的物流问题确定后，首先要将问题作系统化与合乎逻辑的叙述，其目的在于确定目标，说明问题的重点与范围，以便进行分析研究。

2. 收集有关物流资料并拟定可行性方案

在问题确定之后，就要拟定大纲和确定分析方法，然后依据已搜集的相关资料找出其中的相互关系，寻求解决问题的各种可行性物流方案。

3. 建立物流模型

为了便于分析，应建立物流系统的各种模型，利用模型预测各种方案可能产生的结果，并根据其结果定量分析各方案的优劣与价值。模型只是对物流系统运行过程的近似描述，若它能说明所研究物流系统的主要特征，就是一个满意的模型。

4. 分析对比各种物流可行性方案，并进行综合评价

利用模型和其他资料所获得的结果，将各个方案进行定量和定性的综合分析，显示出每一项方案的利弊得失和成本效益。同时考虑到各种相关因素，将所有因素加以合并考虑研究，获得综合结论。

5. 对方案进行检验与核实

由决策者根据更全面的要求，以试验、抽样及试运行等方法鉴定所得结论，提出应采

取的最佳方案。

### 6. 实施计划

根据分析的结果，按照选定的方案对物流系统进行具体实施。若实施过程比较顺利或遇到的困难不大，则只要对方案稍作修改和完善便可确定下来，若问题较多，则需要重复以上几个步骤不断修改完善。

电子商务物流系统的系统分析必须回答下面六个问题，有人将其归纳为解决问题的"5W1H"（即 What，Why，When，Where，Who，How）。如假设接受了某个电子商务物流系统的开发项目，那么就必须设定问题，若拟定下列疑问句就容易抓住问题的要点，这六个问题的具体内容，如表 2-1 所示。

表 2-1 电子商务物流系统分析涉及的六个问题

| 问 题 | 具体说明 |
| --- | --- |
| What | 项目的对象是什么？即电子商务物流系统要做什么 |
| Why | 这个项目的目的是什么？即电子商务物流系统为什么应是这个样子 |
| When | 项目在什么时候和什么情况下使用？即什么时候需要使用电子商务物流系统 |
| Where | 使用的场所在哪里？即电子商务物流系统在什么地方运行 |
| Who | 为谁服务？即为谁提供电子商务物流系统的服务 |
| How | 怎样才能解决问题？即如何建立电子商务物流系统 |

## 五、电子商务物流系统设计

### （一）电子商务物流系统设计的目标

电子商务物流系统是指从产品采购到销售并送达客户手中的运作系统。电子商务物流系统设计的目标就是要把采购、运输、仓储、装卸、搬运、配送等各个环节联系起来看成一个整体进行设计和管理，以最佳的结构和最好的配合，充分发挥其系统功能和效率，实现电子商务整体物流合理化。

电子商务物流系统设计要达到的目标主要体现为 5S。

### 1. 服务性（Service）

服务性即寻求物流服务质量持续的改善。在为电子商务企业客户服务方面，要求做到无缺货、无货损等现象，且费用便宜。

### 2. 快捷性（Speed）

快捷性即快速响应，要求将货物按照客户指定的地点和时间迅速送达。因此电子商务企业可将配送中心建立在供给地区附近，或利用有效的运输工具和合理的配送计划等手段，从而提升及时满足客户需求的服务能力。

### 3. 有效地利用面积和空间（Space Saving）

城市物流设施面积的有效利用必须加以充分考虑，应逐步发展立体化设施和相应物流设备，求得空间的有效利用。

**4. 规模适当化（Scale Optimization）**

应考虑物流设施集中与分散是否适当，如何合理利用机械化与自动化，信息系统的集中化所要求的电子计算机等设备的利用等。

**5. 库存控制（Stock Control）**

库存控制即达到最低库存。库存商品过多需要更多的保管场所，而且会产生库存资金积压，造成资源浪费。因此，必须按照生产与流通的需求计划对库存进行控制。

上述物流系统设计的目标简称5S。要实现以上目标，就要进行研究，把从采购到消费的整个物流过程作为一个流动的系统，依靠缩短物流路线以及使物流作业合理化和现代化，从而降低其总成本。

**（二）电子商务物流系统的设计要素**

在进行电子商务物流系统设计过程中，需要考虑以下几个基本要素：

（1）研究商品的品种、规格及特殊的配送需求等；

（2）商品数量的多少以及年度销售目标的规模和价格；

（3）商品的流向以及配送中心的销售量等；

（4）服务水平、产品的配送速度和商品质量等；

（5）时间及不同的季度、月、周、日、时各种产品的销售量的波动和特点等；

（6）物流成本。

**（三）电子商务物流系统设计应注意的问题**

电子商务物流系统的设计必须集思广益，要提出尽可能多的、可供选择的方案。在设计过程中，应注意下面两方面的问题。

**1. 收集电子商务物流系统的原始数据**

这是规划设计电子商务物流系统的依据，也是电子商务物流系统今后能否满足实际需要的关键。需要收集的数据主要有以下几类。

（1）商品特性。包括商品的储存方法、尺寸、形状、重量，商品是否耐压、耐冲击，对环境温度和湿度的要求，储存期长短对于商品质量的影响，商品本身对于环境的影响，在搬运过程中是否需要密封，在搬运过程中是否需要消除可能产生的静电，各种商品之间有何影响以及是否可以储存在一起。

（2）商品流量。首先，从整体角度掌握输入和流出物流系统的商品总量，包括最大值、最小值、平均值以及概率分布。其次，调查流程中各环节的输入输出量以及频率，在分析预测的基础上做好规划工作，预计可能达到的最大物流流量。

（3）环境条件。主要指物流系统的输入、输出、接口条件，包括接口的设备、场地等条件。如物流系统输入端和输出端的运输工具是汽车、火车、轮船还是其他运输设备。

（4）经济数据。如劳务费用、维护费用、设备费用、建筑费用、土地费用、运输费用、贷款利息、投资限额以及最小收益等。

（5）商品搬运设备的数据。包括现有的可供选择的各种搬运设备的能力、技术性能、使用寿命和售价等数据。

2. 明确方案中的可控因素和不可控因素

物流系统的任何方案都要满足一定的条件，以达到规定的目标。方案中一定有设计人员无法掌握的各种前提条件，即不可控因素。如对于仓库的物流而言，出入库频率和出入库数量是必须满足的一个要求，基本上是规划设计人员不能更改的。但方案中也必然有一些可由规划设计人员在一定范围内选取的变量。如仓库收发货站台的位置和数量、搬运设备的载重量和用途、速度以及物流系统的运行政策（先入先出或先入后出，就近入库或就近出库等）都是可控因素，明确了所有可控因素和不可控因素，就能明确如何去影响系统的性能，达到所追求的目标。

物流系统的设计就是通过调整可控因素，观察系统性能的变化趋势，从而选择可控因素的最佳匹配，达到系统的最佳效果。

## 六、电子商务物流系统评价

（一）电子商务物流系统的评价原则

对电子商务物流系统进行系统评价是一项复杂而重要的任务，其内容主要包括选择电子商务物流系统方案前的评价、实施过程中的方案跟踪评价、方案实施后的回顾评价和对已投入运行的物流系统进行运行现状评价。电子商务物流系统评价必须遵循以下原则：

1. 全面性原则

评价的目的就是为了科学决策，因此，只有保证了评价的客观性，确保资料的全面、可靠和正确，并防止评价人员的倾向性，才能保证决策的正确性。

2. 实用性原则

在电子商务物流系统基本功能上要具有实用性。虽然个别方案功能突出、内容新颖，但不实用，根本无法体现其价值。

3. 系统性原则

评价指标应根据其重要性有针对性的选取，既能从不同角度反映电子商务物流的本质特征，又能达到系统的目的，保证评价不出现片面性。

4. 可操作性原则

指标的设置要定性与定量相结合。在实际评价中，指标数据易从已有的资料、报表中获得。同时建立的指标体系还要考虑利用电脑操作的要求，使之具有可操作性。

5. 相对独立性原则

由于电子商务物流系统的内涵和外延非常丰富，描述其运行状况的指标之间常常存在着信息重叠的现象，因此在选择指标时，应尽可能选择具有相对独立性的指标，以其纵向、横向可比性的相对指标为主，从而增加评价的准确性和科学性。

（二）电子商务物流系统的评价标准

对电子商务物流系统评价需一定的评价标准，这样才能衡量物流系统实际的运行状况。要对各种物流系统做出客观公正的评价，就应根据各个系统的不同情况制订出评价的标准。

**1. 经济性**

包括初始投资、每年的运营费用、直接或间接的经济效益、投资回收期以及全员劳动生产率等。

**2. 可靠性**

包括电子商务物流系统各个环节的可靠性和整个系统的可靠性、技术的成熟程度、设备故障率和排除故障所需时间。

**3. 灵活性**

包括电子商务物流系统各环节与企业销售节奏相匹配的能力以及调整物流路线的可能性。

**4. 安全性**

包括商品的安全和人员的安全以及正常运行和紧急状态下的安全保障。

**5. 易操作性**

操作简单，不易发生错误，只需少量指令就可以使设备和整个系统投入运行。

**6. 可扩展性**

电子商务物流系统的服务范围和吞吐能力方面有进一步扩大的可能性。

**7. 劳动强度**

电子商务物流系统需要劳动力的数量以及可能引起的劳动者疲劳程度。

**8. 服务水平**

电子商务物流系统对于客户要求做出快速响应的能力。

**9. 敏感性**

电子商务物流系统对于外界环境条件发生变动的敏感程度。

在具体对一个电子商务物流系统进行评价时，可以根据所确定的每一项评价标准的重要程度分别赋予权重，用加权平均的方法对物流系统进行综合评价。

（三）电子商务物流系统的评价方法

由于各个电子商务物流系统的结构不同、性能不同以及评价因素不同，因此，评价的方法也各有不同，应根据各个系统的不同情况来选择系统评价方法。目前国内外系统评价使用的方法很多，一般可分为三类：定量分析评价、定性分析评价和定性与定量分析评价相结合的评价方法。下面我们就评价因数素个数和时间对评价方法分类。

**1. 从评价因素的个数来分**

电子商务物流系统的评价方法分为单因素评价和多因素评价。前者就是在进行物流系统评价时，各个评价方案只考虑一个主要因素，如物流成本、营业利润等。而多因素评价则是在进行物流系统方案评价时，同时考虑两个或两个以上的主要因素。

**2. 从评价时间来分**

电子商务物流系统的评价方法分为对物流现状进行系统评价和对物流项目的可行性进

行系统评价。对物流现状进行系统评价，从而对电子商务物流系统有一个全面的了解，为系统调整和优化提供基础信息和思路。对物流项目的可行与否以及效益大小进行分析，从而为最终决策提供辅助信息。

（四）电子商务物流系统的评价过程

评价是根据明确的目标来测定对象系统的属性并将这种属性变为客观定量的计算值或主观效用的行为过程。电子商务物流系统的评价过程如图 2-3 所示。

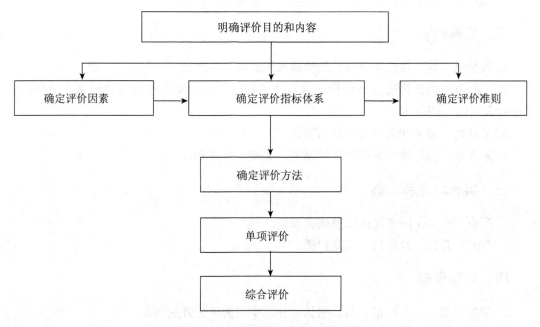

**图 2-3　电子商务物流系统评价过程**

其主要内容包括以下几方面：

（1）明确评价目的和评价内容。

（2）确定评价因素。

（3）确定评价指标体系。

（4）确定评价准则。

（5）确定评价方法。

（6）单项评价。

（7）综合评价。

单项评价是就物流系统或物流系统方案的某一具体方面进行详细的评价，一般不能解决最优方案的判定问题。综合评价就是在各单项评价的基础上按照评价标准，对系统整体进行全面的评价。

## 任务实施

### 一、实施目的

1. 描述电子商务物流系统分析、设计及评价流程。

2. 通过小组成员分工协作，增强合作意识，培养团队精神。

3. 通过探究式学习，培养自主学习习惯，养成探究意识。

### 二、实施内容

1. 解析电子商务物流系统与传统物流系统的联系与区别。

2. 了解电子商务物流系统分析的内容和过程，重点明晰电子商务物流系统分析所涉及的六大问题（5W1H）。

3. 了解电子商务物流系统目标和要素。

4. 解读电子商务物流系统评价的原则、标准、方法和过程。

### 三、实施地点和工具

1. 配有 Internet 的多媒体教室或实训室。

2. 备有计算机、投影仪、笔及白纸。

### 四、实施步骤

1. 学生分组，三人一组，自选组长，并以小组为单位开展活动。

2. 以表格或框图的形式描述电子商务物流系统分析的要素 5W1H。

3. 画出电子商务物流系统评价的流程。

4. 编制实施报告，并制作成 PPT。

5. 各组派代表上台演示演讲。

6. 各组派一名代表对其他各组的实施报告打分。

7. 教师点评，评定等级。

### 五、实训指导

1. 讲解电子商务物流系统的概念、构成和特点。

2. 比较电子商务物流系统与传统物流系统的异同。

3. 分析电子商务物流系统分析的内容和过程。

4. 讲解电子商务物流系统评价原则、标准、方法和过程。

5. 指导学生分组、制作 PPT 及演讲。

## 六、实施时间

本项任务实施时间需要 4 学时。

## 七、评价标准（如表 2－2 所示）

表 2－2　　　　　　　　　　　　　　实施方案评价标准

| 评价等级 | 评价标准 |
| --- | --- |
| 优秀 | 能在规定时间内独立编撰实施方案报告，且方案要素完整；表格或流程设计科学，思路清晰；小组成员有严密的分工协作，且讲解通俗易懂或运用流畅 |
| 良好 | 能在规定时间内独立编撰实施方案报告；小组成员有分工协作 |
| 合格 | 能在教师帮助下完成实施方案报告 |
| 不合格 | 没能完成实施方案报告 |

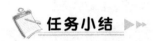 任务小结 ▶▶▶

通过本任务的实战体验和相关知识解读，学生认识了电子商务物流系统与传统物流系统的异同，深度解读了电子商务物流系统分析、设计，全面感受了对电子商务物流系统评价的过程。

## 【课后训练】

一、单项选择题

1. 电子商务物流系统的目的就是实现了整个贸易活动的电子化，逐渐地改变着人们传统的物流观念，为物流创造了一个（　　）的运作空间。

　A. 实体性　　　　　B. 虚拟性　　　　　C. 方便性　　　　　D. 透明化

2. 电子商务物流系统设计要达到的目标主要体现为 5S。即服务性、（　　）、有效利用面积和空间、规模适当化和库存控制。

　A. 虚拟性　　　　　B. 高效性　　　　　C. 快捷性　　　　　D. 电子化

3. 包括初始投资、每年的运营费用、直接或间接的经济效益、投资回收期以及全员劳动生产率等。即电子商务物流系统评价标准的（　　）。

　A. 可靠性　　　　　B. 灵活性　　　　　C. 服务水平　　　　　D. 经济性

二、多项选择题

1. 电子商务物流系统由（　　）组成。

　A. 物流作业系统　　　B. 自营物流　　　　C. 物流信息系统　　　D. 第三方物流

　E. 物流联盟

2. 电子商务物流系统的特点主要包括（　　）。

A. 功能集成化　　　B. 服务系列化　　　C. 组织网络化　　　D. 系统复杂化

E. 手段现代化

3. 电子商务物流系统评价必须遵循的原则为（　　　）。

A. 全面性　　　　　B. 实用性　　　　　C. 系统性　　　　　D. 可操作性

E. 相对独立性

三、判断题

1. 电子商务物流是以信息为中心，信息流不仅决定了物流的运动方向，而且也决定着物流的运作方式。（　　）

2. 综合评价是就物流系统或物流系统方案的某一具体方面进行详细的评价。（　　）

3. 从时间上看，电子商务物流系统的评价方法分为对物流现状进行系统评价和对物流项目的可行性进行系统评价。（　　）

四、简答题

1. 什么是电子商务物流系统？它由哪几部分构成？

2. 电子商务物流系统的系统分析中的"5W1H"是指什么？

3. 简述电子商务物流系统的评价过程。

五、案例分析题

**世纪电器网王治全：自建物流系统不必斥巨资**

2010年2月，世纪电器网董事长兼CEO王治全表示，自建物流系统是家电网购胜出的关键，但自建有多种模式，不一定非要投巨资征地建仓库。

王治全表示，网购绝非在网页上放些商品那么简单，后台的仓储、物流、信息平台的建设，是家电网购胜出所必须的要件。

家电配送对物流仓储有更加严格的要求，不仅要送货上门还要负责安装调试。由于目前国内尚未有提供家电配送服务的第三方物流，所以世纪电器网等销售家电的网购公司都是自建物流系统。经过几年的市场培育，如今家电网购销售日渐红火，能否拥有提供良好售后服务的物流系统成为衡量家电网购实力所在。

据了解，已在北京、广州等8个城市自建物流系统的世纪电器网，今年计划再进驻苏州、杭州、南宁、东莞等11个城市。其自建物流系统的方式是怎样的？

对此，王治全表示，虽说自建物流系统的方式很多，但世纪电器网的自建物流方式只采取租赁，不考虑其他方式。

王治全认为，征地自建仓库，对资金的要求庞大。且网购企业发展快，自建仓库的面积一旦跟不上变化，调整起来比较麻烦。而租赁成本低，随着企业扩大，只需增加租赁面积即可。这样的自建物流，对资金占用不多。特别是作为垂直家电网购的公司，对仓储的要求不像综合性网购商城那么高，满足要求即可。

据有关资料显示，2009年，国内家电网购销售额增长率高达200%，全年销售额突破400亿元，2010年家电网购突破1000亿元。红火的销售前景已引来风投企业的关注。京东商城 2010 年 1 月底获得了第三次投资，而创建仅三四年的世纪电器网、新七天电器直销网，因为销售额以几何型增长，从 2009 年开始也频频接到风投公司抛出的橄榄枝。

王治全表示，家电网购从本质上说是一种零售业态，依靠自身资金滚动发展很慢，因为需要规模，就需要很大的流动资金，需要靠社会资金来推动。公司对社会资金并不排斥。但融资不是简单的投钱，投资人会对企业有不同的业绩要求，双方对企业发展的看法是否一致等，需要有了解过程。所以公司不会急于引进投资人。

"目前家电网购的蛋糕还没有做大，不会有冲突，现在的重点是大家共同做大这个市场，"面对线下巨头国美、苏宁的线上突破，王治全表示，世纪电器网从没有想过要从竞争对手手中抢客户，而是将逐步完善适合垂直家电网购的运营模式，以低价和服务取胜。

问题分析：
1. 世纪电器网自建物流系统有何特点？
2. 世纪电器网自建物流系统所呈现的特点，其原因是什么？

# 任务二　电子商务物流作业系统的建构

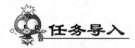

电子商务物流作业系统是电子商务物流系统的重要组成部分，没有物流作业系统，电子商务物流系统就缺乏支撑。

### 一、电子商务物流作业系统的概念

电子商务物流作业系统是在运输、保管、配送、装卸、包装等作业中，运用电子信息、因特网平台等技术手段，以最大限度提高效率，使各功能之间紧密衔接和配合的系统。

目前国内很多物流配送虽大都跨越了简单送货上门的阶段，但在层次上仍是传统意义上的物流配送，因此在物流作业系统中存在着传统物流配送无法克服的种种弊端和问题。尚不具备或基本不具备信息化、现代化、社会化的新型物流配送的特征。因此我们要大力推广电子商务物流作业系统。

## 二、电子商务物流作业系统的功能

电子商务物流作业系统的功能主要包括订单管理、仓储与分拨、运输与交付、退货管理、客户服务、数据管理与分析。

1. 订单管理

订单管理包括接收订单、整理数据、订单确认、交易处理（包括信用卡结算、赊欠业务处理）等。

2. 仓储与分拨

仓储与分拨中心主要有两方面的业务：分拣和存货清单管理。

3. 运输与交付

运输与交付具体包括确认运输需求、设计运输路线、运输作业实施等。

4. 退货管理

退货管理承担货物的修复、重新包装等任务。

5. 客户服务

客户服务包括售前和售后服务，主要对客户电话、传真、电子邮件的回复以及货物的安装和维修等工作。

6. 数据管理与分析

对于客户提交的订单，电子商务物流系统能对相关数据进行分析，产生深度分析报告。

## 三、电子商务物流作业流程

电子商务环境下整个供应链是由供应商、制造商、物流中心和客户所组成的，从电子商务供应链不同环节看，电子商务的实现可使传统商务过程的中间环节成为多余，构筑了一条从制造商到电子商务网站，再到最终客户的最为简短的电子商务销售通路。电子商务本身是一条新的销售通路，这条通路可由专业制造商经营，也可由电子商务企业（信息网络服务商）经营，还可由专业流通企业来运作。因此，按物流活动主体的不同，电子商务物流作业流程可分为以制造商为主体、以电子商务企业为主体和以物流企业为主体的电子商务物流作业流程三类。

（一）以制造商为主体的电子商务物流作业流程及应用

制造商在电子商务环境下，根据自身掌控的资源，并结合企业实际情况，设计出一条以制造商为主体的电子商务物流作业流程。

下面以戴尔（Dell）电脑公司为例分析并说明其物流作业流程。在戴尔（Dell）的直销网站（http：//www.dell.com）上，提供了一个跟踪和查询客户货物状况的接口，供客户查询从发出订单到货物送到客户手中整个过程的货物状态，戴尔对任何客户（个人、企业或单位）都采用定制的方式销售电脑，其物流作业流程也配合这一直销模式运作。

1. 戴尔直销电子商务物流作业流程

戴尔直销电子商务物流作业流程分为三个阶段八个步骤，如图 2-4 所示。

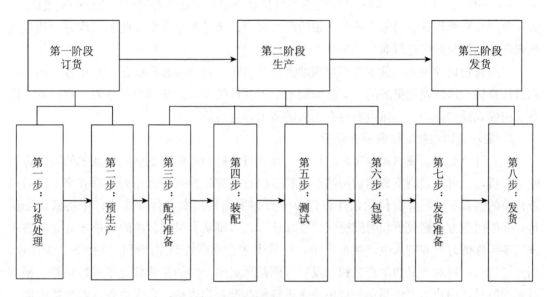

**图 2-4　戴尔直销电子商务物流作业流程**

迈克尔·戴尔自 1984 年起所开创的"按需定制、直销、零库存"的"直销模式"已成为一个时代的标志。当年凭这一模式将 1000 美元创业资本快速增值至 1000 亿美元。时至今日，这一模式仍然被各大管理咨询机构引为公司创新体系的典型代表。

戴尔公司是全球领先的 IT 产品及服务提供商，其业务包括帮助客户建立自己的信息技术及互联网基础架构。戴尔公司成为市场领导者的根本原因是：戴尔目前在全球共有47800 个雇员，在过去的四个财务季度中，戴尔的总营业额达到 435 亿美元。

作为世界 IT 界龙头的戴尔公司，其经营理念是按照客户要求制造计算机，并向客户直接发货，使戴尔能够最有效和明确地了解客户需求，继而迅速做出回应。这种直销的商业模式消除了中间商，减少了不必要的成本和时间，让戴尔能更好地了解客户的需要。这种直销模式允许戴尔能以富有竞争力的价位，为每一位客户定制并提供具有丰富配置的强大系统。通过平均三天一次的库存更新，戴尔能够把最新相关技术带给客户，而且远远快于那些运转缓慢、采用分销模式的公司。

随着互联网的广泛发展，戴尔进一步推广其直销订购模式，不断增强和扩大其竞争优势。在 1994 年推出了 www.dell.com 网站，并在 1996 年加入了电子商务功能，推动商业向互联网方向发展。接下来的一年，戴尔成为第一个在线销售额达到 100 万美元的公司。

今天，基于微软视窗操作系统，戴尔经营着全球规模最大的互联网商务网站。戴尔 Pow-erEdge 服务器运作的 www.dell.com 网址覆盖 84 个国家的站点，提供 28 种语言或方言、29 种不同的货币报价，目前每季度有超过 10 亿人次浏览。

戴尔日益认识到互联网的重要作用贯穿于整个业务之中，包括获取信息、客户支持和客户关系的管理。在 www.dell.com 网站上，用户可以对戴尔的全系列产品进行评比、配置并获知相应的报价。用户也可以在线订购，并且随时监测产品制造及送货过程。在 val-uechain.dell.com 网站上，戴尔和供应商共享包括产品质量和库存清单在内的一整套信息。戴尔利用互联网将其业内领先的服务带给广大客户。全球数十万个商业和机构客户通过戴尔先进的网站与戴尔进行商务往来。

运用直销这种模式，戴尔绕开烦琐的多环节销售，直接与客户联系，根据客户的需要制造计算机。这样就能更多的、更加明确地了解客户的需求，从而更好地为客户服务。这种营销模式是先进的，当然也需要有强大的实力作为后盾。

2. 戴尔直销和物流作业流程分析

（1）订单处理。戴尔接收客户的订单，客户可拨打 800 免费电话叫通戴尔的网店进行网上订货，也可通过浏览戴尔的网站进行初步检查，首先检查项目是否填写齐全，然后检查订单的付款条件，并按付款条件将订单分类。采用信用卡支付方式的订单将被优先满足，其他付款方式则要更长时间得到付款确认，只有确认支付完款项的订单才会立即自动发出零部件的订货并转入生产数据库中，订单也才会立即转到生产部门进行下一步作业。用户订货后，可对产品的生产过程、发货日期甚至运输公司的发货状况等进行跟踪。根据订单的数量，用户需要填写单一订单或多重订单状况查询表格，表格中各有两项数据需要填写，一项是戴尔的订单号，另一项是校验数据，提交后，戴尔将通过因特网将查询结果传送给用户。

（2）预生产。从接收订单到正式开始生产之前，有一段等待零部件到货的时间，这段时间叫做预生产。预生产的时间因客户所订的系统不同而不同，主要取决于供应商的仓库中是否有现成的零部件。一般地，戴尔要确定一个订货的前置时间，即需要等待零部件并且将订货送到客户手中的时间，该前置时间在戴尔向客户确认订货有效时会告诉客户。订货确认一般通过电话或电子邮件。

（3）配件准备。当订单转到生产部门时，所需的零部件清单也就自动产生，相关人员将零部件备齐传送到装配线上。

（4）配置。组装人员将装配线上传来的零部件组装成计算机，然后进入测试过程。

（5）测试。检测部门对组装好的计算机用特制的测试软件进行测试，通过测试的机器被送到包装间。

（6）装箱。测试完后计算机被放到包装箱中，同时要将鼠标、键盘、电源线、说明书及其他文档一同装入相应的卡车运送给客户。

（7）配送准备。一般在生产过程结束的次日完成送货准备，但大订单及需要特殊装运作业的订单可能花的时间要长些。

（8）发运。将客户所订货物发出，并按订单上的日期送到指定的地点。戴尔设计了几种不同的送货方式，由客户订货时选择。一般情况下，订货将在 2～5 个工作日送到订单上的指定地点，即送货上门，同时提供免费安装和测试服务。

戴尔物流从确认订货开始。确认订货是以收到货款为标志的，在收到客户货款之前，物流过程并没有开始，收到货款之后需要 2 天时间进行生产准备、生产、测试、包装、发运准备等。戴尔在我国福建厦门设有工厂，其产品的销售物流则委托一家货运公司承担。由于用户分布面广，戴尔向货运公司发出的发货通知可能十分零星和分散，但戴尔承诺在款到后 2～5 天送货上门，同时，在中国一些偏远地区的用户每台计算机还加收 200～300 元的运费。

3. 戴尔模式的优缺点

戴尔以制造商为主体的电子商务物流作业流程其优点显而易见。

第一，大大减少流动资金的支出。戴尔可先拿到客户的预付货款和预付运费，同时还有可能在货运公司将货运到后结算运费，既无偿地占用了客户的流动资金，又占压了物流运营商的流动资金。

第二，按单生产减少了库存风险。与竞争对手一般保持 2 个月库存相比，戴尔库存平均仅 7 天，最多不超过 2 周，年均利润率超过 50%，这种按订单生产的方式几乎没库存风险。

第三，有利于提升和改善客户服务。戴尔的个性化服务，使客户在物流、配送及其他售后服务上得到了全新的体验。

当然像戴尔这样依赖准确的市场需求预测，通过网上订货或电话订货，然后再组织生产和配送的模式，实际上也存在着一定的市场、生产和物流风险，一般的企业是难以企及的。

（二）以电子商务企业为主体的电子商务物流作业流程及应用

在以电子商务企业为主体的电子商务物流作业流程中，销售商是电子商务的主体，主导包括物流系统构建在内的整个电子商务的运作。其基本原理是先由电子商务企业自建或委托第三方设计电子商务物流系统，确定物流系统的成本、服务水平、服务内容和考核标准，然后确定是自营物流、第三方物流，还是物流联盟模式，以实现专业化的物流经营和管理。下面以卓越网为例，介绍其电子商务物流作业流程。

1. 卓越网电子商务物流作业流程

目前卓越网电子商务物流作业流程：客户在网上下订单后，经过订单处理中心，集中汇总到库房，然后取货、拣货、包装、配货，交由配送公司用金杯车将包装好的货品集中运输到分布在各市的站点，再根据不同的送货线路分配给相关配送员，骑车将货品送到客户手中。其中卓越电子商务物流作业流程分为：从供应商采购商品，经过运输、入货、储存，客户订购，然后下单、取货、拣货、包装、配货、出货、送货上门等过程。如图 2-5 所示。

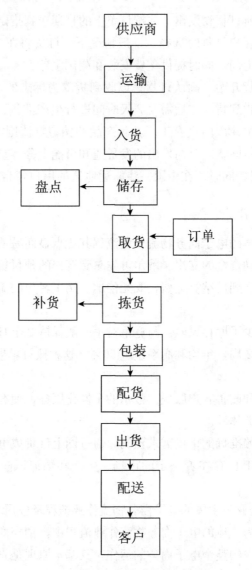

图 2-5　卓越网电子商务物流作业流程

2000 年 5 月卓越网诞生。截至 2003 年年底，该公司营业额逾 1 亿人民币，堪称国内最赚钱的电子商务企业。2004 年，卓越网又成功获得美国老虎基金 500 多万美元融资。同年 8 月，全球最大网上零售商亚马逊以 7500 万美元收购卓越网，卓越网成为亚马逊全球第 7 个站点。

经过四年实践，卓越网总结出了一套适合自身发展的经营模式。凭借独创的"精选品种、全场库存、快捷配送"之卓越模式，迅速成长为国内最有影响力和辐射力的电子商务网站，赢得超过 520 万注册用户的衷心支持，发展成为国内访问量最大、营业额最高的零售网站。如今在亚马逊并购卓越之后卓越的经营模式也逐渐向"多品种、小批量"的个性化商品服务模式发展。到目前为止，卓越也已向网上百货进军，商品种类已达到 1 万多种。

近几年的发展，卓越不仅在北京、上海和广州拥有自己的仓库，而且拥有自己独立的快递配送系统，并在省会城市及中西部铺开了业务，卓越已向全国47个城市开展送货上门服务，这是目前在国内比较完整的物流体系。卓越网已形成了自己相对成熟的物流系统模式。

2. 卓越网网上业务流程分析

卓越网电子商务物流作业流程：从供应商采购商品，经过运输、入货、储存，客户订购，然后下单、取货、拣货、包装、配货、出货、送货上门等过程。从卓越网的网上业务流程来看，卓越网把它的物流重点放在了由卓越网到网上客户这一部分。从大处看商品只由卓越到客户而实际上还经过一些隐形步骤：运输、储存、装卸搬运、包装、分拣、配货以及配送。

卓越网支付方式已发展成为传统与网络支付相结合的多种支付方式，能满足不同客户群的要求。其支付方式有：

（1）传统电子商务支付方式：货到付款、邮局汇款、银行电汇、上门预收款、支票支付。

（2）网上支付方式：第一，信用卡在线支付；第二，卓越网特色支付，如虚拟账户支付、联华OK积点、卓越礼品卡支付、环讯i付通（即IPS人民币、国际卡）。

3. 卓越网物流模式

目前卓越网是多种模式相结合的物流模式，包括：自建配送、第三方物流、与部分商户联合配送。

（1）自建物流。卓越目前拥有一家自己的配送公司世纪卓越快递，三个配送中心。世纪卓越快递设在北京，三个配送中心分布在北京、上海和广州，能够各自辐射周边的范围。但上海和广州仓库的货品，90%都是根据当地客户的需求，从北京总部调度过去。现在上海和广州两个库房的存货量还比较小，正在扩容，"三站合一"后，这两家库房的存货量将和北京保持相同的水平，而存放的数量则根据实际的销售量来定。在北京、上海、广州三地市内的物流配送主要以卓越自己的力量为主。卓越对于网上订单承诺1～2天即可到货。

（2）第三方物流。卓越将部分物流业务转交给第三方物流公司代理，卓越对这部分订单次日出货。网上订单承诺出货3～4天即可到货。

（3）与部分社会物流资源联合。这种方式也就是与一些城市中的物流方面做的较好的零售商合作，进行卓越的商品配送。卓越主要委托邮局邮寄，这部分大概占卓越总货运量30%。海外订单由UPS（联合包裹）负责。这部分物流配送将借助和整合亚马逊的物流资源。

4. 卓越网物流模式优缺点

从上述介绍来看，卓越物流模式具有多元的立体物流模式。这几种物流模式的结合将使自建物流和第三方物流的优势达到整合，优势互补。卓越网的物流模式算得上是我国国内目前电子商务企业物流相对比较成熟的。

（1）卓越网的物流模式的优点。有自建物流和第三方物流和社会物流资源联合两大优点。

①卓越网自建物流优点。首先，可以为卓越网通过自己网络系统随时监控、管理库存和物流状态。卓越从单方管理到模块化管理，从单一的服务内容到多层次服务领域的渗透，从手工记录到信息的数据库管理，从分散的监督到全方位的监控，便于企业制订计划、作出决策。其次，自建物流可便于更便捷的为客户提供优质的服务。

②第三方物流和社会物流资源联合的优点。在没有网上物流业务时，专业物流企业可照常运营传统业务；当卓越提出物流请求时，可迅速建立现实供应链接，提供相关物流服务。这种方式可减少电子商务企业在客户"小批量、多品种"个性化的商品追求和追求个性化消费观念下的企业运营成本，在一定程度上可减少电子商务企业库存量。

第三方物流使卓越网集中精力发展核心业务。在卓越网资源有限的情况下，为取得竞争中的优势地位，企业只掌握核心功能，即把企业知识与技术依赖性的高附加值部分掌握在自己手里，而把其他增值部分虚拟化。

第三方物流可提供灵活性。如在区域分布上的灵活性。卓越网分别在全国47个大中城市选择了各自所在地物流公司完成物流全过程。数量不断上升的供应商需要迅速的补充货源，因而要有地区仓库。通过第三方物流供应商的仓储服务，一家公司就可满足客户需求，而不必因为建造新设施或长期租赁设施而调拨资金并在经营灵活性上受到限制。同样，服务的灵活性也能通过第三方物流来实现。这样做可向卓越网上客户提供更多元的服务品种。

（2）卓越网物流模式的缺点。缺点也是使用第三方物流和自建物流本身的缺陷。

①使用第三方物流的缺陷。由于第三方物流所带来的缺陷，使卓越丧失了对物流的控制权。卓越的物流控制权将交由当地的第三方物流公司负责。第三方物流员工可能会与客户互动。由于第三方物流公司员工素质等原因可能导致物流服务质量下降这将直接影响卓越网的信誉。

②自建物流的缺陷。自建物流无疑将加大卓越的运营和管理成本，而分散卓越的管理精力以致无力投身于自身的主要业务。

**（三）以物流企业为主体的电子商务物流作业流程及其应用**

物流企业在电子商务中可以扮演两种角色：一是可以像制造商和销售商那样，从建立电子商务网站开始，独立从事电子商务业务；二是为电子商务提供物流、配送服务，其中以第二种角色为主，物流作业要配合电子商务的需求提供细致的配送服务。下面以世界第一大快件运输商联邦快递（FedEx）为例，分析其电子商务物流作业流程。

1.FedEx电子商务物流作业流程

FedEx参与的电子商务物流作业流程如图2-6所示。

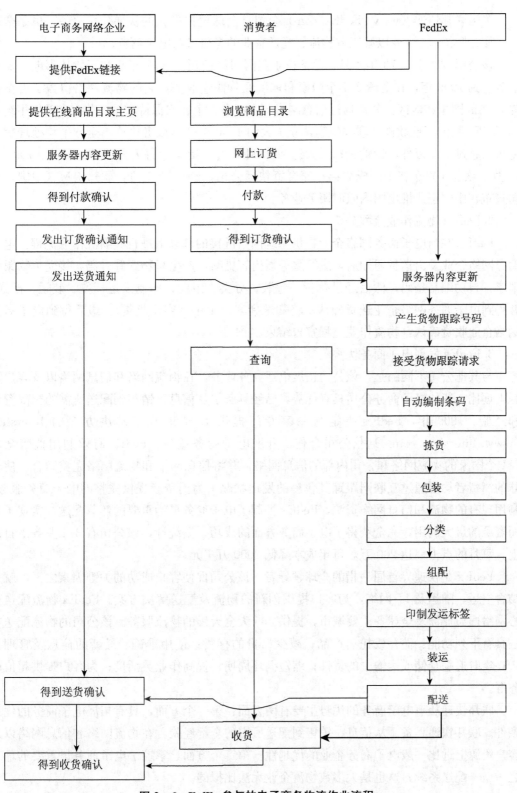

**图 2 - 6　FedEx 参与的电子商务物流作业流程**

美国联邦快递（www. FedEx. com）公司是全球规模最大的快递公司之一，也是全球500强企业之一。主要以第三方物流、配送企业的身份参与电子商务。

该公司成立于 1973 年 4 月，总部位于美国田纳西州。1997 年年初开始从事电子商务业务，到 1999 年，在全球 211 个国家和地区经营快递业务，它的物流网络覆盖了占全世界 90% 的国家和地区。公司通过信息网络与 100 多万个客户保持联系，并在全球使用统一的 FedEx 物流管理软件。联邦快递建立了大约 1400 个全球服务中心，全球平均处理货件量每天超过 310 万件，运输量每天大约 9400 吨，航空货运量每天大约 260 万吨。1999 年 11 月，该公司宣布在中国成立第一家合资快运公司，2007 年 5 月，联邦快递（中国）公司宣布在中国正式推出国内限时服务业务。

2. FedEx 物流作业流程分析

FedEx 在与电子商务网络企业提供系统网络链接的基础上进行其物流作业流程：电子商务网络企业发出送货通知后，进行服务器内容更新，产生货物跟踪号码，接受货物跟踪请求，自动编制条码，然后经过拣货、包装、分类、组配、印制发运标签、装运、配送，并得到电子商务网络企业送货确认，将货送到客户手中（客户收货），最后得到电子商务网络企业收货确认，物流作业过程宣告结束。

3. FedEx 发展电子商务优势

与其他公司不同的是，该公司拓展电子商务业务，在物流网络和信息网络以及客户资源上远比一般的电子商务公司具有优势，已经具备了从信息、销售到配送所需的全部资源和经验。1999 年，FedEx 决定与一家专门提供 B2B 和 B2C 解决方案的 Intershop（www. Intershop. com）通信公司合作，开展电子商务业务。FedEx 有效利用覆盖全球 211 个国家的物流网络和公司内部的信息网络，并将信息网络和物流网络完美结合，使全球的消费者均可通过互联网跟踪其包裹的发运状况，为消费者提供完整的电子商务服务。利用现有的物流和信息网络资源，FedEx 控制了电子商务最为重要的环节配送，实现了公司资源的最大利用，完全获得了电子商务方面的成功。据统计，该公司有 3/4 业务来自网上，每月的点击率达 200 万，每年成本降低 2000 万美元。

FedEx 是快递界首屈一指的全球领导者。该公司促使客户成功的关键因素之一，就是结合空运、陆运及 IT 网络，为客户提供创新的物流及配送解决方案。FedEx 物流配送中心网络遍布亚洲及全球各主要城市，提供 365 天全天候的物流服务。该公司的物流配送中心具有下列功能：储存或托运产品；减少昂贵的存货；使用准确、最新的信息及管理报告；实时追踪仓储或运输中的货件；缩短循环周期；提高作业灵活度；为客户提供超值服务等。

联邦快递从事电子商务的优势主要有两方面：第一个方面，具有拓展电子商务的优越条件。联邦快递具备了从信息、销售到配送所需的全部经验，在物流网络和信息网络以及客户资源上远比一般电子商务企业的优越性。第二个方面，掌控了电子商务最重要的环节之一——配送系统，这也是大多数物流企业无法比拟的。

### 任务实施

## 一、实施目的

1. 识读电子商务物流作业流程。

2. 通过小组成员分工协作，增强合作意识，培养团队精神。

## 二、实施内容

1. 了解电子商务物流作业系统的概念和功能。

2. 解析戴尔直销电子商务物流作业流程及其应用。

3. 破解卓越网电子商务物流作业流程及其应用。

4. 解读 FedEx 电子商务物流作业流程及其应用。

## 三、实施地点和工具

1. 配有 Internet 的多媒体教室或实训室。

2. 备有计算机、投影仪、笔及白纸。

## 四、实施步骤

1. 学生分组，三人一组，自选组长，并以小组为单位开展活动。

2. 画出戴尔直销电子商务物流作业流程图，并分析其优缺点。

3. 画出卓越网物流作业流程图，并分析其优缺点。

4. 画出 FedEx 电子商务物流作业流程图，并分析其优缺点。

5. 编制实施报告，并制作成 PPT。

6. 各组派代表上台演示演讲。

7. 各组派一名代表对其他各组的实施报告打分。

8. 教师点评，评定等级。

## 五、实训指导

1. 讲解电子商务物流作业系统的概念和功能。

2. 介绍戴尔直销电子商务物流作业流程及其应用。

3. 分析卓越网电子商务物流作业流程及其应用。

4. 演示 FedEx 电子商务物流作业流程及其应用。

5. 指导学生分组、制作 PPT 及演讲。

## 六、实施时间

本项任务实施时间需要 6 学时。

## 七、评价标准（如表2-3所示）

表2-3                            实施方案评价标准

| 评价等级 | 评价标准 |
| --- | --- |
| 优秀 | 能在规定时间内独立编撰实施方案报告，且方案要素完整；作业流程演示到位，且符合物流企业实际；小组成员有严密的分工协作，且讲解流畅 |
| 良好 | 能在规定时间内独立编撰实施方案报告；小组成员有分工协作 |
| 合格 | 能在教师帮助下完成实施方案报告 |
| 不合格 | 没能完成实施方案报告 |

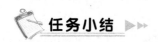 任务小结 ▶▶▶

通过本任务的实战体验和相关知识解读，学生认识了电子商务物流作业系统的概念和功能，深度解析了戴尔、卓越网、FedEx三类标杆和典型模式电子商务企业物流作业流程及其应用。

## 【课后训练】

一、单项选择题

1. （　　）是在运输、保管、配送、装卸、包装等作业中，运用电子信息技术、因特网平台等技术手段，以最大限度提高效率，使各功能之间紧密衔接和配合的系统。

A. 电子商务物流信息系统 　　　　B. 电子商务物流作业系统

C. 电子商务物流系统 　　　　　　D. 电子商务物流模式

2. 目前卓越网是多种模式相结合的物流模式，包括（　　）。

A. 自建配送、第三方物流和与部分商户联合配送

B. 全部自建物流

C. 自建配送和第三方物流

D. 全部外包

E. 物流联盟

3. 戴尔直销和物流作业流程（　　）。

A. 订单处理、预生产、配件准备、配置、测试、装箱、配件准备、发运

B. 预生产、订单处理、配件准备、配置、测试、装箱、配件准备、发运

C. 订单处理、预生产、配件准备、测试、配置、装箱、配件准备、发运

D. 订单处理、配件准备、预生产、配置、测试、装箱、配件准备、发运

二、多项选择题

1. 电子商务物流作业系统的功能主要包括（　　）。

A. 订单管理　　　　B. 仓储与分拨　　　C. 运输与交付　　　D. 退货管理

E. 客户服务

2. 按物流活动主体的不同，电子商务物流作业流程可分为（　　　）。

A. 以制造商为主体的电子商务物流作业流程

B. 以电子商务企业为主体的电子商务物流作业流程

C. 以物流企业为主体的电子商务物流作业流程

D. 以第三方物流为主体的电子商务物流作业流程

E. 以第四方物流为主体的电子商务物流作业流程

3. FedEx（联邦快递）从事电子商务的优势主要有（　　　）。

A. 拓展电子商务的优越条件　　　　　　B. 互联网的优势

C. 物流模式优势　　　　　　　　　　　D. 物流作业流程优势

E. 掌控了电子商务最重要的环节之一——配送系统

三、判断题

1. 卓越电子商务物流作业流程分为：从供应商采购商品，经过运输、入货、储存，客户订购，然后下单、取货、拣货、配货、包装、出货、送货上门等过程。（　　　）

2. 发运就是将客户所订货物发出，并按订单上的日期送到指定的地点。（　　　）

3. 物流企业在电子商务中可扮演两种角色：一是从建立电子商务网站开始，独立从事电子商务业务；二是为电子商务提供物流、配送服务，其中以第一种角色为主。（　　　）

四、简答题

1. 什么是电子商务物流作业系统？它有哪些功能？

2. 简述戴尔电脑公司直销和物流作业流程。

3. 简述 FedEx（联邦快递）电子商务物流作业流程。

五、案例分析题

## 美国 UPS 现代物流作业系统

UPS（联合包裹）从进货到出货都是运用现代化电子科技来完成，整个物流作业系统不超过十个员工，这样既节约了成本，又便于管理，大大提高了物流的效率。

UPS 物流作业系统严格遵循了物料搬运的五大基本原则。第一，有效作业原则。UPS 运用流水线模式，尽量减少和避免了不必要的装卸搬运，使装卸搬运作业量最小，所消耗的活劳动和物化劳动最小。第二，集中作业原则。UPS 实现了装卸搬运场地的集中和装卸搬运对象的集中，大大提高了作业效率。第三，简化流程原则。UPS 一方面减少了装卸搬运作业环节，实现了作业流程在时间和空间上的连续性，使装卸搬运作业无间歇、不中断；另一方面也提高了货物放置的活载程度，减少了作业环节。第四，安全作业原则。UPS 完全电子化的作业过程确保了作业过程中的人身安全、设备安全和货物安全。第五，系统优化原则。UPS 实现了货物装卸搬运作业的合理化，使系统的整体优化，充分发挥系统中各要素功能。

总之，UPS是现代物流的典范，在作业质量、效率、安全、经济诸方面它都是一流的。

问题分析：

1. UPS在物料搬运作业中遵循了什么原则？

2. UPS的物流作业系统有何特点？

# 任务三　电子商务物流信息系统的建构

在电子商务环境下，制造商、供应商和物流提供商在电子商务平台上完成交易作业，其业务流程是物流、资金流、商流、信息流的一个错综复杂的集合。若没有建构电子商务物流信息系统集成框架，广泛应用物流信息技术，电子商务将寸步难行。

知识准备

## 一、电子商务物流信息系统的概念

电子商务物流信息系统是一个由人、计算机网络等组成的能进行物流信息的收集、存储、处理、传递和使用的系统。它是为实现物流目的而与物流作业系统同步运行的信息管理系统。

电子商务物流信息系统应用范围广泛，实用价值很高。物流信息系统通过对信息的收集、分析能够实测物流活动各环节的运行情况，预测未来可能出现的问题，对物流管理提供辅助性的决策，帮助电子商务企业实现物流规划的目标。

电子商务物流信息系统的应用可以缩短从接受订单、配送到发货的时间，实现库存适量化，节约库存开支，提高装卸搬运作业的效率，实现合理运输，降低运输成本，提高运输效率。电子商务物流信息系统还可以提高订单处理的准确性，防止发货与配送的差错，实时反映物流市场的变化情况，为电子商务企业决策提供支持。

电子商务物流信息系统最重要的作用或最根本的目标是实现物流过程中各个环节的有机衔接与合作，实现物流资源的最优化配置及以客户为中心的物流服务目标。

海尔的"一流三网"

经典回放："一流三网"："一流"是指以订单信息流为中心；"三网"分别是全球供应链资源网络、全球用户资源网络和计算机信息网络。围绕订单信息流这一中心，将海尔遍布全球的分支机构整合在统一的物流平台之上，从而使供应商和客户、企业内部信息网络这"三网"同时开始执行，同步运动，为订单信息流的增值提供支持。

"一流三网"的同步模式实现了四个目标：为订单而采购，消灭库存；通过整合内部资源、优化外部资源，使原来的 2336 家供应商优化到了 840 家，建立了更加强大的全球供应链网络，有力地保障了海尔产品的质量和交货期；实现了三个即时（JIT），即 JIT 采购、JIT 配送和 JIT 分拨物流的同步流程；实现了与用户的零距离。目前，海尔 100% 的采购订单由网上下达，使采购周期由原来的平均 10 天降低到 3 天；网上支付已达到总支付额的 20%。

学生讨论：

1. 海尔的"一流三网"是指什么？

2. "一流三网"与电子商务物流信息系统是何关系？

## 二、电子商务物流信息系统的特征

电子商务物流信息系统与企业经营管理部门的管理信息系统在基本面上没有很大区别，但由于物流活动本身具有时空上的特点，使得电子商务物流信息系统具有以下几点特征：

1. 开放性

电子商务环境下的物流管理，信息起主导作用，它是通过对信息的共享和使用来减少市场交易成本和企业管理成本，产生经济效益。因此电子商务物流信息系统不能局限于企业内部的信息管理，而应是一个能够通过互联网和信息技术与合作伙伴企业或上、下游企业进行信息共享和无缝连接的开放信息系统。开放性要求电子商务物流信息系统的网络结构、数据库结构、软件系统的体系结构要采用标准化、模块化技术，要满足与其他信息系统的互联和系统扩展的需要。

2. 协同性

电子商务物流系统的开放性特点同时提出了协同性要求。要求电子商务物流系统与客户协同、与企业内部各部门之间协同、与供应链的其他环节协同、与社会各部门的协同等。

**3. 动态性**

电子商务物流信息系统反映的数据应是动态的，能随着物流的变化而变化，能实时反映货物物流的各种状况，支持客户、公司员工等用户的在线动态查询。

**4. 安全性**

电子商务物流信息系统是基于互联网技术而构建的，因此，系统必须具有防备黑客攻击、预防信息泄露等安全防范功能。在系统开发初期，这个问题往往被人们忽略，但随着系统开发的深入，特别是网上支付的实现、电子单证的使用，安全性更成为物流信息系统的首要问题。安全性要求将信息系统的安全防护控制技术融入系统设计，可运用身份识别、权限控制、数据加密、防火墙、虚拟专用网络等安全保密技术构建一个有安全保障功能的现代物流信息系统。电子商务物流信息系统安全性主要包括内部安全性和外部安全性。

**5. 快速反应**

电子商务物流信息系统应能对用户、客户的在线查询、修改、输入等操作作出快速和及时的反应。

**6. 信息集成性**

电子商务物流过程涉及的环节多、分布广，信息随着物流在供应链上的流动而流动，信息在地理上往往具有分散性、范围广、量大等特点，信息的管理应高度集成，同样的信息只需一次输入，以实现资源共享，减少重复操作和差错。目前大型的关系数据库集成一般通过建立数据之间的关联来实现。

**7. 支持远程处理**

物流过程往往涵盖的范围广、涉及的部门不同并跨越不同的地区。在网络时代，企业间、企业同客户间的物理距离都将变成鼠标距离。电子商务物流信息系统应支持远程的业务查询、输入、人机对话等事务处理。

**8. 有检测、预警、纠错能力**

为保证数据的准确性和稳定性，电子商务物流信息系统应在每个模块中设置一些检测小模块，对输入的数据进行检测，可以将一些无效的数据排斥在外。

### 三、电子商务物流信息系统的架构

电子商务物流信息系统包括接受订货信息系统、订货信息系统、收货信息系统、库存管理信息系统、发货信息系统、配送信息系统、货物追踪信息系统、运输信息系统、包装信息系统、流通加工信息系统、成本管理信息系统、EDI 处理信息系统、物流综合管理信息系统等模块。这里主要介绍前七种电子商务物流信息系统模块。

**1. 接受订货信息系统**

办理接受订货手续是交易活动的始发点，所有电子商务物流活动均从接受订货开始。

为了迅速准确地将商品送到指定的地方，必须准确迅速地办理接受订货的各种手续。接受订货信息系统是办理从客户接受订单开始，到准备货物，明确交货时间、交货期限，管理剩余货物等的信息系统。

2. 订货信息系统

订货信息系统是与接受订货信息系统、库存管理信息系统互动的。库存不足时应防止缺货，库存过多应减少订货。

3. 收货信息系统

收货信息系统是指根据收货预订信息对收到的货物进行检验，并与订货要求进行核对无误之后，录入库存并指定货位等的信息系统。

4. 库存管理信息系统

正确把握商品库存，对于制订恰当的采购计划、接受订货计划、收货计划和发货计划是必不可少的，所以库存管理信息系统是物流管理信息的中心。对保存在物流中心内的商品进行管理、指定货位和调整库存的信息系统叫做库存管理信息系统。

5. 发货信息系统

如何通过合理的发货安排将商品送到顾客手中，是物流信息系统需要解决的主要问题。发货信息系统是一种与接受订货信息系统、库存管理信息系统互动，并向保管场所发出拣选指令或根据不同的配送方向进行分类的信息系统。

6. 配送信息系统

配送信息系统是指在经济合理区域内，根据客户要求对物品进行拣选、加工、包装、分割、组配等作业，并选择科学配送路线按时送达到指定地点的信息系统。配送信息系统有固定时刻配送信息系统和变动时刻配送信息系统两种。

（1）固定时刻配送信息系统。固定时刻配送信息系统是指根据日常业务的经验和客户要求配送时间，事先按照不同方向类别、不同配送对象类别设定配送线路和配送时刻，安排车辆的配送信息系统。固定时刻配送信息系统具有根据每日的订货状况，进行微幅调整的配送功能。

（2）变动时刻配送信息系统。变动时刻配送信息系统是指根据当日的配送客户群的商品总量，结合客户的配送时间要求和配送车辆的状况，按照可调配车辆的容积和数量，由电脑选出成本最低的组合方式的配送信息系统。

7. 货物追踪信息系统

货物追踪信息系统是指在货物流动的范围内，可以对货物的状态进行实时跟踪查询的信息系统。在物流业中货物追踪信息系统查询对象主要是零担货物。其原理就是在货物装车和通过中转站时，读取货物单据上的条码，单据上记载的条码表示单据右上方的单据号码，这样就可以清楚地知道该货物通过什么地方，处于什么状态。当客户查询货物时，只要提供货单号码，就可以获知所达货物的有关动态信息。动态信息包括货物已发运、正在运输或配送途中、已配送完成等信息。

 案例分析

### 京东推可视化配送跟踪系统　配送员每人一部PDA

经典回放：2011年2月28日，京东商城宣布其"包裹可视化跟踪系统"（GIS）正式上线，配送人员全部配备PDA设备，用户可在地图上实时跟踪所购商品在道路上移动等投递情况，点击"订单轨迹"即可实现。

据了解，该系统功能还在继续优化中，预计未来可以准确（误差10分钟内）在地图上标明包裹到货时间等信息。此外配送员即时服务系统也同步上线，可实现现场价格保护返还、送货过程中退换货服务、现场实现订单完成状态等功能。

有前京东商城员工透露，该系统"计划近两年搞了小一年"，同时包括千余PDA设备、流量及地图使用费用、技术研发等各项支出在内可谓"耗费巨资"。

据了解，该系统是京东商城一项重要工程。从企业经营角度而言，可以更好地实时管理配送员，提高效率；从公司战略层面讲，用户订单的可视化时间预测和当场服务的能力可以提高用户体验，从而形成一道新的竞争门槛。

经过十几年的发展，国内电子商务行业早已度过了"拓荒期"，巨大的行业竞争让"花钱买流量"变得愈加艰难，更多企业主将目光转向企业系统化管理、用户体验等"精细作业"，以期在留住用户的同时挖掘已有用户中更大的购买潜力和商业价值，同时稳定用户群并塑造品牌形象。

作为物流环节的一个优化功能，"可视化物流系统"只是国内企业深耕用户体验的冰山一角。企业主们应建立更完善的售后沟通、用户数据挖掘等，提高用户体验的同时提高销量、降低成本。

学生讨论：

1. 什么是可视化物流系统？

2. 京东商城为什么要建立可视化配送跟踪系统？

## 四、电子商务物流信息技术的应用

### (一) 条码技术应用

1. 条码的概念

条码（Bar Code）是由一组按一定编码规则排列的条、空及其对应字符、数字组成的标记，用以表示一定信息的代码。主要用来表示商品名称、产地、价格、种类等，是国际上通用的商品代码表示方法。条码系统是由条码符号设计、制作及扫描阅读组成的自动识别系统。

条码的条纹由若干黑色的条和白色的空组成。如图2-7所示。

图 2-7　条码示意

2. 条码的种类

条码按使用方式分为直接印刷在商品包装上的条码和印刷在商品标签上的条码。按使用目的不同分为商品条码和物流条码。

(1) 商品条码。商品条码是以直接向消费者销售的商品为对象，以单个商品为单位使用的条码，属于 EAN、UPC（美国统一代码委员会制定的一种代码，主要用于美国和加拿大）系列。标准商品条码由 13 位数字组成，它们都印刷在一长约 4 厘米，宽约 2.5 厘米的矩形方块内。

①EAN-13 商品条码。由 13 位数字组成，既可用于销售包装，也可用于储运包装。

◆前缀码（X13 X12 或 X13 X12 X11）。EAN 分配给国家或地区编码组织代码。EAN 分配给中国物品编码中心的前缀码由 3 位数字组成，目前 EAN 已将"690～695"分配给中国物品编码中心使用。

◆企业代码（厂商识别代码）。由该国或地区物品编码管理机构分配。

◆商品代码。由制造厂商负责编制。厂商必须保证每个商品项目代码的唯一性。厂商在编制商品项目代码时，产品的基本特征不同，其商品项目代码不同。

由 3 位数字组成的商品项目代码有 000～999 共有 1000 个编码容量，可标识 1000 种商品；同理，由 4 位数字组成的商品项目代码可标识 10000 种商品，由 5 位数字组成的商品项目代码可标识 100000 种商品。

◆校验码：用于计算机自动校验整个代码录入是否正确，通过计算而来。

②EAN-8 条码。只用于商品销售包装。前缀码和校验码与 EAN-13 码相同。EAN-8 条码无企业代码，只有商品代码。由国家物品编码中心分配。

③UCC/EAN-128 码。UCC/EAN-128 码是目前可用的最完整的、高密度的、可靠的、应用灵活的字母数字型一维码制之一。它允许表示可变长度的数据，并且能将若干个信息编码在一个条码符号中。相关的 EAN·UCC 应用标识符以及属性数据都可用 UCC/EAN-128 码制表示。可以根据需要采用条码应用标示符的不同部分来表示需要的信息。

④二维条码。一维条码所携带的信息量有限，如商品上的条码仅能容纳 13 位（EAN-13 码）阿拉伯数字，更多的信息只能依赖数据库的支持，离开了预先建立的数据库，这种条码就没有意义了，因此在一定程度上也限制了条码的应用范围。基于这个原因，在 20 世纪 90 年代发明了二维条码。二维条码除了具有一维条码的优点外，同时还有信息量大、可靠性高，保密、防伪性强等优点。

（2）物流条码。物流条码是物流过程中用以标识具体实物的一种特殊的、以商品为对象的、以集合包装商品为单位使用的条码。利用识读设备可以实现自动识别、自动数据采集。标准物流条码由 14 位数字组成，除了第 1 位数字外，其余 13 位数字代表的意思与商品条码相同。

物流条码是指由 EAN 和 UCC 制定并用于商品单元的全球统一标识的条码。商品单元由消费单元、储运单元和货运单元组成。物流条码标识的内容主要有项目标识（货运包装箱代码 SCC－14）、动态项目标识（系列货运包装箱代码 SSCC－18）、日期、数量、参考项目（客户购货订单代码）、位置码、特殊应用（医疗保健业等）及内部使用。国际通用的物流条码有消费单元条码、储运单元条码和货运单元条码。

3. 条码技术在物流业的应用

（1）订货。配送中心向供应商订货时，可根据订货单或货架牌进行订货。操作人员可先用条码扫描设备将订货簿或货架上的条码扫描设备将订货单或货架上的条码输入计算机，然后通过主机，利用网络通知供货商要订货的商品、数量等信息，供货商可按要求及时发货。

（2）发货。当配送中心收到从供货商处发送的商品时，接货员就会在商品包装箱上贴一个条码，作为该种商品对应库内相应货架的记录。同时，对商品外包装上的条码进行扫描，将信息传到后台数据库系统中，并使包装箱条码与商品条码一一对应。

（3）入库。应用条码进行商品入库管理，商品到货后，操作人员通过条码输入设备将商品基本信息输入计算机，计算机系统将记录入库商品种类和数量。计算机系统根据预先确定的入库原则、商品库存数量，确定该种商品的存放位置。然后根据商品的数量发出条码标签，以确定该商品存放位置信息。在货箱上贴上标签，并将其放到输送机上。输送机识别箱上的条码后，将货箱送往指定的库位区。

（4）理货。应用条码技术，则可在搬运商品之前，先扫描包装箱上的条码，计算机就会提示作业人员将商品放到事先分配的货位，作业人员将商品运到指定的货位后，再扫描货位条码，以确认所找到的货位是否正确。这样，在商品从入库、搬运到存放的整个过程中，条码起到了相当重要的作用。

（5）在库管理。应用条码技术，对在库商品进行库存管理、货位管理和条码仓库管理。

（6）配货。在分拣、配货中应用条码技术，能使拣货迅速、正确，并提高作业效率。

（7）补货。通过计算机对条码的管理，对商品运营、库存数据的采集，可及时了解货架上商品的存量，从而进行合理的库存控制，将商品的库存量降到最低点，并能做到用时补货，从而减少因缺货造成的经济损失。

（二）无线射频识别运用

1. 认识无线射频原理

RFID 是 Radio Frequency Identification 的缩写，即无线射频识别。常称电子标签、电子条码等。它是一种非接触式的自动识别技术，通过射频信号识别目标对象并获取相关数据，识别工作无须人工干预，作为条码的无线版本，RFID技术具有条码所不具备的防水、防磁、耐高温、使用寿命长、读取距离大、标签上数据可以加密、存储数据容量更大、存储信息更改自如等优点。

（1）RFID系统组成：电子标签（Tag）；阅读器（Reader）；天线（Antenna）。

（2）与传统条码识别技术相比，RFID的优势包括：快速扫描；体积小型化、形状多样化；抗污染能力和耐久性强；可重复使用；穿透性和无屏障阅读；数据的记忆容量大；安全性。

（3）RFID的工作原理。标签进入磁场后，接收解读器发出的射频信号，凭借感应电流所获得的能量发送出存储在芯片中的产品信息（Passive Tag，无源标签或被动标签），或者主动发送某一频率的信号（Active Tag，有源标签或主动标签）；解读器读取信息并解码后，送至中央信息系统进行有关数据处理。

2.RFID在物流业的应用

（1）物品配送管理。配送中心的拣货作业是最繁重、最易出差错的工作。若每件商品都贴上了电子标签，无须打开产品的外包装，系统就可对其成箱成包地进行识别，从而准确地随时获得产品的相关信息。

（2）仓储管理。智能电子标签系统，可用于智能仓库货物管理，有效解决同仓库及货物流动有关的信息管理。

（3）物品跟踪识别（UID）。将电子标签嵌入各物体中，使之相互通信，进行信息处理，让我们时刻掌握所需的物品信息。如利用RFID，能够跟踪物品在运输中所处的位置。

（三）POS系统运用

1.POS（销售时点系统）的含义

POS系统（Point of Sale，POS）即销售时点信息系统，最早应用于零售业，以后逐渐扩展至金融等服务性行业，利用POS系统的范围也从企业内部扩展到整个供应链。

POS系统由前台POS系统和后台MIS系统两部分组成。

2.POS系统在物流业等领域的应用

（1）店铺销售商品都贴有表示该商品信息的条码或自动识别标签。

（2）在客户购买商品结账时，收银员使用扫描读数仪自动读取商品条码标签或自动识别标签上的信息，通过店铺内的微型计算机确认商品的单价，计算客户购买总金额等，同时返回给收银机，打印出客户购买清单和付款总金额。

（3）各个店铺销售时点信息通过VAN以在线联结的方式即时传送给总部或物流中心。

（4）在总部，物流中心和店铺利用销售时点信息来进行库存调整、配送管理、商品订货等作业。

（5）在零售商与供应链的上游企业结成协作伙伴关系的条件下，零售商利用VAN在线联结的方式把销售时点信息即时传送给上游企业。

（四）EDI 系统运用

1. EDI 的含义

EDI（Electronic Data Interchange）即电子数据交换。也就是通过电子方式，采用标准信息数据格式，利用计算机网络进行结构化数据的传输和交换。

EDI 由 EDI 软件及硬件、数据标准和通信网络所组成。具有信息传递快、出错率低、节省人工费用、降低库存成本、实现贸易无纸化等优势。

2. EDI 在物流业的应用

（1）运输业。在海运、港务、铁路、航空等领域运用 EDI，可最大限度地利用设备、舱位，为订货代理提供高层次和快捷服务，以获得更大的效益。

（2）仓储业。在仓储业运用 EDI，可减少数据的反复录入，如减少仓库货存数据来回传送和转换，提高货物提取及周转速度，加快资金流动。

（3）通关与报关。运用 EDI 可加速货物通关，提高对外服务能力，减少海关业务压力，防止人为弊端，实现货物通关自动化和国际贸易无纸化。

（五）GPS 技术的应用

1. GPS 的含义

GPS（Global Positioning System）即全球定位系统，就是利用导航卫星进行测时和测距，在全球范围内实时进行定位、导航的系统。它是美国从 20 世纪 70 年代开始研制，历时 20 年，耗资 200 亿美元，1994 年全面建成，具有海、陆、空进行全方位实时三维导航与定位能力的新一代卫星导航与定位系统。

GPS 技术由空间卫星系统、地面监控系统、信号接收系统三大子系统构成。GPS 技术功能多、精度高、覆盖面广、定位速度快。信息传输采用 GSM 公用数字移动通信网，具有保密性高、系统容量大、抗干扰能力强、漫游性能好、移动业务数据可靠等优点；以互联网为平台，具有开放性高、资源共享性强等优点。

2. GPS 技术在物流业的应用

（1）交通车辆监控管理。基于 GPS 技术的车辆监控管理系统就是将 GPS 技术、地理信息技术和现代通信技术综合在一起的高科技系统，以确保车辆的安全、调度管理，提高运营效率。

（2）车辆导航。基于 GPS 技术的智能车辆导航仪是安装在车辆上的一种导航设备，以电子地图为监控平台，通过 GPS 接收机实时获得车辆位置信息，并借助导航仪选择最佳行进路线及路线偏离报警。

（3）实现货物跟踪管理。就是利用扫描仪自动读取货物包装或货物发票上的物流条码等信息，通过计算机通信网络把货物信息传送到总部的中心计算机进行汇总整理，这样所有被运送货物在物流全过程中的各种信息都集中在中心计算机里，可随时查询货物的位置及状态。

（六）GIS 技术的应用

1. GIS 的含义

GIS（地理信息系统）是将计算机硬件、软件、地理数据以及系统管理人员组织而成的对任一形式的地理信息进行高效获取、存储、更新、操作、分析及显示的集成。

GIS由五个主要的元素所构成：硬件、软件、数据、人员和方法。其功能包括数据输入、数据校验、数据管理和空间查询与分析。

2. GIS技术在物流业的应用

（1）车辆路线确定。通过GIS进行运输线路的分析，可以为有一个起始点、多个终点的货物运输，选择一条最佳的运输线路，并且决定使用车辆的数量，这样可有效降低物流作业费用，保证物流服务水平。

（2）客户定位。由于地理地图已具有地理坐标，因而通过对地理坐标的描述，可在地图上对新客户进行地理位置的定位或修改老客户的地理位置，从而在地理地图坐标中最终确定客户的地理位置。通过GPS/GIS数据采集器，即可进行客户定位。

（3）物流设施定位。在物流系统中，仓库和运输线路共同组成了物流网络，仓库处于网络的节点上，节点决定着线路。在既定区域内设定仓库，确定每个仓库的位置和规模，以及仓库之间的物流关系，运用GIS技术很容易得到解决。

（七）EOS技术的应用

1. 电子订货系统的含义

电子订货系统（Electronic Ordering System，EOS）是指企业间利用通信网络（VAN或互联网）和终端设备以在线联结（On—Line）方式进行订货作业和订货信息交换的系统。

运用EOS技术，可缩短从接到订单到发出订货的时间；有利于减少电子商务企业库存水平，提高企业的库存管理效率；有利于电子商务企业调整商品生产和销售计划；有利于提高电子商务企业物流信息系统的效率。

电子订货系统由订货系统、通信网络系统和接单计算机系统构成。

2. 电子订货系统在物流业等的应用

（1）在零售店的终端利用条码阅读器获取准备采购的商品条码，并在终端机上输入订货资料，利用电话线通过调制解调器传输到批发商的计算机中。

（2）批发商开出提货传票，并根据传票开出拣货单，实施拣货，然后根据送货传票进行商品发货。

（3）送货传票上的资料便成为零售商店的应付账款资料及批发商的应收账款资料，并接到应收账款的系统中去。

（4）零售商对送到的货物进行检验后，就可以陈列出售了。

（八）物联网的应用

1. 物联网的含义

物联网是通过射频识别（RFID）、红外感应器、全球定位系统、激光扫描器等信息传感设备，按约定的协议，把任何物品与互联网连接起来，进行信息交换和通信，以实现智能化识别、定位、跟踪、监控和管理的一种网络。

物联网与现代物流有着天然紧密的联系，其关键技术诸如物体标识及标识追踪、无线定位等新型信息技术应用，能够有效实现物流的智能调度管理、整合物流核心业务流程，加强物流管理的合理化，降低物流消耗，从而降低物流成本，减少流通费用、增加利润。

2. 物联网的层次和特征

（1）物联网的层次。整个物联网可划分为三个基本层次：感知层、传输层与接收控制层。感知层主要使用感应器对物体性状及变化进行动态的感知，并通过 RIFD 等技术对感知状况进行收集；传输层是通过 INTERNT 技术对感知的数据经微处理器处理后实现远距离传输；接收控制层即用户端，实现对物体感知结果的可视化，并实现对感知物体及条件的控制。

（2）物联网的特征。物联网具有三个重要特征，一是全面感知，利用 RFID、传感器、二维码等随时随地获取物体的信息；二是可靠传递，通过各种无线网络与互联网的融合，将物体的信息实时准确地传递出去；三是智能处理，利用云计算，模糊识别等各种智能计算技术，对海量的数据和信息进行分析和处理，对物体实施智能化的控制。

3. 物联网在物流业的应用

（1）运用物联网，能为物流行业提供各类信息化服务。针对物流业的需求进行定制开发，向客户提供特定解决方案和系统。

（2）运用物联网，提升物流业信息化水平，打造高价值的物流业。物联网与现代物流有着天然紧密的联系，其关键技术在于诸如物体标识及标识追踪、无线定位等应用。现代物流企业运用物联网之后，将有效地实现物流的智能调度管理。

（3）运用物联网，能随时查看物流仓库，实现远程监控管理。

（4）运用物联网，可随时掌握货物收取、配送信息，有效提高企业效率。以前，物流企业提货，一般都是记录在纸上，然后再回到办公室输入电脑中，但是物流企业加入物联网以后，提单员可以利用手机，轻轻扫描，现场即录入货物信息，然后可以立即发送到物联网上，而坐在办公室内的调度员在第一时间就可以获取货物信息，并可坐在办公室内对货物运送过程进行调度和管控。方便、快捷，可以降低物流成本，减少流通费用、增加利润。

### 📝 任务实施

#### 一、实施目的

1. 识读电子商务物流信息系统的架构。
2. 通过小组成员分工协作，增强合作意识，培养团队精神。

#### 二、实施内容

1. 了解电子商务物流信息系统的概念和特征。
2. 解析电子商务物流信息系统的架构。
3. 解读电子商务物流信息技术的应用。

### 三、实施地点和工具

1. 配有 Internet 的多媒体教室或实训室。

2. 备有计算机、投影仪、笔及白纸。

### 四、实施步骤

1. 学生分组，三人一组，自选组长，并以小组为单位开展活动。

2. 画出电子商务物流信息系统框架图。

3. 整理出电子商务物流信息技术的知识点，勾画出物流信息技术与电子商务物流信息系统的关系。

4. 编制实施报告，并制作成 PPT。

5. 各组派代表上台演示演讲。

6. 各组派一名代表对其他各组的实施报告打分。

7. 教师点评，评定等级。

### 五、实训指导

1. 讲解电子商务物流信息系统的概念和特征。

2. 描述电子商务物流信息系统的基本架构。

3. 介绍条码与无线射频识别技术、EDI 系统、GPS 系统、GIS 系统、EOS 系统及其应用。

4. 指导学生分组、制作 PPT 及演讲。

### 六、实施时间

本项任务实施时间需要 6 学时。

### 七、评价标准（如表 2-4 所示）

表 2-4　　　　　　　　　实施方案评价标准

| 评价等级 | 评价标准 |
| --- | --- |
| 优秀 | 能在规定时间内独立编撰实施方案报告，且方案要素完整；知识清单梳理清晰，描述准确到位；小组成员有严密的分工协作，且讲解流畅 |
| 良好 | 能在规定时间内独立编撰实施方案报告；小组成员有分工协作 |
| 合格 | 能在教师帮助下完成实施方案报告 |
| 不合格 | 没能完成实施方案报告 |

**任务小结** ▶▶

通过本任务的实战体验和相关知识解读，学生认识了电子商务物流信息系统的概念、特征和功能，深度解析了电子商务物流信息系统的架构和电子商务物流信息技术及其应用。

## 【课后训练】

一、单项选择题

1. 电子商务物流信息系统最重要的作用或最根本的目标是实现物流过程中各个环节的有机衔接与合作，实现物流资源的（　　）及以客户为中心的物流服务目标。

A. 利用　　　　　　B. 集成　　　　　　C. 信息化　　　　　　D. 最优化配置

2. （　　）是指在货物流动的范围内，可以对货物的状态进行实时跟踪查询的信息系统。

A. 接受订货信息系统　　　　　　　　B. 配送信息系统

C. 发货信息系统　　　　　　　　　　D. 货物追踪信息系统

3. 按条码应用的领域不同，条码可分为（　　）。

A. 连续性条码和非连续性条码　　　　B. 消费单元条码和物流单元条码

C. 定长条码和非定长条码　　　　　　D. 双向条码和单向条码

二、多项选择题

1. 电子商务物流信息系统的特征（　　）。

A. 开放性　　　　B. 协同性　　　　C. 动态性　　　　D. 信息集成性

E. 快速反应

2. RFID 系统组成包括（　　）。

A. 电子标签　　　B. 阅读器　　　C. 天线　　　D. 只包括 AB

E. 只包括 BC

3. 电子订货系统的构成内容包括（　　）。

A. 订货系统　　　B. 通信网络系统　　C. 接单计算机系统　D. 发货信息系统

E. 配送信息系统

三、判断题

1. 办理接受订货手续是交易活动始发点，所有电子商务物流活动均从接受订货开始。（　　）

2. 整个物联网可划分为三个基本层次：感知层、传输层与接收控制层。（　　）

3. 接受订货信息系统是保证库存不足时应防止缺货，库存过多应减少订货。（　　）

四、简答题

1. 什么是电子商务物流信息系统？它有何特点？

2. 简述电子商务物流信息系统的架构。

3. 什么是物联网？物联网在物流业中有何应用？

五、案例分析题

## 京东网上商城构建电子商务信息系统的启示

电子商务不是一个虚无缥缈的纯研究性课题，它要求业务进行流程化、信息化，要支持这些业务，必须建立强有力的信息系统。信息系统可提高效率、降低成本，可保证客户体验，可保障电子商务企业可持续发展。

我们把京东网上商城的订单量作为一个维度，在2004年京东第一次开始介入电子商务，2005年11月日均订单量达500个；2006年10月1000个，2007年6月3000个；2008年9月10000个；2009年11月25000个；2010年12月120000个。从销售额上看，2004年是1000万元，2005年3000万元，2006年8000万元，2007年3.6亿元，2008年13.2亿元，2009年43亿元，2010年超过了100亿元。

1. 建立物流信息系统的要求

京东对电子商务流程以及它对物流信息系统方面的要求，主要表现为五个方面：

第一，可扩展性。也就是说物流信息系统对业务的支持一定是可扩展的，包括新业务、流量增长，一定是可扩展的。不能到了一定程度，系统要重新开发；或来个新业务无法支持。

第二，标准化。到了50万订单的时候，才会产生标准化。

第三，细节。在运营过程中都会有些漏洞，它造成的损失还是有限的；但到一定规模之时，这个漏洞就不能接受了，损失会非常大。

第四，数据驱动。到了一定规模之时，要利用数据进行判断，很难再根据经验进行决策。

第五，自动化。传统的手工做法，无论是成本还是作业的质量上都无法满足。所以自动化是业务对系统的一个要求。

根据这五个方面的要求，大致可分为下面几个阶段。从单量上看，日均1000单是一个阶段，但仅是一个起步阶段，对系统的要求不高。那么5000单是一个比较重要的阶段，在这个量级上很多企业年销售额有可能会达到千亿元，该有的系统都要有，要求比较清晰了。日均订单10000单，这个是初级规模，这已到了一个规模化之时，对系统要求就非常高了，无论是前端还是后台，都要进行一个很好的商品设计。到日均订单10万单之时，系统就要有很高的性能。在运营上，10万单就会带来很多其他的变化，比如要有分仓，要面临多仓、调拨、库存的管理，整个的流程、库存量都会变大，采购的规模也会变大，所以对订单各个方面的要求都会有变化。最后一个阶段就是超过100万订单，这时要求就是智能化，要用系统来做人能够说清楚的事情。京东已达到这样的一个目标。

2. 电子商务信息系统的功能

电子商务信息系统的功能应从五个方面来理解：

第一，电子商务信息系统是电子商务的神经系统。它是不可或缺的，没有了它，电子商务就完全不存在了。大家很难想象，没有一个前端网站做电子商务是非常非常困难的，就要依靠电子手段来做电子商务，所以信息系统是非常重要的。

第二，电子商务是要为业务服务。它不是一个虚无缥缈的纯研究的课题，它是要我们的业务进行流程化、信息化，要支持我们的业务，所以这是它的一个基本功能。

第三，它是提高效率、降低成本的。目前电子商务为什么能够得到用户的认可？是因为它给大家带来的价值，首先第一个价值就是价格便宜。为什么便宜呢？大家也不是赔本赚吆喝，因为成本低；那怎么降低成本、提高效率，信息系统是能发挥很大的作用的。

第四，它是客户体验的保证。这个信息系统的好与坏对客户体验非常重要，这个体验是宏观的，从客户登录网站到拿到货，都有信息系统的参与。

第五，可持续发展的保障。电子商务信息系统不容忽视它，否则你的公司有可能会不存在，而不是发展缓慢。其实电子商务网站是面向所有用户的，往往很难区别应服务哪些用户，不服务哪些用户。

3. 京东电子商务信息系统的规划

从电子商务的核心上看，主要就是产品、价格、服务。从业务流程上看，电子商务的流程可分成四个部分，第一是采购。就是把商品从供应商、从工厂拿到库房来。第二是客户下单。这部分对应整个的营销体系，最终让用户下单。第三是订单生产。怎么把订单变成生产、发货、配货。第四是配送。怎么把货物交给客户。

紧紧围绕上述业务流程，信息系统分成四个部分进行规划。

第一，建立营销网站体系。包括网站设计、营销方式，以及在网站上完成订单所需要的支付。网站首页，搜索是必备功能，商品详情页、促销、价格、支付，会构成整个营销网络。

第二，打造供应链体系。从网站下单，到配送中心，到其他的分仓，甚至跟供应商之间都有库存互动，最后配送到客户手里。

第三，构建物流体系。包括订单生产和商品配送，这个跟传统企业是有区别的。物流的订单生产有两个系统，从信息系统角度讲，即 WMS 库房管理系统和 TMS 配送管理体系。最终的系统体现在业务上，在京东商城上已实现 17 个层次"211"，就是一天配送两次，在 110 个城市可实现货到付款，这是京东现在达到的一个能力，这些都需要信息系统支持。

从整个物流订单生产到配送的整个过程，其实电子商务的客户非常关心。从运营角度讲，京东也想知道运营情况到底是怎么样的，需要有自己的监控体系，每一个城市、每一个配送站都能监控到，保证订单能够按时送到。从客户来说，他可从订单出了库房就能够看到这个订单离他有多远；他坐在家里就可看到配送员骑着车子往自己家里走。要保障这样的客户体验，信息系统就要提供这样的支持。

第四，建立财务体系。最终还是要落实到赢利上。一是财务指标跟业务怎么融合，这是要从业务到信息支持的。二是精细化管理。

4. 建立电子商务信息系统存在的问题和解决途径

第一就是网站反应慢。导致的后果有可能是订单减少，一直到零。若网站反应慢持续的时间特别长，有可能危害到企业。

第二是扩展性差。它导致的问题一是需要阶段性的系统升级；二是新业务无法支持；三是到了一定的规模会导致性能问题。扩展性不好的信息系统，加设备也解决不了问题。

第三是系统有漏洞。若订单量越大，漏洞越大，无法履约的订单量就会越大。随着订单量的增长，造成的危害就会越来越大。

解决这些问题，有三种途径：第一种是停业。晚上停业，趁着订单量少的时候停业，时间来不及就停几天，时间长了就麻烦了。第二种是分模块逐步替换。发现到了一定程度某个子系统有问题，需要替换。第三种是渐进式演变。每个系统原来设计的还不错，在很好的架构上不断地持续优化。

5. 电子商务信息系统开发的方式

信息系统的开发成本现在也越来越高，大致有四种方式：

第一种是自主开发。若有实力就自己开发。亚马逊一直把自己称为 IT 公司，它的成本里面 30％是花在 IT 部门，所以它是完全自主开发。

第二种是自主开发加上外购的套装软件。涉及核心竞争力的可以自己开发；若影响不大的，可以外购套装软件。

第三种是完全外购套装软件。目前市场上出现了一些软件，IBM、方正都在做电子商务套装软件；若企业确实在时间上有要求，自己又不能满足，外购套装软件是一种途径。

第四种是完全外包运营整个信息系统。这也是一种解决方式。

问题分析：

1. 京东电子商务的业务流程包括哪些？
2. 京东的信息化建设对电子商务企业建立物流信息系统有何启迪？

# 模块三　电子商务环境下物流模式的选择

**学习目标**

【知识目标】

1. 了解电子商务物流模式的含义

2. 熟悉电子商务物流模式选择方法基本内涵

3. 掌握第四方物流、精益物流和绿色物流等新型物流概念

【能力目标】

1. 能识读三种典型的电子商务物流模式

2. 能应用功能分析法、优劣势比较法、交易费用比较法、综合因素分析法、层次分析法等五种物流模式选择的方法

3. 能解读第四方物流、精益物流和绿色物流等新型物流的内容或模式

【情感目标】

1. 通过解读电子商务物流模式选择的方法，树立决策观念

2. 通过对绿色物流的分析，培养低碳经济意识

3. 通过任务驱动教学法和合作学习法的运用，提升合作理念，培养团队精神

（建议总课时：12 课时）

## 任务一　电子商务物流模式识读

### 任务导入

回顾国内电子商务的发展，整体趋势似乎总是受制于传统的物流模式。如何迎合客户需求，创造完美的购物体验，如何使得线上与线下衔接得当，已成为电子商务类型企业提升核心竞争力的关键。电子商务企业的发展，离不开一定的物流模式。电子商务物流模式越来越受到电子商务企业的关注。

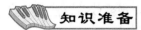 **知识准备**

## 一、电子商务物流模式的含义

电子商务物流模式主要指在电子商务环境下，以市场为导向、以满足客户要求为宗旨、获取系统整体效益最优化的适应现代社会经济发展要求的物流运作方式。

## 二、电子商务物流模式的类型

从产权的角度来看，电子商务物流模式主要有企业自营物流模式、第三方物流模式和物流联盟模式三种类型。

### （一）企业自营物流模式

1. 企业自营物流模式的含义

企业自营物流模式是指电子商务企业自行组建物流配送系统且经营管理企业整个物流运作过程的模式。

电子商务企业的发展受到物流瓶颈的制约，特别对于中大型企业来说，突破这一瓶颈将会使其掌握新的制高点，因此电子商务企业不惜加大成本自营物流，以掌握控制权、盘活企业资源、降低交易成本、提升品牌价值。

目前，采取自营物流模式的电子商务企业主要有两类：

第一类是资金雄厚且业务规模较大的电子商务企业。电子商务在我国兴起之初，国内第三方物流的服务水平远不能满足当时电子商务企业的要求，而这些企业手中持有大量的外国风险投资，为了抢占市场制高点，不惜动用大量资金，在一定区域甚至全国范围内建立自己的物流配送系统。如e国网络、京东网上商城等。

第二类是由传统的大型制造企业或批发企业经营的电子网站。由于这类企业自身在长期的传统商务中已建立起初具规模的营销网络和物流配送体系，在开展电子商务时只需将其加以改进、完善，就可满足电子商务环境下对物流配送的要求。如上海的梅林正广和青岛的海尔等。

2. 企业自营物流模式的优势

（1）可简化供应链，提升企业对供应链的控制能力。

（2）易与其他业务环节协同配合，提高对市场的响应速度。

（3）可直接支配物流资产，控制物流职能，并及时回收货款。

（4）保证供货的准确和及时，保证客户服务的质量，维护了企业和客户间的长期关系。

3. 企业自营物流模式的劣势

（1）资金投入大。投入大量的资金用于建设仓库、购买物流设备和信息管理系统，增加了企业负担。

（2）要求有相当的物流规模。即企业自身物流拥有一定的规模时，自营物流才能发挥其系统管理的功效。否则，降低物流系统总成本的目标就难以实现，规模效益自然成为自营物流的瓶颈。

（3）风险性较大。有限的资金投入限制了企业自营物流的规模与现代化程度，具有很大的风险性。

（4）需自身有较强的物流管理能力。

4. 企业自营物流模式的适用范围

一般来讲，对经济实力雄厚、规模较大、业务量多，特别是自身已有较完善的物流设施、设备的大型电子商务企业，可采用自营物流模式。

**（二）第三方物流模式**

1. 第三方物流模式的含义

第三方物流模式又称外包物流模式或合同物流模式，它是以签订合同的方式，在一定期限内将部分或全部物流活动委托给专业物流企业来完成的一种社会化物流运作方式。而电子商务企业寻找的第三方物流企业一般是快递行业的企业。

第三方物流模式是目前电子商务企业普遍采用的模式，该模式中的物流企业通常实际拥有物流资源实体，通过帮助供需双方把货物从供应地运输到需求地以谋取利润。电子商务企业在利用第三方物流实现供需双方的物流服务时，为了有效把握库存、成本、配送等信息的控制权，通过对最优地区自建仓储与配送中心，并且不断优化扩张布局，利用网络信息技术与第三方物流企业合作，将配送最后一环节交由物流企业完成，以实现加强自身主动权的目的。但电子商务的"无界性"使企业对于偏远地区的物流作业难以控制，这就要求企业与第三方物流企业形成战略合作伙伴关系，加强双方沟通交流、构建良好的信任机制、完善双方的信息系统对接及双方的资源整合。如康柏外包给英国英运物流集团（Exel）；戴尔外包给美国联邦快递（FedEx）；亚马逊在美本土自营物流，在美国市场以外的业务则外包给美国联合包裹（UPS）；当当网的部分配送业务委托给了第三方物流公司。

2. 第三方物流模式的优势

（1）有利于企业集中精力于核心业务。物流服务外包（第三方物流）可使电子商务企业扬长避短，集中优势资源，培育其核心能力，大力发展核心业务，把主业做大、做强、做精。

（2）有利于降低物流成本。一般而言，无论企业是否从事电子商务，自营物流都会有许多隐性成本，若把物流的隐性成本核算出来，把外包与自营的物流总成本对比，外包物流总成本是相对低廉的。

（3）有利于减少固定资产投资，加速资本周转。电子商务企业自建物流需要投入大量的资金购买物流设备，建设仓库和信息网络。这些对于缺乏资金的电子商务企业特别是中小企业将是一个沉重的负担。若使用第三方物流，企业不仅减少物流设施的投资，而且解决物流资金的占用，加速了资金周转。

（4）有利于改进客户服务。电子商务企业与第三方物流企业进行供应链的优化组合，使物流服务功能系列化，在传统的储存、运输、流通加工等基础上，增加了市场调查与预测、采购及订单处理、配送、物流咨询、物流解决方案的选择与规划、库存控制的策略建议、货款的回收与结算、教育培训等增值服务。专业人做专业事。这种快捷优质的物流服务，必然有利于塑造电子商务企业的良好形象，提高企业信誉，增强客户的满意度。

3. 第三方物流模式的劣势

（1）第三方物流模式尚未成熟。我国第三方物流起步较晚，规模过小，发展尚未成熟，在专业化、成本节约、服务改进等方面的优势并不明显，物流外包失败的案例常见诸报端。其失败的原因主要有三：缺乏高水准的物流专家对外包物流系统进行设计和评估；物流服务质量不能十分到位；合同不规范或双方都缺乏经验来规范合同条款中的服务要求。

（2）容易受制于人。在整个供应链中，由于第三方物流企业还不成熟，电子商务企业若过分依赖供应链伙伴，则容易受制于人，在供应链关系中往往处于被动地位，对供应链的控制能力较差，与客户失去联系并最终有被淘汰出局的风险。

4. 第三方物流模式的适用范围

对于那些规模小、业务量少、经济实力较弱、没有完整物流系统的电子商务企业，应采用第三方物流模式。

（三）物流联盟模式

1. 物流联盟模式的含义

物流联盟是指以物流合作为基础的企业战略联盟，是两个或多个企业间为实现自己的物流战略目标，通过各种协议、契约而结成的优势互补、风险共担、利益共享的松散型网络组织。

物流联盟模式是一种介于自营物流和外包物流之间的物流运作方式。通俗一点说，物流联盟模式就是自建物流＋第三方物流的模式，主要是指一部分业务由自建物流体系完成，在一些业务量不大的地区借助第三方物流来完成。如当当网、卓越网、新蛋网等。电子商务企业与物流企业结成战略联盟，能减少从交易的全过程、交易主体行为和交易特性等领域和环节中所产生的各种交易费用，是一种节约交易费用的制度安排。因此，寻找合适的物流伙伴来建立物流联盟，也是电子商务企业进行物流运作的一个明智选择。

2. 物流联盟模式的优势

（1）有利于降低经营风险。物流联盟各合作伙伴优势互补、要素双向或多向流动、相互信任、风险共担、收益共享，从而最大限度减少了经营风险。

（2）有利于减少投资。在整个物流联盟中各自依据自身优势资源要素担当不同角色，资源共享，从而减少了电子商务企业在物流设施等方面的投入。

（3）有利于获得物流技术和管理技巧。

3. 物流联盟模式的劣势

（1）容易造成路径依赖，调整物流服务商较困难。物流联盟合作的长期性往往使电子商务企业产生对合作伙伴的过分依赖，由于资产专用性、信息不对称的原因使企业可能蒙受损失，即使欲调整物流服务供应商也变得相对困难，从而增加了转换成本。

（2）可能造成核心竞争力丧失。电子商务企业在选择物流合作伙伴后，有可能客户资源被掌控而自身在整个供应链中处于被支配地位而受制于人，稍有不慎，就可能造成电子商务企业核心竞争力的丧失。

4. 物流联盟模式的适用范围

物流联盟作为一种节约交易费用的制度安排，适用中等规模的电子商务企业，近年来物流联盟模式在我国也得到了快速发展。

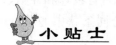

### 不同电子商务企业物流模式取向

◆大型企业：自营物流模式，或自营物流为主，外包物流为辅模式
◆中型企业：外包物流模式
◆小型企业：外包物流为主，自营物流为辅模式；物流联盟模式

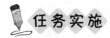

## 一、实施目的

1. 清晰描述企业自营物流模式、第三方物流模式和物流联盟模式三种典型电子商务物流模式。

2. 通过小组成员分工协作，增强合作意识，培养团队精神。

3. 通过探究式学习，培养自主学习习惯，养成探究意识。

## 二、实施内容

1. 理解电子商务物流模式的含义。

2. 界定企业自营物流模式、第三方物流模式和物流联盟模式。

3. 解读企业自营物流模式、第三方物流模式和物流联盟模式各自的优劣势和适用范围。

## 三、实施地点和工具

1. 配有 Internet 的多媒体教室或实训室。

2. 备有计算机、投影仪、笔及白纸。

## 四、实施步骤

1. 学生按三人一组，自选组长，并以小组为单位开展活动。

2. 以表格或框图的形式对三种电子商务物流模式进行比较分析。

3. 编制实施报告，并制作成 PPT。

4. 各组派代表上台演示演讲。

5. 各组派一名代表对其他各组的实施报告打分。

6. 教师点评，评定等级。

## 五、实训指导

1. 讲解电子商务物流模式的含义。

2. 描述企业自营物流模式、第三方物流模式和物流联盟模式的概念。

3. 分析上述三种电子商务物流模式的各自的优势、劣势和适用范围。

4. 指导学生分组、制作 PPT 及演讲。

## 六、实施时间

本项任务实施时间需要 4 学时。

## 七、评价标准（如表 3-1 所示）

表 3-1　　　　　　　　　　　　实施方案评价标准

| 评价等级 | 评价标准 |
|---|---|
| 优秀 | 能在规定时间内独立编撰实施方案报告，且方案要素完整；三种定位要准确，分析透彻；小组成员有严密的分工协作，且讲解通俗易懂或运用流畅 |
| 良好 | 能在规定时间内独立编撰实施方案报告，且方案要素完整；有定位，有分析；小组成员有分工协作 |
| 合格 | 能在教师帮助下完成实施方案报告 |
| 不合格 | 没能完成实施方案报告 |

**任务小结** ▶▶▶

通过本任务的实战体验和相关知识解读，学生理解了电子商务物流模式的含义，深度解读了企业自营物流模式、第三方物流模式和物流联盟模式三种电子商务物流模式各自的优势、劣势和适用范围。

## 【课后训练】

一、单项选择题

1. 电子商务物流模式主要指在（　　）环境下，以市场为导向、以满足客户要求为宗旨、获取系统整体效益最优化的适应现代社会经济发展的物流运作方式。

A. 传统商务　　　　B. 电子商务　　　　C. 现代物流　　　　D. 传统物流

2. 企业自营物流模式适用于（　　）。

A. 经济实力雄厚、规模较大、业务量多，特别是自身又有较完善的物流设施、设备的大型电子商务企业

B. 那些规模小、业务量少、经济实力较弱、没有完整的物流系统的电子商务企业

C. 中等规模的电子商务企业

D. 所有的电子商务企业

3. 企业自营物流模式的劣势表现为（　　）。

A. 资金投入小　　　　　　　　　　B. 容易受制于人

C. 容易形成路径依赖　　　　　　　D. 资金投入大

二、多项选择题

1. 从产权的角度来看，电子商务物流模式主要有（　　）类型。

A. 企业自营物流模式　　　　　　　B. 物流联盟模式

C. 传统物流模式　　　　　　　　　D. 第三方物流模式

E. 现代物流模式

2. 第三方物流模式的优势表现为（　　）。

A. 有利于企业集中精力于核心业务

B. 有利于降低物流成本

C. 有利于减少固定资产投资，加速资本周转

D. 有利于改进客户服务

E. 可简化供应链，提升企业对供应链的控制能力

3. 物流联盟模式的优势主要表现为（　　）。

A. 有利于降低经营风险

B. 有利于减少投资

C. 有利于获得物流技术和管理技巧

D. 易与其他业务环节协同配合，提高对市场的响应速度

E. 可直接支配物流资产，控制物流职能，并及时回收货款

三、判断题

1. 第三方物流模式，又称外包物流模式或合同物流模式。（　　　）

2. 物流联盟模式就是自建物流＋第三方物流的模式。（　　　）

3. 企业自营物流模式风险性较小。（　　　）

四、简答题

1. 什么是电子商务物流模式？它有哪几种类型？

2. 简述电子商务第三方物流模式的优势、劣势和适用范围。

3. 简述电子商务物流联盟模式的优势、劣势和适用范围。

五、案例分析题

### 新蛋网与宅急送合作演绎"中国式物流"

新蛋网是一家全球著名的 B2C 电子商务网站，在全美排名第二，2001 年成立于美国加州，新蛋网已经进入了中国市场。2010 年 6 月 28 日，新蛋网与宅急送战略合作，展示了一种全新的电子商务与传统物流的合作方式——设立合作品牌自提点，标志着新蛋物流体系进一步完善，对终端客户来说无疑又是一件幸事。

回顾国内电子商务的发展，整体趋势似乎总是受制于传统物流模式。如何迎合客户需求，创造完美购物体验，如何使得线上与线下衔接得当，已成为电子商务企业提升核心竞争力的关键。一般而言客户不会轻易为第一次尝试埋单，在价格差异日趋弱化的今天，若要提高客户购物忠诚度，则必须重视客户的满意度。其核心之一就是物流运输的高效性与便捷性。

新蛋网与宅急送的合作始于 2007 年，作为第三方物流合作伙伴，宅急送为新蛋网提供了全国范围内配送服务方案。而此次战略合作除了将原有的配送服务进行升级，重点在于合作自提点模式的建立。新蛋网将在全国范围内、在宅急送的配送站设立品牌自提点，集上门自提、货到付款、品牌推广功能于一体。据悉，合作自提点模式已在武汉和成都试运行，效果显著。

强强联手，合作双赢。作为国内 B2C 电子商务专业品牌，中国新蛋网 2010 年来已在上海、北京、广州、武汉、成都等 14 个城市兴建了仓库与自提点、24 个城市实行货到付款服务，后又在 8 个城市实行 24 小时内送达的新举措。但自建速度仍无法满足各地用户对于就近提货的需求。

而宅急送作为网点遍布全国各地的知名物流公司，具有得天独厚的地域优势，新蛋网借助宅急送的密集网点，将大大加快推广自提功能的进程，让更多地区的客户能够享受上门自提的购物体验，并通过自提点的形象设计近距离感受新蛋网传递的品牌文化。而宅急送通过这种合作，将配送站原本的单一功能变得更加多元化，可谓双赢。

中国新蛋网总裁坦言："相比于美国网民，中国人有较大一部分客户者对于网络购物存在信任危机，而自提模式，可解决从传统实体店购买转向网上购买的完美过渡，这也正

是新蛋网近年来致力于建设自提点的意义所在。"宅急送在 2010 年上半年客户满意度调查中，项目客户的满意度达 89％，这也表明了该企业在物流服务品质上的不断提升。宅急送总裁陈显宝表示："此次的战略合作，是宅急送提升物流服务质量的一次契机，也希望通过这种尝试，将传统物流在新兴领域中的价值最大化。"

电子商务与传统物流互相依赖，又总是在不同的领域上各自发展着，谁能率先掌握最优化的整合模式，就能成为行业领军者。新蛋网和宅急送此次试水合作，是双方共同挖掘一种互惠互利、和谐共进的方式，更是以客户需求为导向，把握成功先机的一次有益尝试。

问题分析：

1. 新蛋网与宅急送战略合作，属于什么电子商务物流模式？
2. 新蛋网和宅急送此次合作有什么新的特点？

# 任务二　电子商务物流模式的选择

不同的电子商务企业，其规模、经济实力、经营的产品等均不尽相同，物流模式也不同。那么，电子商务物流模式究竟如何选择呢？

基于物流在电子商务企业战略地位，不同的电子商务企业适合不同的物流模式。开展电子商务的企业在进行物流模式选择时，除可采取传统的自营模式之外，也可考虑逐渐规范的第三方物流模式，或寻找理想的合作伙伴建立物流联盟模式。无论是自营物流、第三方物流，还是物流联盟，都各有利弊。第三物流纵然有诸多优势，并非适合所有的电子商务企业。在供应链构建中，需要电子商务企业依据各自的战略核心、物流管理能力、物流成本的费用要求等具体情况，做出科学合理的选择。下面主要介绍功能分析法、优劣势比

较法、交易费用比较法、综合因素分析法、层次分析法等五种物流模式选择的方法，并就三种电子商务物流模式的选择进行案例解析。

## 一、功能分析法

### 1. 功能分析法的内涵

功能分析法就是电子商务企业在物流运输、仓储、配送等基本功能分析的基础上对其物流服务能力进行评估，从而决定选择自营物流，还是第三方物流（外包物流）的方法。

功能分析法选择物流模式的依据就是考察电子商务企业物流服务能力。若企业拥有一定的物流设施和技术就选择自营物流以便控制；若某项物流功能自营有一定困难就选择第三方物流（物流外包）。功能分析模型如图 3-1 所示。

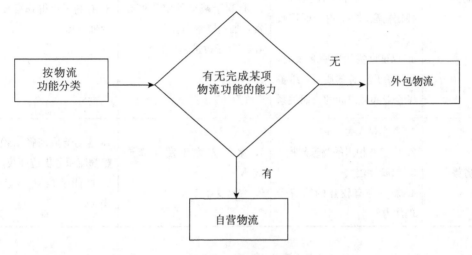

图 3-1　功能分析模型

### 2. 功能分析法的应用

通常选择第三方物流（物流外包）是电子商务企业向物流企业购买某一项或几项功能性物流服务，这些服务都只限于一次或一系列分散的物流功能，需求是临时性的，物流企业往往很难按照电子商务企业独特的业务流程来提供个性化的物流服务，即物流服务与价值链是松散的联系。电子商务企业面对未知的技术、不可控的经济环境、物流服务供应商的易变性等一系列不确定因素，对物流模式的选择就可能存在一定的局限性。

电子商务企业在进行这种选择物流外购或自营物流决策时，侧重物流功能的评估，缺乏对物流运作的战略分析和把握，而对物流总成本与客户服务水平的考察却放在次要地位。

## 二、优劣势比较法

### 1. 优劣势比较法的内涵

优劣势比较法就是电子商务企业在对不同物流模式优势、劣势分析考察的基础上，结合自身实际来科学选择物流模式的方法。

不同的物流模式有着各自的优势和劣势，前面讲到的三种物流模式优劣势比较见表3-2。

表3-2 三种物流模式优劣势比较

|  | 自营物流模式 | 第三方物流模式 | 物流联盟模式 |
|---|---|---|---|
| 优势 | 1.可简化供应链，提升企业对供应链的控制能力 2.易与其他业务环节协同配合，提高对市场的响应速度 3.可直接支配物流资产，控制物流职能，并及时回收货款 4.保证供货的准确和及时，保证客户服务的质量，维护了企业和客户间的长期关系 | 1.有利于企业集中精力于核心业务 2.有利于降低物流成本 3.有利于减少固定资产投资，加速资本周转 4.有利于改进客户服务 | 1.有利于降低经营风险 2.有利于减少投资 3.有利于获得物流技术和管理技巧 |
| 劣势 | 1.资金投入大 2.要求有相当的物流规模 3.风险性较大 4.需自身有较强的物流管理能力 | 1.第三方物流模式尚未成熟 2.容易受制于人 | 1.容易造成路径依赖，调整物流服务供应商较困难 2.可能造成核心竞争力丧失 |

**2.优劣势比较法的应用**

通过上述分析研究，各种不同物流模式各有利弊，电子商务企业应根据各自的实际情况、业务性质、作业要求进行认真分析，并作出慎重的选择。

选择的主要依据是在保证既定服务水平的前提下，哪种电子商务物流模式更经济、成本更低。西方发达国家流行的做法是电子商务企业将物流全部交给第三方物流企业，即选择第三方物流模式。

一般来讲，对经济实力雄厚、规模较大、业务量多，特别是自身又有较完善的物流设施、设备的大型电子商务企业，可采用自营物流模式，这样做既可以充分利用企业现有资源，提高资源利用率，又可准确把握企业经营目标，提高服务水平，同时实现规模效益，降低物流成本。

对于那些规模小、业务量少、经济实力较弱、没有完整物流系统的电子商务企业，应采用第三方物流模式，即将物流业务外包给专业的第三方物流企业去运作，这样既可以避免企业在物流的投入上花费太多的投资，产生高额的费用，又可以借助第三方物流在专业方面的优势，高效快捷地完成物流过程，降低物流成本，并为客户提供优质服务。

对于那些自身拥有一些物流设施或不完整物流网络的电子商务企业，可与第三方物流企业合作，将自身不擅长或成本高的业务外包给第三方物流企业，自己承担能够胜任和成本低的业务，这样做既可以达到企业资源利用的合理化、最优化，又能保证服务，充分节约成本。

　　由于我国的第三方物流起步较晚，发展还不够成熟，加之本身具有一定的可替代性，电子商务企业从事自营物流有一定的可行性。近年来我国发展到一定规模的电子商务企业遇到物流瓶颈时，纷纷自建物流体系就是例证。而物流联盟作为一种节约交易费用的制度安排，在我国也得到了快速发展。

## 三、交易费用比较法

　　1. 交易费用比较法的内涵

　　交易费用比较法就是电子商务企业通过分析比较物流市场上不同交易费用的大小而选择物流模式的方法。

### 交易费用

　　◆交易费用又称交易成本，最早由美国经济学家、诺贝尔经济学奖得主科斯提出。

　　◆交易费用就是在一定的社会关系中，人们自愿交往、彼此合作达成交易所支付的成本。

　　◆交易费用包括发现价格、组织谈判和签约等的费用（寻找交易对象成本、谈判成本、签约成本）。

　　2. 交易费用比较法的应用

　　从交易费用理论上分析，电子商务企业选择物流外包的原因是为了在市场中寻找一种交易费用节约的制度安排，当电子商务企业内部组织成本高于物流市场交易成本时，电子商务企业就会选择物流外包模式，而放弃企业自营物流模式。

　　由于电子商务企业其物流服务涉及资产的专用性，并且交易频繁，那么与之匹配的商务运作模式应采用一体化模式，因而这在一定程度上解释了某些大型电子商务企业自营物流的现状，当然也可能是由于物流在大型电子商务企业中的战略地位使然。然而交易费用理论却难以解释国内大多数中小型电子商务企业的自营物流仍蓬勃发展的现状，分析起来只能归结于物流外包（即第三方物流）的发展不足。

　　从专业化分工理论上分析，现代专业化分工理论是建立在交易费用基础上的，电子商务企业之所以存在，是因为规模经济、专业化经济以及低交易成本的优势即分工的效率性。专业化分工理论将企业视为分工与专业化的产物，两者存在互动关系，即交易费用下降——市场（交易）范围、容量扩大——分工深化、专业程度加深——企业数量增多、企业边界与规模缩小——市场（交易）范围、容量扩大。

物流外包（即第三方物流）是社会分工和专业化发展的产物，电子商务企业选择物流模式时，不仅需比较目前物流自营与物流外包成本的高低，还需要考虑未来成本的变化，而未来环境的不确定性则为物流联盟的出现提供了可能。物流外包需求带动了第三方物流的发展，而专注于物流运作的第三方物流，必然导致物流管理水平的提高和物流运作效率的提升，从而产生内生比较优势。当然在物流外包发展的同时，由于分工层次增加带来的交易费用增加会反过来抑制分工的进一步发展，这是电子商务企业决策分析需考虑的关键因素。

考虑到分工产生的专业化，随着物流规模扩大，物流企业经营经验的积累将导致效率提高，交易费用降低，此时物流自营费用降低幅度就会小于第三方物流的费用降低程度。由于专业化发展成本变化，就产生了一个可以采取物流联盟的空间。

## 四、综合因素分析法

（一）综合因素分析法的内涵

综合因素分析法是指电子商务企业在进行物流模式决策时，从物流在企业的战略地位出发，在考虑物流能力的基础上，对成本以及服务竞争力等影响因素进行综合评价的方法。

（二）综合因素分析法的应用

电子商务企业对物流模式选择时，通常要考虑下列因素：

1. 物流活动是否在本企业发展中具有核心战略地位

通常电子商务企业多以信息技术为基础和核心，物流往往不具有核心地位，但当物流业务成为电子商务核心能力发展的短板时，为实现电子商务企业未来更进一步发展，物流作为核心能力的战略地位就无可避免地呈现出来了。

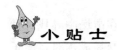

**核心能力**

◆核心能力是指在竞争中起支配作用的力量，是能够为企业带来市场竞争优势、其他对手很难达到或者无法具备的一种能力。

◆核心能力的特征：价值优越性（客户关注和看重）、独特性（异质性）、长期性、难模仿性、不可替代性。

要考察物流是否构成本企业的核心能力，一般可从以下几个方面进行判断：①它是否高度影响企业业务流程？②它是否需要相对先进的技术，并且采用此种技术能否使企业在行业中领先？③它是否是企业长期积淀的，在短期内不能为其他企业所模仿的？

物流的战略地位是电子商务企业决定其采用何种物流模式的首要影响因素。物流地位越重要，企业自营的可能性就越大，反之亦然。

2. 企业物流能力与其产品的性质是否匹配

通常产品可分为销路稳定的功能型产品和不断升级变换的创新型产品。

（1）功能型产品可以进行稳定的需求预测分析，有较长的产品周期，同时竞争也较为激烈，所以物流模式选择的目的应在于尽可能降低成本，第三方物流模式就成为其首选模式。

（2）创新型产品一般具有较高的边际利润，但其需求情况一般无法作出准确预测，且生产周期较短，一经上市后很快会被竞争对手模仿而失去竞争力，所以考虑到时间的紧迫性，创新型产品一般多采用自营物流模式，以获得较高的物流效率。

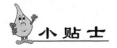 小 贴 士

### 边际利润

边际利润指产品的销售收入与相应的变动成本之间的差额。边际利润是反映增加产品的销售量能为企业增加的收益。销售单价扣除边际成本即为边际利润，边际利润是指增加单位产量所增加的利润。

目前我国参与电子商务交易的商品上述两种产品兼而有之，相比较而言，功能型产品更多，所以，电子商务企业对第三方物流效率要求也更高。

3. 企业是否具有物流管理能力

电子商务企业对物流的管理能力是影响其选择物流模式的又一重要因素。一般而言，在其他条件相同的情况下，若电子商务企业在物流管理方面具有很强的能力，自营物流就比较可取。电子商务企业物流管理能力越强，自营物流的可行性就越大，而电子商务企业对物流的管理能力较差，物流在战略上处于重要地位，则应寻找合适的物流伙伴建立物流联盟，反之则采用第三方物流较为合适。

应当注意的是，具备了物流管理能力，并不意味着企业一定要自营物流，还要比较物流企业在满足一定的客户服务水平下，谁的物流成本更低，只有在企业的物流相对成本较低的情况下，选择自营的方式才有利，否则，企业就应把该项功能分化出去，实行物流外包。

4. 物流模式是否能满足本企业柔性的要求

随着科技的进步与经济的发展，电子商务企业要根据市场变化不断调整自己的经营方向、重点、市场、产品等，这就对电子商务企业的柔性提出了越来越高的要求。相对而言，外包物流能够使企业具有较大的柔性，能够较容易地对企业业务方向、内容、重点、

数量等进行必要的调整。因此，相对而言，处于变化发展速度较快行业中的企业包括电子商务企业，其商品种类与数量较不稳定、非规则性化，往往需要根据情况调整其经营管理模式及相应业务作业，为保证企业具有足够的柔性，应采用外购物流服务。而业务相对稳定，物流商品种类比较稳定、数量大的企业，对于企业的柔性要求比较低，采用自营物流的可能性就比较大。

5. 物流成本与费用的高低

成本与费用是影响电子商务企业物流模式选择的又一重要因素。一般来说，每一个特定的物流系统都包括仓库数目、区位、规模、运输、存货及客户服务水平等构成的一组决策，因此，每一个可能的物流方案都隐含着一套总成本，可用公式表示：

$$D=T+S+L+F_w+V_w+P+C$$

式中：

$D$——物流总成本；

$T$——运输总成本；

$S$——库存维持费用，包括库存管理费用、包装费用及返工费用；

$L$——批量成本，包括物料加工费和采购费；

$F_w$——仓储总固定费用；

$V_w$——仓储总变动费用；

$P$——订单处理和信息费用，即订单处理和物流活动中广泛交流等问题所发生的费用；

$C$——客户服务费用，包括缺货损失费用、降价损失费用和丧失潜在客户的机会成本。

这些成本之间存着二律背反的现象。在选择物流模式和设计物流系统时，要对模式和系统的总成本加以检验，最后选择成本最小的物流系统。很容易理解，当电子商务企业自营物流的成本与费用远高于外购物流时，企业自营物流的可能性就很小。高出的比例越大，自营合理性就越小。

6. 客户服务竞争力的大小

在物流方面，随着消费多样化、生产柔性化、流通高效化时代的到来，社会和客户对电子商务企业物流服务的要求也越来越高。"7R"物流服务是提供给客户优质服务的共同标准。

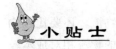

## 7R 物流服务

将适当数量（Right Quantity）的适当产品（Right Product），在适当的时间（Right Time）和适当的地点（Right Place），以适当的条件（Right Condition）、适当的质量（Right Quality）和适当的价格（Right Price）交付给客户。

根据美国田纳西大学对 51 家领先的第三方物流提供者的调查研究所得出的结果，减少物流作业成本和改进物流服务水平被第三方服务使用者认为是最大的利益所在。因此，物流成本已不再是客户选择物流服务的唯一标准，人们更多的是注重物流服务的质量。对于物流服务提供者来说，服务优势已成为其成功经营的方向性特征，提高服务竞争力是物流活动的基本态势。因此，若电子商务企业能够满足一定的客服水平，则自营物流是可行的，而当电子商务企业不具备这种能力时，就应采用第三方物流或选择合适的物流伙伴组建物流联盟。

以上影响物流模式选择的六大因素，电子商务企业要认真分析，反复权衡，综合评价。若物流不是电子商务企业的主要业务，或物流对于电子商务企业不具有战略地位，则在物流模式的选择上需进一步比较多种物流模式的成本和绩效，以确定是自营物流还是外包物流。通常来说，大型企业由于自身物流量大，自营可能会比外包具有更低的成本，但目前我国大多数电子商务企业为中小企业，资金实力薄弱，自营物流效益低，选择物流外包，尤其是高效率的第三方物流应是中小企业更为迫切的要求。

## 五、层次分析法

### 1. 层次分析法的内涵

层次分析法是指电子商务企业将要解决的问题按目标层、准则层、要素层和具体方案层进行分层处理，然后对准则层不同因素的相对重要性给予权数，再对各因素下的具体要素给予评分，最后通过综合计算选择总分最大的那个物流方案作为最终选择方案的方法。电子商务企业物流模式的选择受多种因素的影响，层次分析法的运用就是要提炼出影响物流模式选择的关键因素。

### 2. 层次分析法的应用

按目标层、准则层、要素层和具体方案层进行分层处理，目标层就是确定适合企业自身长期发展的物流模式目标，如利润最大化、规模最大化等；方案层一般为自营物流、第三方物流、物流联盟模式；准则层则可考虑成本、竞争力、战略要求等因素。在准则层下为要素层，如成本因素是指不同物流模式方案所对应的电子商务企业需支付的运营成本总额，包括运输、仓储、配送等各个环节的成本，运营成本总额可分解为运营成本和交易成本两类；竞争力因素是指不同物流模式下的客户满意程度，可分解为客户满意程度和经济效益；战略要求是指电子商务企业的不同战略发展规划，可分解为自身物流能力和物流市场供应成熟程度两个方面；通常企业战略要求的实现需要有很强的物流供应能力和市场实现能力，企业市场的实现可能性越高，对自身物流能力的要求就低。

根据以上分析，我们可建立企业物流模式选择层次结构模型，如图 3-2 所示。

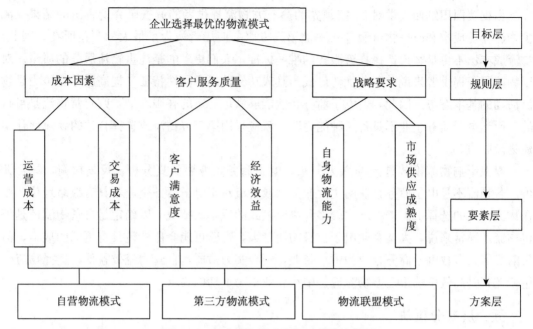

图 3-2　企业物流模式选择层次结构模型

在上述模型具体运用中，根据各种要素内容的重要性进行量化评分，构建要素内容评分标准表，如表 3-3 所示。

表 3-3　　　　　　　　　要素内容评分标准

| 分　数 | 要素内容评分标准说明 |
| --- | --- |
| 1 | 表示两个相比具有相同重要性 |
| 3 | 表示一个因素比另一个因素稍微重要 |
| 5 | 表示一个因素比另一个因素明显重要 |
| 7 | 表示一个因素比另一个因素强烈重要 |
| 9 | 表示一个因素比另一个因素极其重要 |
| 2, 4, 6, 8 | 表示两个要素之间重要性介于相邻等级之间 |

3. 层次分析法的运用流程

第一步，根据重要性程度确定规则层各物流因素不同的权数，一般用百分率表示，总权数之和为 1。

第二步，参照要素内容评分标准，给予不同要素相应分数。

第三步，用每一因素给定的权数分别乘以对应要素的分数，然后分数汇总。

第四步，根据汇总分数进行排序，得到每一方案的最终得分，得分最高的就是最佳方案。

## 任务实施

### 一、实施目的

1. 描述并应用电子商务物流模式选择的方法。

2. 通过小组成员分工协作，增强合作意识，培养团队精神。

3. 通过探究式学习，培养自主学习习惯，养成探究意识。

### 二、实施内容

1. 了解功能分析法、优劣势比较法、交易费用比较法、综合因素分析法、层次分析法等五种物流模式选择的方法内涵。

2. 解读功能分析法、优劣势比较法、交易费用比较法、综合因素分析法、层次分析法等五种方法的应用。

### 三、实施地点和工具

1. 配有 Internet 的多媒体教室或实训室。

2. 备有计算机、投影仪、笔及白纸。

### 四、实施步骤

1. 学生分组，三人一组，自选组长，并以小组为单位开展活动。

2. 以表格的形式描述功能分析法、优劣势比较法、交易费用比较法、综合因素分析法、层次分析法的应用特点。

3. 编制实施报告，并制作成 PPT。

4. 各组派代表上台演示演讲。

5. 各组派一名代表对其他各组的实施报告打分。

6. 教师点评，评定等级。

### 五、实训指导

1. 讲解功能分析法、优劣势比较法、交易费用比较法、综合因素分析法、层次分析法的内涵。

2. 分析功能分析法、优劣势比较法、交易费用比较法、综合因素分析法、层次分析法的应用。

3. 指导学生分组、制作 PPT 及演讲。

### 六、实施时间

本项任务实施时间需要 4 学时。

## 七、评价标准（如表 3-4 所示）

表 3-4 实施方案评价标准

| 评价等级 | 评价标准 |
|---|---|
| 优秀 | 能在规定时间内独立编撰实施方案报告，且方案要素完整；表格设计科学，分析透彻；小组成员有严密的分工协作，且讲解通俗易懂或运用流畅 |
| 良好 | 能在规定时间内独立编撰实施方案报告；且方案要素完整；小组成员有分工协作 |
| 合格 | 能在教师帮助下完成实施方案报告 |
| 不合格 | 没能完成实施方案报告 |

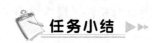

## 任务小结 ▶▶▶

通过本任务的实战体验和相关知识解读，学生认识了功能分析法、优劣势比较法、交易费用比较法、综合因素分析法、层次分析法等方法内涵，讲述了功能分析法、优劣势比较法、交易费用比较法、综合因素分析法、层次分析法等各自的应用。

## 【课后训练】

一、单项选择题

1. 电子商务物流系统的目的就是实现了整个贸易活动的电子化，逐渐地改变着人们传统的物流观念，为物流创造了一个（ ）的运作空间。

  A. 实体性      B. 虚拟性      C. 方便性      D. 透明化

2. 西方发达国家流行的做法是电子商务企业选择（ ）。

  A. 自营物流模式

  B. 物流联盟模式

  C. 自营物流模式和第三方物流模式相结合

  D. 第三方物流模式

3. 确定适合企业自身长期发展的物流模式目标，如利润最大化、规模最大化等，即（ ）。

  A. 目标层      B. 具体方案层      C. 要素层      D. 准则层

二、多项选择题

1. 电子商务物流模式选择的方法主要有（ ）。

  A. 功能分析法      B. 优劣势比较法      C. 交易费用比较法   D. 综合因素分析法

  E. 层次分析法

2. 电子商务企业对物流模式选择时，通常要考虑的因素有（ ）。

  A. 物流活动是否在本企业发展中具有核心战略地位

B. 企业物流能力与其产品的性质是否匹配

C. 企业是否具有物流管理能力

D. 物流模式是否能满足本企业柔性的要求

E. 物流成本与费用的高低

3. 采用物流联盟模式的代表网商有（　　　）。

A. 中粮我买网　　　　B. 京东网上商城　　　C. 当当网　　　　　　D. 淘宝网

E. 卓越网

三、判断题

1. 功能分析法选择物流模式的依据就是考察电子商务企业物流服务能力。（　　　）

2. 淘宝网采用的是自营物流模式。（　　　）

3. 由于我国的第三方物流起步较晚，发展还不够成熟，加之本身具有一定的替代性，电子商务企业采用物流联盟模式有一定的可行性。（　　　）

四、简答题

1. 什么是功能分析法？电子商务企业在采用这种方法进行物流外购或自营物流决策时有何侧重？

2. 运用综合因素分析法对电子商务物流模式选择时，通常要考虑哪些因素？

3. 什么是层次分析法？目标层、准则层、要素层和具体方案层各指什么？

五、案例分析题

## B2C 与 B2B 电子商务物流模式选择

目前，与越来越多的网民生活密不可分的 B2C 与 B2B 网上购物已经成为常态化的模式，而在整个网购过程中，真正与客户做面对面接触的是快递员，所以物流服务的好坏直接决定了客户满意度的高低。

（一）自建物流，成本高，服务好，树立品牌形象

1. 代表网商：京东商城、凡客诚品等

京东商城自 2009 年起就开始选择自营物流，其重要原因在于物流制约，由于现在第三方物流发展滞后，使得京东商城只能选择自营物流。2009 年春节前夕，京东商城遭遇"爆仓"，业务损失高达 5 亿～6 亿元。事后，京东大笔融资、借贷兴建库房。京东董事局主席兼首席执行官刘强东甚至宣布，三年内拟投 30 亿元发展物流。目前在北京、上海、广州、成都、武汉建有物流中心。物流体系已经覆盖了 40 多个城市，计划到 2010 年年底将增至 60～80 个城市。2010 年京东商城业务量猛增，年销售额已突破百亿大关。京东持续高速的发展正是得益于其在配送及售后等方面的主动提升。

"物流绝对是电子商务的瓶颈和制约，目前来看，国内能承接 40 万单以上日订单量的快递公司几乎没有。"凡客诚品副总裁、凡客诚品旗下自建物流公司如风达总经理李红义表示，"电子商务企业之所以大把'烧钱'自建物流，是苦于没有快递公司的服务能令他们放心。"

快递公司的弹性远没有企业的增长快。李红义解释说：前者以赢利为目的，追求发货量和配送费。后者却以服务为目的，争取客户进行二次以上消费。在配送员数量上，基于成本考虑，外接业务量如果只有1万单，快递公司绝对不会备2万单的人手。所以当业务量猛增时，就会人手不足。同等情况下，电子商务企业会备2.5万单的人手。平时通过培训、实习等方式储备人才，急需时就可直接上岗。

此外，在配送任务的数量上也有差异，快递公司的业务员接单越多、成本越低、创造价值越大，追求接单量。而自建配送追求质量。"客户体验需求不一，如货到付款等都要考验配送员的服务质量，所以不能一味追求效率，虽然这样做能降低成本。"李红义透露，特色服务，也是自建配送的一大原因。凡客为了实现一天两次送货，需要配送员每天跑两次库房。公司实行"211"服务，即上午11点前的订单，下午就能收到；晚上11点前的订单，第二天上午能够收到。

从基础功能来看，完全外包也不可能。李红义表示，以代收货款为例，目前快递公司最多只能做到以省市为单位，无法覆盖全国。电子商务企业只好自建物流。此外，配送物品也会受到限制，若是电器等贵重物品，不仅单价高昂，资金回笼慢，快递公司也不敢接单。

网商越来越重视背后物流服务的重要性。"廿一客"网上蛋糕店以送货的准时和亲和力取胜。"小丑鲜花"的快递员化着"面粉妆"、"红色大嘴唇"和"小丑鼻"，配上颜色鲜艳的电动车和小魔术，让客户有惊喜体验。据小丑鲜花鼓楼店店长常先生介绍，其对快递员的形象、个性都有要求。

虽然多投入一倍的成本，但起到的口碑传播效果颇佳。除薪资支出外，虽然买地、建仓库、自主管理等开支耗资巨大，但还是不断传来电子商务企业自建物流的消息。

2. 案例点评

"得物流者得天下"，在电子商务企业大把"烧钱"自建仓储和配送的背后，却是物流瓶颈制约企业发展的无奈现状。

在客户的个性化服务方面，第三方物流的确需要通过提高信息化水平、提高送货准确率和速度等。当电子商务企业发展到一定规模后必须自建物流，以提高企业的核心竞争力。当然，这里所指的自建物流是相对的，并非百分之百完全自建，在偏远的或者业务量非常少的地区，还是要借助第三方物流或者邮政服务来完成配送任务。

（二）第三方物流，成本低，服务缺乏个性化，影响网商形象

1. 代表网商：淘宝网

淘宝网作为C2C交易平台，以庞大的产品种类信息和方便的交易流程而吸引无数"淘粉"，但是相信有不少"淘粉"在购物过程中会因为物流服务而不愉快，购物体验也大打折扣。有商家因此喊冤，网友"爱喝酸牛奶"说："我很注重信用，但昨天一位客户因快递公司服务态度不好直接给差评，他评价留言是'你选的破快递公司，服务极差'，可我能怎么办呢？"相反，在许多客户的"好评"原因中，都提到了送货速度快。背后物流环节的支撑，直接决定了淘宝网卖家的信誉度。越来越多卖家重视物流公司服务质量，而不仅是价格。

事实上，C2C网商多选择第三方物流配送模式，依托于多家物流公司向客户送货。淘宝网是一家典型的代表企业。资料显示，淘宝网养活了中国70％以上的快递公司。

不同商家会根据不同商品特点选择不同档次的快递公司。据了解，卖普通的服装鞋帽等生活用品，多数卖家都会选择中通、申通、圆通等价格较低廉的快递公司。而一些电子产品的卖家则会选择顺丰、宅急送等快递公司。

2. 案例点评

第三方物流的主要优势体现在成本方面，但服务水平不稳定成为其发展的软肋，在物流成本不断升高的情况下，利润也开始像海绵中的水，被不断的挤压着。困顿的第三方物流企业也开始寻找第三利润源。总部位于上海浦东的贝业新兄弟物流主要为宜家、科勒、篱笆网等提供个性化的成品物流服务，除了运输之外，还为买主提供上门安装维修服务，这种增值服务不但增加贝业的利润，同时对于自身品牌的宣传以及客户的满意度有很大的帮助。

（三）物流联盟，投入低，服务水平参差不齐

1. 代表网商：中粮我买网、当当网、卓越网

与京东商城和凡客诚品不同，中粮我买网在北京除了拥有自建物流的四个"官方物流"站点外，其余大部分订单依靠合作配送商。中粮我买网在北京与天成大通、优速快递、中铁速递等十家快递公司有长期合作。

卓越亚马逊网站也拥有自建的快递公司——世纪卓越快递，该公司承担着大部分订单业务，同时跟几家快递公司长期合作，风火快递、风景同城、小红帽速运、特能快递负责部分区域。UPS物流公司承担海外订单。

与多家物流公司合作，也会因为物流公司的不同，导致消费者的购物体验大相径庭。一位家住北京东城区的中粮我买网客户，收到货时发现"送货员很是专业亲切，箱子里还有防撞气袋"。而另一位在中关村工作的客户则感觉"送货速度太慢，而且没有订单跟踪，很不方便"。

据了解，卓越网的送货比较稳定。在北京地区约三天到货，在武汉地区约2天到货。快递员服务态度较好。为卓越网和当当网派送快件的小红帽速运，其快递员月薪在两三千元左右。

2. 案例点评

自建物流投资巨大，并非所有电子商务企业都能承受得起。卓越网在一定范围内自建部分物流，可自己掌控小批量、短途的商品配送；长途的、量大的商品配送可综合考虑成本因素外包出去，自建物流与合作物流相互间的战略互补便于掌握物流过程。物流联盟的模式固然能够收到优势互补的效果，但也存在着一定的风险，官方物流配送服务很好，而一些小的物流联盟企业的服务却很差，结果会造成市场反应不一，影响电子商务企业形象。解决这个问题除了对配送产品及区域做好划分之外，还需要建立完善的信息系统来管理其物流服务。


问题分析：

1. 自建物流模式、第三方物流模式和物流联盟模式各有什么特点？

2. 采用自建物流模式、第三方物流模式和物流联盟模式的代表企业有哪些？

# 任务三　电子商务环境下的新型物流解读

随着经济全球化、知识经济和信息技术的发展，经济与社会、资源、环境的协调和可持续发展日益受到全社会的广为关注。电子商务环境下的新型物流如雨后春笋脱颖而出。

你了解电子商务物流模式吗？

你知道电子商务物流模式有多少种吗？适用范围如何？

## 一、第四方物流

### （一）第四方物流的概念

第四方物流（Fourth Party Logistics）是一个供应链的集成商，是供需双方及第三方的领导力量，通过拥有的信息技术、整合能力以及其他资源提供一整套的供应链解决方案。第四方物流的概念是 1998 年美国埃森哲咨询公司率先提出的，是专门为第一方、第二方和第三方提供物流规划、咨询、物流信息系统、供应链管理等活动。第四方并不实际承担具体的物流运作活动。

### （二）第四方物流的功能

#### 1. 供应链管理功能

供应链管理功能即管理从货主、托运人到用户、客户的供应全过程。

#### 2. 运输一体化功能

运输一体化功能即负责管理运输公司、物流公司之间在业务操作上的衔接与协调问题。

#### 3. 供应链再造功能

供应链再造功能即根据货主、托运人在供应链战略上的要求，及时改变或调整战略战术，使其经常处于高效率地运作。第四方物流的关键是以"行业最佳的物流方案"为客户提供服务与技术。

（三）第四方物流的特征

与第三方物流注重实际操作相比，第四方物流更多地关注整个供应链的物流活动，这种差别主要体现在以下几个方面，并形成第四方物流独有的特点。

1. 提供一整套完善的供应链解决方案

第四方物流有能力提供一整套完善的供应链解决方案，是管理咨询和第三方物流服务的集成商。第四方物流和第三方物流不同，不是简单地为企业客户的物流活动提供管理服务，而是通过对企业客户所处供应链的整个系统或行业物流的整个系统进行详细分析后提出具有宏观指导意义的解决方案。第四方物流服务供应商本身并不能单独地实施这个方案，而是要通过物流公司、技术公司等多类公司的协助才能将方案得以实施。

第三方物流服务供应商能够为企业客户提供相对于企业的全局最优，却不能提供相对于行业或供应链的全局最优，因此第四方物流服务供应商就需要先对现有资源和物流运作流程进行整合和再造，从而达到解决方案所预期的目标。第四方物流服务供应商整个管理过程大概设计四个层次，即再造、变革、实施和执行。

2. 通过对整个供应链产生影响增加价值

第四方物流是通过对供应链产生影响的能力来增加价值，在向客户提供持续更新和优化技术方案的同时，满足客户特殊需求。第四方物流服务供应商可以通过物流运作的流程再造，使整个物流系统的流程更合理、效率更高，从而将产生的利益在供应链的各个环节之间进行平衡，使每个环节的企业客户都可以受益。如果第四方物流服务供应商只是提出一个解决方案，但是没有能力来控制这些物流运作环节，那么第四方物流服务供应商所能创造价值的潜力也无法被挖掘出来。因此，第四方物流服务供应商对整个供应链所具有的影响力直接决定了其经营的好坏，也就是说第四方物流除了具有强有力的人才、资金和技术以外，还应该具有与一系列服务供应商建立合作关系的能力。

3. 成为第四方物流企业需具备一定的条件

有能够制定供应链策略、设计业务流程再造、具备技术集成和人力资源管理的能力；在集成供应链技术和外包能力方面处于领先地位，并具有较雄厚的专业人才；有能够管理多个不同的供应商并具有良好的管理和组织能力等。

（四）第四方物流运作模式

1. 协同运作模式

协同运作模式是第四方物流与第三方物流共同开发市场的一种方式。如图3-3所示。第四方物流与第三方物流进行内部合作，它们之间的合作关系可以采用合同方式绑定或采用战略联盟方式形成。由第四方物流供应商向第三方物流服务供应商提供其缺少的技术和战略技能，然后对物流系统的解决方案进行规划和整合，再由第三方物流供应商去执行和完成操作。

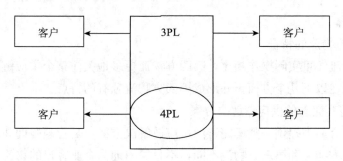

图 3-3　协同运作模式

## 2. 方案集成商模式

方案集成商模式即第四方物流为客户提供运作和管理整个供应链的解决方案。如图 3-4 所示。在这种模式下，第四方物流作为方案集成商除了提出供应链管理的可行性解决方案外，还要对第三方物流资源进行整合，统一规划为企业客户服务。

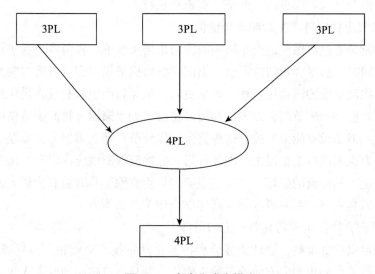

图 3-4　方案集成商模式

## 3. 行业创新者模式

行业创新者模式（如图 3-5 所示）与方案集成商模式有相似之处：都是作为第三方物流和客户沟通的桥梁，将物流运作的两个端点连接起来。两者的不同之处在于：行业创新者模式的客户是同一行业的多个企业，而方案集成商模式只针对一个企业客户进行物流管理。这种模式下，第四方物流提供行业整体物流的解决方案，这样可以使第四方物流运作的规模更大限度地得到扩大，使整个行业在物流运作上获得收益。

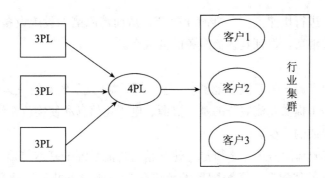

图 3-5　行业创新者模式

## 二、精益物流

（一）精益物流的概念

精益物流是起源于日本丰田汽车公司的一种物流管理思想，其核心是追求消灭包括库存在内的一切浪费，并围绕此目标发展的一系列具体方法。它是从精益生产的理念中蜕变而来的，是精益思想在物流管理中的应用。

精益物流指的是通过消除生产和供应过程中的非增值的浪费，以减少备货时间，提高客户满意度。

（二）精益物流系统的基本框架

1. 以客户需求为中心

在精益物流系统中，客户需求是驱动生产的原动力，是价值流的出发点。价值流的流动要靠下游客户来拉动，而不是依靠上游的推动，当客户没有发出需求指令时，上游的任何部分不提供服务，而当客户需求指令发出后，则快速提供服务。系统的生产是通过客户需求拉动的。

2. 准时

在精益物流系统中，电子化的信息流保证了信息流动的迅速、准确无误，还可有效减少冗余信息传递，减少作业环节，消除操作延迟，这使得物流服务准时、准确、快速，具备高质量的特性。

3. 准确

准确包括准确的信息传递，准确的库存，准确的客户需求预测，准确的送货数量等。准确是保证物流精益化的重要条件之一。

4. 快速

精益物流系统的快速包括两方面含义：第一是物流系统对客户需求反应速度快，第二是货品在流通过程中的速度快。

5. 降低成本、提高效率

精益物流系统通过合理配置基本资源，以需定产，充分合理地运用优势和实力；通过电子化的信息流，进行快速反应、准时化生产，从而消除诸如设施设备空耗、人员冗余、操作延迟和资源等浪费，保证其物流服务的低成本。

6. 系统集成

精益系统是由资源、信息流和能够使企业实现"精益"效益的决策规则组成的系统。精益物流系统则是由提供物流服务的基本资源、电子化信息和使物流系统实现"精益"效益的决策规则所组成的系统。

具有能够提供物流服务的基本资源是建立精益物流系统的基本前提。在此基础上，需要对这些资源进行最佳配置，资源配置的范围包括设施设备共享、信息共享、利益共享等。只有这样才可以最充分地调动优势和实力，合理运用这些资源，消除浪费，最经济合理地提供满足客户要求的优质服务。

7. 信息化

高质量的物流服务有赖于信息的电子化。物流服务是一个复杂的系统项目，涉及大量繁杂的信息。电子化的信息便于传递，这使得信息流动迅速、准确无误，保证物流服务的准时和高效；电子化信息便于存储和统计，可以有效减少冗余信息传递，减少作业环节，降低人力浪费。此外，传统的物流运作方式已不适应全球化、知识化的物流市场竞争，必须实现信息的电子化，不断改进传统业务项目，寻找传统物流产业与新经济的结合点，提供物流增值服务。

## 三、绿色物流

### （一）绿色物流的概念

绿色物流（Environmental Logistics）是指在物流过程中抑制物流对环境造成危害的同时，实现对物流环境的净化，使物流资源得到最充分利用。它包括物流作业环节和物流管理全过程的绿色化。

从物流作业环节来看，包括绿色运输、绿色包装、绿色流通加工等。从物流管理过程来看，主要是从环境保护和节约资源的目标出发，改进物流体系，既要考虑正向物流环节的绿色化，又要考虑供应链上的逆向物流体系的绿色化。绿色物流的最终目标是可持续性发展，实现该目标的准则是经济利益、社会利益和环境利益的统一。

### 低碳物流

低碳物流就是以"低能耗、低污染、低排放"为基础的高端物流服务。低碳物流将是未来物流业发展中的重点。发展取向为：低碳物流＝高效物流＋绿色物流。

◆大力发展铁路货物运输　　　　◆促进物流合理化
◆积极发展低碳汽车运输业　　　　◆推行共同配送

◆推动废旧物流设施设备的循环利用　　◆推广绿色包装

◆建立工业和生活废料处理的物流系统　◆加强物流信息化、电子商务化

## (二) 绿色物流的构成

### 1. 集约资源

这是绿色物流的本质内容，也是供应链管理的主要指导思想之一。通过整合现有资源，优化资源配置，电子商务企业可以提高资源利用率，减少资源浪费。

### 2. 绿色运输

运输过程中的燃油消耗和尾气排放，是物流活动造成环境污染的主要原因之一。因此，要想打造绿色物流，电子商务企业首先要对运输线路进行合理布局与规划，通过缩短运输路线，提高车辆装载率等措施，实现节能减排的目标。另外，还要注重对运输车辆的养护，使用清洁燃料，减少能耗及尾气排放。

### 3. 绿色仓储

绿色仓储一方面要求电子商务企业仓库选址要合理，有利于节约运输成本；另一方面，仓储布局要科学，使仓库得以充分利用，实现仓储面积利用的最大化，减少仓储成本。

### 4. 绿色包装

包装是电子商务企业物流活动的一个重要环节，绿色包装可以提高包装材料的回收利用率，有效控制资源消耗，避免环境污染。

### 5. 废弃物物流

废弃物物流是指在电子商务活动中失去原有价值的物品，根据实际需要对其进行搜集、分类、加工、包装、搬运、储存等，然后分送到专门处理场所后形成的物品流动活动。

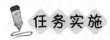 **任务实施**

## 一、实施目的

1. 描述第四方物流、精益物流和绿色物流的内涵。
2. 通过小组成员分工协作，增强合作意识，培养团队精神。
3. 通过探究式学习，培养自主学习习惯，养成探究意识。

## 二、实施内容

1. 了解第四方物流、精益物流和绿色物流的内涵。
2. 解析第四方物流、精益物流和绿色物流的架构。

### 三、实施地点和工具

1. 配有 Internet 的多媒体教室或实训室。

2. 备有计算机、投影仪、笔及白纸。

### 四、实施步骤

1. 学生分组，三人一组，自选组长，并以小组为单位开展活动。

2. 以框图的形式描述第四方物流、精益物流和绿色物流的内涵和架构。

3. 编制实施报告，并制作成 PPT。

4. 各组派代表上台演示演讲。

5. 各组派一名代表对其他各组的实施报告打分。

6. 教师点评，评定等级。

### 五、实训指导

1. 讲解第四方物流、精益物流和绿色物流的内涵。

2. 分析第四方物流、精益物流和绿色物流的基本架构。

3. 指导学生分组、制作 PPT 及演讲。

### 六、实施时间

本项任务实施时间需要 4 学时。

### 七、评价标准（如表 3-5 所示）

表 3-5　　　　　　　　　　　　实施方案评价标准

| 评价等级 | 评价标准 |
| --- | --- |
| 优秀 | 能在规定时间内独立编撰实施方案报告，且方案要素完整；知识框图准确，架构清晰；小组成员有严密的分工协作，且讲解通俗易懂或运用流畅 |
| 良好 | 能在规定时间内独立编撰实施方案报告；且方案要素完整；知识框图基本准确，架构基本清晰；小组成员有分工协作 |
| 合格 | 能在教师帮助下完成实施方案报告 |
| 不合格 | 没能完成实施方案报告 |

## 任务小结 ▶▶

通过本任务的实战体验和相关知识解读，学生认识到了第四方物流、精益物流和绿色物流内涵，深度解析了第四方物流、精益物流和绿色物流的基本架构。

## 【课后训练】

一、单项选择题

1. 管理从货主、托运人到用户、客户的供应全过程。即（　　）功能。

A. 供应链管理　　　B. 运输一体化　　　C. 供应链再造　　　D. 配送

2. 第四方物流是（　　）年美国埃森哲咨询公司率先提出。

A. 1998　　　　　　B. 2000　　　　　　C. 2008　　　　　　D. 1993

3. 从物流作业环节来看，绿色物流包括绿色运输、（　　）、绿色流通加工等。

A. 绿色包装　　　　B. 集约资源　　　　C. 废弃物物流　　　D. 信息化

二、多项选择题

1. 第四方物流运作模式主要有（　　）。

A. 协同运作模式　　B. 方案集成商模式　C. 物流联盟模式　　D. 自营物流模式

E. 行业创新者模式

2. 精益物流系统的基本框架主要包括（　　）。

A. 以客户需求为中心　　　　　　　　B. 准时

C. 准确　　　　　D. 快速　　　　　E. 系统集成

3. 绿色物流的构成包括（　　）。

A. 绿色运输　　　　B. 集约资源　　　　C. 绿色仓储　　　　D. 绿色包装

E. 废弃物物流

三、判断题

1. 在精益物流系统中，供应商需求是驱动生产的原动力，是价值流的出发点。（　　）

2. 方案集成商模式只针对一个企业客户进行物流管理。（　　）

3. 绿色物流包括物流作业环节和物流管理全过程的绿色化。（　　）

四、简答题

1. 什么是第四方物流？它有哪些特点？

2. 什么是精益物流？精益物流系统的基本框架如何？

3. 什么是绿色物流？它由哪些部分构成？

五、案例分析题

### 低碳物流——未来物流的王道

低碳物流对于物流企业乃至电子商务企业来说是一个挑战和机遇并存的选择。社会在转型，不可再生资源一天天在减少，在可持续发展社会里，物流企业乃至电子商务企业必须走低碳绿色物流方能在未来立于不败之地。而物流企业乃至电子商务企业怎样在低碳物流发展中提高服务附加值，实现物流低碳化转型意味着企业在未来 E 物流的过程中占有多少先机。

低碳物流是一个怎么样处理资源流和物流统一的话题，是物流生态系统理念的重要组成部分，也是 E 物流发展的重要坐标。低碳绿色物流服务，是有利于保护生态环境，是节约资源和能源的，是无污、无害、无毒的，有益于人类健康的服务。绿色服务要求企业在经营管理中根据可持续发展战略要求，充分考虑自然环境保护和人类身心健康，从服务流程的服务设计、服务耗材、服务产品、服务营销、服务消费等各个环节着手节约资源和能源、防污、降排和减污，以达到企业的经济效益和环保效益的有机统一。

低碳物流的兴起，归功于低碳革命和哥本哈根环境大会对绿色环保的官方倡导，随着气候问题日益严重，全球化的"低碳革命"正在兴起，人类也将因此进入低碳新纪元，即以"低能耗、低污染、低排放"为基础的全新低碳思维时代。而物流作为高端服务业，也必须走低碳化道路，着力发展绿色、低碳物流。这是人类发展低碳生态系统所必须要有的过程，也是未来物流产业全球化的立根之本。

物流低碳化主要包括两个方面：一是如何减少物流领域的碳排放；二是怎样通过优化的方式来运作物流系统。低碳物流对物流企业乃至电子商务企业来说是不是机会，我们来分析低碳物流的两个问题。

第一，如何减少物流行业对碳的排放。对于物流企业乃至电子商务企业来说，首先涉及的是车辆动力设备和二氧化碳排放问题，虽有相关政策也一直在支持开发新能源汽车，但对于大型运输装配车辆，目前并没有特别好的选择，而且还有一个低碳车辆成本的问题。

第二，物流企业乃至电子商务企业怎样通过优化方式来运作物流系统。这里谈一个物流资源整合的问题，即是物流生态系统的构置的配建，怎样让物流完成企业设计、生产、配送到回收这一整套物流生态系统，并且做到最优化的问题。

问题分析：

1. 什么是低碳物流？电子商务企业为什么要发展低碳物流？
2. 物流低碳化包括哪些内容？

# 模块四　电子商务环境下商品采购与库存管理

## 任务一　电子商务采购管理识读

 **任务导入**

在普通的交易背后，蕴藏了一种新的电子商务采购方式，即 B2B 采购。与传统面对面采购不同的是，它的初期接触是在网络上进行的。只有客户同商家进行在线沟通，达成意向后才决定看货、发货。"利用 B2B 及相关的关键词搜索，很轻松就能找到供应商，不需要业务员出去跑。B2B 就是先机，经营一个店铺，不如守着一台电脑，千好万好，也不如网络大市场好。"

 知识准备

## 一、电子商务采购的内涵

### (一) 电子商务采购的概念

电子商务采购是在电子商务环境下的采购模式，也就是网上采购。通过建立电子商务交易平台，发布采购信息，或主动在网上寻找供应商、寻找产品，然后通过网上洽谈、比价、网上竞价实现网上订货，甚至网上支付货款，最后通过网下的物流过程进行货物的配送，完成整个交易过程。

 小贴士

### 电子商务采购的作用

◆为采购提供了一个全天候、全透明、超时空的采购环境，即 365×24 小时的采购环境。

◆实现了采购信息的公开化，扩大了采购市场的范围，缩短了供需距离，避免了人为因素的干扰。

◆简化了采购流程，减少了采购时间，降低了采购成本，提高了采购效率，大大降低了库存，使采购交易双方易于形成战略伙伴关系。

◆它是企业的战略管理创新，是政府遏制腐败的一剂良药。

### (二) 电子商务采购的特点

1. 公开性

电子商务采购是在网上进行的，而因特网具有公开性的特点，全世界都可以看到采购方的招标公告，谁都可以前来投标，所以采购具有公开性。

2. 广泛性

网络没有边界，所有的供应商都可以向采购方投标，采购方也可以调查所有的供应商。

— 108 —

3. 交互性

电子商务采购过程中，采购方与供应商可以通过电子邮件或聊天方式进行信息交流，既方便，又迅速，而且成本较低。

4. 低成本

网上操作可大量节省人工业务环节，省人力、省时、省工作量，总成本较小。

5. 高速度

网上信息传输速度快。

6. 高效率

电子商务省去了中间环节，简化了采购流程，减少了采购时间，降低了采购成本，提高了采购效率。

## 二、电子商务采购的方式

**（一）按利用计算机网络的程度分类**

1. 完全网上采购

完全网上采购即完全通过网上电子商务采购完成采购的全部活动，除运输配送外。

2. 网上和网下相结合采购

网上和网下相结合采购即在网上完成部分采购活动，如发布采购消息、招标公告等，而其他活动如采购谈判、供应商调查、交易支付等则在网下进行。

**（二）按采购主体分类**

1. 自己网上采购

自己网上采购即企业自己建立网站平台，进行电子商务采购活动。

2. 代理网上采购

代理网上采购即不是自己建立网站，而是利用别人的网站平台进行电子商务采购。

**（三）按网上采购是否招标分类**

1. 网上查询采购

网上查询采购即由采购商自己登录网站，在网上寻找供应商和所需要的产品而进行的网上采购。

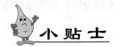

### 网上查询采购流程

确定需求→上网→查询供应商→查询商品→调查供应商→与选定的供应商接洽，进行采购谈判→签订合同→采购实施。

**2. 网上招标采购**

网上招标采购即采购商只在网上发布招标公告，由供应商主动来投标而进行的采购活动。

### 三、电子商务采购程序

电子商务采购程序主要包括采购前的准备工作、采购中供需双方的磋商、合同的制定与执行、交付与清算等环节。

**1. 采购前的准备工作**

电子商务企业在采购前的准备过程就是向供应商进行宣传和获取有效信息的过程。在网络环境条件下，将演变成供应商积极把自己产品的信息资源（如产品价格、质量、公司状况、技术支持等）在网上发布，电子商务企业则随时上网查询并掌握自己所需要的商品信息资源。双方推拉互动，共同完成商品供需信息的实现过程。

在网络环境中，信息的交流通常是通过登录和浏览对方的网站和主页完成，其速度和效率是传统方式所无法比拟的。采购前的信息交流主要是电子商务企业对供应商的产品价格和质量进行了解。因此，价格在很大程度上决定着采购决策。

**2. 供需双方的磋商**

在网络环境下，传统采购磋商的单据交换可演变为记录、文件或报告在网络中的传输过程。各种网络工具和专用数据交换协议自动地保证了网络传递的准确性和安全可靠性。电子商务企业一旦选择了合适的能保证最佳产品质量、最合理价格、最优质服务的供应商，就可以在网上与其进行磋商、谈判。各种商贸单据、文件（如价目表、报价表、询盘、发盘、订单、订购单应答、订购单变更要求、运输说明、发货通知、付款通知、发票等）在网络交易中都变成了标准的报文形式，减少了漏洞和失误，规范了整个采购过程。

**3. 合同的制订与执行**

磋商过程完成之后，需要以法律文书的形式将磋商的结果确定下来，以监督合同的履行，因此双方必须以书面形式签订采购合同。这样一方面可杜绝采购过程中的不规范行为，另一方面也可避免因无效合同引起的经济纠纷。因为网络协议和网络商务信息工具能够保证所有采购磋商文件的准确性和安全可靠性，所以双方都可以通过磋商文件来约束采购行为和执行磋商的结果。

**4. 支付与清算过程**

采购完成以后，货物入库，电子商务企业要与供应商进行支付与结算活动。

电子商务企业支付供应商采购价款的方式目前主要有两大类：一类是电子货币类，包括电子现金、电子钱包和电子信用卡等；另一类是电子支票类，如电子支票、电子汇款、电子划款等。前者主要用于企业与供应商之间的小额支付，比较简单；后者主要用于企业与供应商之间的大宗资金结算，比较复杂。

## 四、电子商务采购的实施步骤

**1. 进行采购分析与策划**

电子商务企业要对现有采购流程进行优化，制定出适宜网上交易的标准和采购流程。

**2. 建立网站**

就是构建电子商务采购的基础平台，要按照采购标准流程来组织页面。可以通过虚拟主机、主机托管、自建主机等方式来建立网站，特别是加入一些有实力的采购网站，通过它们的专业服务，可享受到非常丰富的供求信息，达到事半功倍的作用。

**3. 通过互联网发布招标采购信息**

即电子商务企业发布招标书或招标公告，详细说明对物料的要求，包括质量、数量、时间、地点等，对供应商的资质要求等。也可以通过搜索引擎寻找供应商，主动向他们发送电子邮件，对所购物料进行询价，广泛收集报价信息。

**4. 供应商登录采购单位网站，进行网上资料填写和报价**

**5. 对供应商进行初步筛选，收集投标书或进行贸易洽谈**

**6. 网上评标**

由程序按设定的标准进行自动选择或由评标小组进行比较分析，作出选择。

**7. 在网上公布中标单位和价格**

如有必要对供应商进行实地考察后签订采购合同。

**8. 采购实施**

中标单位按采购订单通过运输交付货物，采购单位支付货款，处理有关善后事宜。按照供应链管理思想，供需双方需要进行战略合作，实现信息的共享。采购单位可以通过网络了解供应单位的物料质量及供应情况，供应单位可以随时掌握所供应物料在采购单位中的库存情况及采购单位的生产需求变化，以便及时补货，实现准时化生产和采购。

 小贴士

### 通过第三方平台采购的一般流程

在线注册→浏览产品→选购产品→订购产品→划账→取货/送货→结算→信息反馈

## 五、电子商务采购优势

通过电子商务采购与传统采购方式的对比分析，如表 4 - 1 所示，电子商务采购模式有以下优势。

表 4-1 电子商务采购模式的比较

| | 传统采购方式 | 电子商务采购 |
|---|---|---|
| 1 | 买方准备一份请购单 | 买方准备一份请购单 |
| 2 | 获得批准或授权 | 获得批准或授权 |
| 3 | 输入请购单数据 | 输入请购单数据 |
| 4 | 打印采购订单 | × |
| 5 | 邮寄采购单给卖方 | × |
| 6 | 卖方接收采购订单 | × |
| 7 | 进行订货登记 | × |
| 8 | 卖方打印装箱单或订单 | 卖方打印装箱单或订单 |
| 9 | 货物装运给买方 | 货物装运给买方 |
| 10 | 填制发票记应收账 | × |
| 11 | 将发票寄给买方 | × |
| 12 | 买方收到货物 | 买方收到货物 |
| 13 | 收到发票 | × |
| 14 | 登记所收货物存货科目 | 登记所收货物存货科目 |
| 15 | 将发票输入应付款系统 | × |

 小贴士

### 传统采购方式存在的问题

◆低效率的商品选择过程

◆费时的手工订货操作

◆不规则的采购，容易产生腐败现象

◆昂贵的存货成本和采购成本

◆冗长的采购周期

◆复杂的采购管理

◆难以实现采购的战略性管理

1. 有利于扩大供应商范围，提高采购效率，降低采购成本，产生规模效益

由于电子商务面对的是全球市场，可以突破传统采购模式的局限，从货比三家到货比多家，在比质比价的基础上找到满意的供应商，大幅度地降低采购成本。由于不需要经受

出差等劳顿之苦，可以大大降低采购费用，通过网站信息的共享，可以节省纸张，实现无纸化办公，大大提高采购效率。

2. 有利于提高采购的透明度，实现采购过程的公开、公平、公正，杜绝采购过程中的腐败

由于电子商务是一种不谋面的交易，通过将采购信息在网站公开，采购流程公开，避免交易双方有关人员的私下接触，由计算机根据设定标准自动完成供应商的选择工作，有利于实现实时监控，避免采购过程中的黑洞，使采购更透明、更规范。

3. 有利于实现采购业务程序标准化

电子商务采购是在对业务流程进行优化的基础上进行的，必须按软件规定的标准流程进行，可以规范采购行为，规范采购市场，有利于建立一种比较良好的经济环境和社会环境，大大减少采购过程的随意性。

4. 有利于满足企业即时化生产和柔性化制造的需要，缩短采购周期，使生产企业由"为库存而采购"转变为"为订单而采购"

为了满足不断变化的市场需求，企业必须具有针对市场变化的快速反应能力，通过电子商务网站可以快速收集客户订单信息，然后进行生产计划安排，接着根据生产需求进行物资采购或及时补货，及时响应客户需求，降低库存，提高物流速度和库存周转率。

5. 有利于实现采购管理向供应链管理的转变

由于现代企业的竞争不再是单个企业之间的竞争，而是供应链与供应链之间的竞争，因此要求供需双方建立起长期的、互利的、信息共享的合作关系，而电子商务采购模式可以使参与采购的供需双方进入供应链，从以往的"输赢关系"变为"双赢关系"。采购方可以及时将数量、质量、服务、交货期等信息通过商务网站或 EDI 方式传送给供应方，并根据生产需求及时调整采购计划，使供方严格按要求提供产品与服务，实现准时化采购和生产，降低整个供应链的总成本。

6. 有利于实现本地化采购向全球化采购的转变

由于世界经济的一体化，全球化采购成为企业降低成本的一种必然选择，其基本模式就是通过电子商务进行采购。1999 年以来，跨国公司陆续把发展物资采购电子商务工作列入了企业发展战略目标。英美联合石油、埃克森美孚等 14 家国际石油公司联合组建了一个全球性的电子商务采购平台，以消除在物资采购、供应链管理低效率的影响。通用、福特、戴姆勒—克莱斯勒三家汽车公司建立了全球最大的汽车专用采购平台，其每年的采购金额高达 2500 亿美元。国内石油化工行业的中石油、中石化、中海油，钢铁行业中的宝钢等企业都在实施网上采购，并取得了明显的经济效益。目前，通过电子商务建立全球采购系统，联结国内外两个资源市场，已成为标准化的商业行为。

7. 有利于信息的沟通

促进采购管理定量化、科学化，为决策提供更多、更准确、更及时的信息，使决策依据更充分。

**任务实施**

## 一、实施目的

1. 清晰描述电子商务采购的流程和实施步骤。

2. 通过小组成员分工协作，增强合作意识，培养团队精神。

3. 通过探究式学习，培养自主学习习惯，养成探究意识。

## 二、实施内容

1. 理解电子商务采购的概念和特点。

2. 明晰电子商务采购的方式。

3. 分析电子商务采购的优势。

4. 解读电子商务采购的流程和实施步骤。

## 三、实施地点和工具

1. 配有 Internet 的多媒体教室或实训室。

2. 备有计算机、投影仪、笔及白纸。

## 四、实施步骤

1. 学生按三人一组，自选组长，并以小组为单位开展活动。

2. 以框图的形式勾画电子商务采购的流程和实施步骤。

3. 编制实施报告，并制作成 PPT。

4. 各组派代表上台演示演讲。

5. 各组派一名代表对其他各组的实施报告打分。

6. 教师点评，评定等级。

## 五、实训指导

1. 讲解电子商务采购的概念、特点。

2. 描述电子商务采购方式的不同分类。

3. 分析电子商务采购的优势。

4. 解读电子商务采购的流程和实施步骤。

5. 指导学生分组、制作 PPT 及演讲。

## 六、实施时间

本项任务实施时间需要 4 学时。

## 七、评价标准（如表4－2所示）

表 4－2                                   实施方案评价标准

| 评价等级 | 评价标准 |
| --- | --- |
| 优秀 | 能在规定时间内独立编撰实施方案报告，且方案要素完整；逻辑严密，分析透彻；小组成员有严密的分工协作，且讲解通俗易懂或运用流畅 |
| 良好 | 能在规定时间内独立编撰实施方案报告，且方案要素完整；小组成员有分工协作 |
| 合格 | 能在教师帮助下完成实施方案报告 |
| 不合格 | 没能完成实施方案报告 |

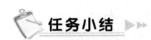 任务小结 ▶▶▶

通过本任务的实战体验和相关知识解读，学生理解了电子商务采购的概念和特点，分析了电子商务采购的优势，深度解读了电子商务采购的流程和实施步骤。

## 【课后训练】

一、单项选择题

1. 按利用计算机网络的程度分类，电子商务采购分为（    ）。

A. 完全网上采购与网上和网下相结合采购

B. 自己网上采购和代理网上采购

C. 网上查询采购和网上招标采购

D. 传统采购和现代采购

2. 网上查询采购流程（    ）。

A. 确定需求→上网→查询供应商→查询商品→调查供应商→与选定的供应商接洽，进行采购谈判→签订合同→采购实施

B. 上网→确定需求→查询供应商→查询商品→调查供应商→与选定的供应商接洽，进行采购谈判→签订合同→采购实施

C. 确定需求→上网→查询商品→查询供应商→调查供应商→与选定的供应商接洽，进行采购谈判→采购实施→签订合同

D. 确定需求→上网→查询供应商→调查供应商→查询商品→与选定的供应商接洽，进行采购谈判→签订合同→采购实施

3. 网上采购程序主要包括（    ）。

A. 采购中供需双方的磋商、采购前准备工作、合同制定与执行、交付与清算等环节

B. 采购前准备工作、合同制定与执行、采购中供需双方的磋商、交付与清算等环节

C. 采购前准备工作、采购中供需双方的磋商、合同制定与执行、交付与清算等环节

D. 采购前准备工作、采购中供需双方的磋商、交付与清算等环节、合同制定与执行

二、多项选择题

1. 电子商务采购的特点包括（　　）。

A. 公开性　　　　　B. 广泛性　　　　　C. 低成本

D. 交互性　　　　　E. 高速度

2. 电子商务采购的优势（　　）。

A. 有利于扩大供应商范围，提高采购效率，降低采购成本，产生规模效益

B. 有利于提高采购透明度，实现采购过程公开、公平、公正，杜绝采购过程中的腐败

C. 有利于满足企业即时化生产和柔性化制造的需要，缩短采购周期，使生产企业由"为库存而采购"转变为"为订单而采购"

D. 有利于实现采购业务程序标准化

E. 有利于实现采购管理向供应链管理的转变

3. 电子商务企业发布招标书或招标公告，详细说明对物料的要求，包括（　　）等，对供应商的资质要求等。

A. 质量　　　　　B. 数量　　　　　C. 方式

D. 时间　　　　　E. 地点

三、判断题

1. 一般而言，质量在很大程度上决定着网上采购的决策。（　　）

2. 代理网上采购就是利用别人的网站平台进行电子商务采购。（　　）

3. 电子商务采购实施就是中标单位按采购订单通过运输交付货物，采购单位支付货款，处理有关善后事宜。（　　）

四、简答题

1. 什么是电子商务采购？它有何特点？

2. 简述电子商务采购的流程。

3. 简述电子商务采购实施的步骤。

五、案例分析题

## 中国石化：电子商务采购优势大显

物资采购电子商务网的建设与发展，是中国石化以信息化带动工业化，利用网络信息技术改造和提升传统产业取得的重大成果，标志着中国石化彻底告别了传统的物资采购模式，全面进入网络化采购新时代。

与传统采购模式相比，电子商务具有无可比拟的优越性。在统一的平台上，按统一流程，在统一供应商网络内实施采购业务，使中石化物资采购工作发生了脱胎换骨式的变化。

第一，借助电子商务，中石化传统采购模式实现了重大变革。中石化生产建设所需

90％以上物资实现了网上采购，信息封闭、资源割裂已成为历史，中石化迈进了电子化采购时代。

第二，借助电子商务，中石化显著规范了采购业务。对需求计划、采购询价、供应商报价、确定供应商、确定价格等传统采购业务进行改造，实现了采购流程的统一。将订单提报、询价方案、询价书、报价书、采购方案、合同等采购关键环节固化在系统中，实现了采购过程的公开。物资需求、询报价、审批息、合同等信息保存在系统中，各级经过授权的管理人员可随时调阅、查询、分析，实现了采购数据的永久追溯。

第三，借助电子商务，中石化显著降低了成本和费用。统一规范采购业务流程、严格界定供应商范围、总部发布采购指导价格都镶嵌在电子商务系统中，发挥了中石化统一对外优势，采购价格明显下降。利用互联网传递采购需求、发询价、收报价极大地节省了出差、开会、发传真、打电话的费用。8年累计节约采购资金228亿元，网上采购节约资金率为3.7％。

第四，借助电子商务，中石化实现了采购信息快速传递和广泛共享。总部与企业之间、企业与企业之间、总部和企业与供应商之间可按权限范围查阅相关采购业务操作进展情况、合同执行情况、供应商业绩考评等信息。八年来网上积累的大量采购需求、价格、供应商供货时间、质量等近200万条历史信息，既可分类查阅也可在采购过程中由系统自动提示，极大地改变了中石化各企业间采购信息相互封闭的状况，实现了采购信息的广泛共享。

第五，借助电子商务，中石化极大提高了工作效率。采购业务上网，鼠标点击之间完成业务操作，采购信息瞬间传递到企业和国内外供应商，采购时间从过去的1～2周缩短到现在2～3天，甚至几个小时，工作效率显著提高。

问题分析：

1. 中国石化电子商务采购与传统采购模式相比，有哪些优越性？
2. 中国石化电子商务采购有何特点？

# 任务二　电子商务环境下库存管理的解读

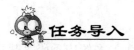

任务导入

兵法有云，"兵马未动，粮草先行"，中国的B2C企业经过2007—2008年的"融资热"后，2009—2010年开始了"仓储热"。电子商务对仓储物流的依赖度非常高，仓储的能力和水平已成为电子商务发展的重要瓶颈。

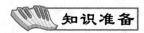

## 一、电子商务仓储内涵

"仓"即仓库，为存放、保管、储存物品的建筑物和场地的总称，可以是房屋建筑、洞穴、大型容器或特定的场地等，具有存放和保护物品的功能。

"储"即储存、储备，表示收存以备使用，具有收存、保管、交付使用之意。

仓储就是指通过仓库对商品与物品的储存与保管。

仓储是集中反映企业货物状况的综合场所，是连接生产、供应、销售的中转站，对促进生产、提高效率起着重要的辅助作用。

仓储是产品生产、流通过程中因订单前置或市场预测前置而使产品、物品暂时存放。它是集中反映供应商、制造商、零售商物资活动状况的综合场所。

围绕着仓储实体活动，要填写单证，记账、立卡和建档，保证账、卡、物相符，因此仓储是物流、信息流、单证流的合一。

## 二、电子商务仓库作业流程

（一）入库作业

1. 运输交接

与运输公司进行货品交接，对途损事故进行处理。

2. 包装整理

3. 质量检查

4. 数量检查

5. 条码管理

条码存在问题的，重新打印粘贴条码；新入库的 SKU（库存单元）系统内条码等基础数据输入。

6. 扫描入库系统操作

（二）上架存储作业

1. 货位与 SKU 的匹配绑定，系统自动识别

2. 提供灵活的批次管理

3. 系统可支持多货主管理

4. 货品属性分区管理

5. 存储策略

根据货品流量差异，设定不同存储设备和存储方式。

6. 货位优化策略

根据货量 ABC 分布，合理布局货品存储位置，以便于物流流动线最优。

7. 对货量大的货品设置存储货位

**（三）拣选作业**

**1. 批次拣选计划**

（1）根据时间段、货量释放批次。

（2）根据运输线路释放批次。

（3）根据拣选区域释放批次。

（4）根据货品属性释放批次。

**2. 拣选策略**

（1）摘果式拣选。它就像在果园中摘果子那样去分拣货物。具体做法就是作业人员拉着集货箱（分拣箱）在排列整齐的仓库货架间巡回走动，按照配送单上所列的品种、规格、数量等将客户所需要的货物拣出及装入集货箱内。

（2）播种式拣选。它类似于田野中的播种操作。具体做法就是将数量较多的同种货物集中运到发货场，然后根据每个货位货物的发送量分别取出货物，并分别投放到每个代表客户的货位上，直至配货完毕。

（3）交叉式拣选。

**3. 人力资源管理**

**4. 拣选方式**

（1）RF 作业。

（2）表单作业。

（3）条码作业。

**（四）质检包装作业**

**1. 质检复核**

系统根据物料码（Item）和产品序列号（S/N 码）判断实物是否匹配，系统化操作可大幅度降低出库错误，降低盘差金额。

**2. 面单**

根据系统订单内容，自动打印面单。

**3. 包装**

（1）多规格纸箱选择。

（2）标准包装。

（3）专用封条箱标贴。

（五）出库作业

1. 订单整合和集货

2. 按运输线路分类

3. 系统出库操作

4. 配送交接

5. 承运商网络管理

6. 运价管理

## 三、电子商务库存管理内涵

### （一）电子商务库存的分类

1. 原材料库存

原材料库存是指从市场上采购回来准备用于生产，但是还没有用到生产上的物资。

2. 在制品库存

在制品库存是指在生产过程各个工序之间的临时储存的工件、物料等，上个工序加工完了，应该到下一个工序，但是下一个工序还没有空出来，不能进入下一个工序进行加工，必须存到仓库或工位旁。

3. 产成品库存

产成品库存是指产品加工完成后暂存于仓库还未进入市场的库存。

4. 流通库存

流通企业里暂时处于等待销售状态的物资，就是流通企业的库存，或叫流通库存。

5. 周转库存

在生产企业和流通企业中为准备生产和销售而有意地暂时存放的库存，都叫周转库存。

6. 安全库存

为了应付一些不确定性情况而有意识储备的库存。

### （二）电子商务库存管理的含义和目标

1. 库存管理的含义

就是在保障供应的前提下，以库存物品数量最少和周转最快为目标所进行的计划、组织、协调与控制。

2. 库存管理的基本目标

即在一定库存水平的基础上，追求客户服务水平的最佳化；或在一定客户服务标准下，追求库存水平的最小化。

## 四、电子商务库存管理的方法

### （一）ABC库存分类管理法

1. ABC库存分类管理法含义

ABC库存分类法就是在库存管理中将库存品按价值大小和品种多少把商品分为A、

B、C 三类，实行分级管理与控制。

2. 分类及控制方式

ABC 库存分类法就是根据库存品的年耗用金额的大小，把库存品划分为 A、B、C 三类。

（1）A 类库存品：其年耗用资金占总库存金额的 75%～80%，品种数占总库存品种数的 15%～20%；

（2）C 类库存品：其年耗用资金占总库存金额的 5%～10%，品种数占总库存品种数的 60%～65%；

（3）B 类库存品：介于 A 类和 C 类之间，其年耗用资金占总库存金额的 10%～15%，品种数占总库存品种数的 20%～25%。

3. ABC 库存分类法的实施步骤

（1）收集数据。收集的主要数据包括库存品的年需求量、单价及重要度信息。

（2）处理数据。利用收集到库存品年需求量、单价，计算出各种库存品的年耗用金额。

（3）编制 ABC 分析表。把库存品按年耗用金额从大到小进行排列，并计算出成本累计百分比，按 ABC 分类法原理对库存品进行分类。

（4）绘制 ABC 分析图。把已分类的库存品，在曲线图上表现出来。

 案例分析

## 某电子商务企业库存 ABC 分类实例

某电子商务企业拥有 10 项库存品，各库存品的年需求量、单价如表 4-3 所示。为了加强库存品管理，企业计划采用 ABC 库存管理法。假如企业决定按 20% 的 A 类物品，30% 的 B 类物品，50% 的 C 类物品来建立 ABC 库存分析系统。请问电子商务企业应如何进行 ABC 分类？

表 4-3                      某电子商务企业库存需求情况

| 库存品代号 | 年需求量（件） | 单价（元） |
| --- | --- | --- |
| a | 40000 | 5 |
| b | 190000 | 8 |
| c | 4000 | 7 |
| d | 100000 | 4 |
| e | 2000 | 9 |
| f | 250000 | 5 |

| 库存品代号 | 年需求量（件） | 单价（元） |
|:---:|:---:|:---:|
| g | 15000 | 6 |
| h | 80000 | 4 |
| i | 10000 | 5 |
| j | 5000 | 7 |

解：第一步，计算出各种库存品的年耗用金额，并按从大到小排序。计算数据如表4－4所示。

表4－4　　　　　　　　　某电子商务企业库存耗用情况

| 库存品代号 | 年耗用金额（元） | 次序 |
|:---:|:---:|:---:|
| a | 200000 | 5 |
| b | 1520000 | 1 |
| c | 28000 | 9 |
| d | 400000 | 3 |
| e | 18000 | 10 |
| f | 1250000 | 2 |
| g | 90000 | 6 |
| h | 320000 | 4 |
| i | 50000 | 7 |
| j | 35000 | 8 |

第二步，计算出各库存品的累计耗用金额和累计百分比，如表4－5所示。

表4－5　　　　　　　　库存品的累计耗用金额和累计百分比

| 库存品代号 | 年耗用金额（元） | 累计耗用金额（元） | 累计百分比（%） | 分类 |
|:---:|:---:|:---:|:---:|:---:|
| b | 1520000 | 1520000 | 38.9 | A |
| f | 1250000 | 2770000 | 70.8 | A |
| d | 400000 | 3170000 | 81.1 | B |
| h | 320000 | 3490000 | 89.2 | B |
| a | 200000 | 3690000 | 94.3 | B |
| g | 90000 | 3780000 | 96.6 | C |

| 库存品代号 | 年耗用金额（元） | 累计耗用金额（元） | 累计百分比（％） | 分类 |
|---|---|---|---|---|
| i | 50000 | 3830000 | 97.9 | C |
| j | 35000 | 3865000 | 98.8 | C |
| c | 28000 | 3893000 | 99.5 | C |
| e | 18000 | 3911000 | 100.0 | C |

第三步，按规定，把库存品划分为 A、B、C 三类，如表 4-6 所示。

**表 4-6　　　　　　　　　　　　　库存商品分类**

| 分类 | 每类金额（元） | 库存品数百分比（％） | 耗用金额百分比（％） | 累计耗用金额百分比（％） |
|---|---|---|---|---|
| A=b，f | 2770000 | 20 | 70.8 | 70.8 |
| B=d，h，a | 920000 | 30 | 23.5 | 94.3 |
| C=g，i，j，c，e | 221000 | 50 | 5.7 | 100.0 |

第四步，绘制 ABC 库存分析图，如图 4-1 所示。

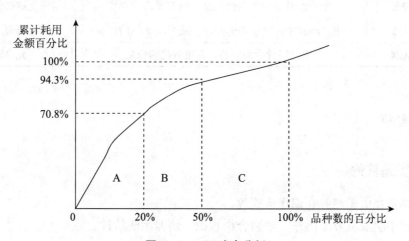

**图 4-1　ABC 库存分析**

4. ABC 库存品分类管理

（1）A 类库存品。品种少，价值大，管理的要点是重点管理并压缩库存到最低水平，其管理原则：保持完整的库存记录，严格控制库存水平，防止缺货；根据过去的资料，进行需求预测，以决定订单发出的时机；对交货期严格控制，以缩短前置时间；使需求的变动减少，降低安全存量；增加交货次数，采取分批交货的方式；增加循环盘点次数，以提高库存精确度；物品放置于容易出入库之处。

（2）B类库存品。管理程度介于A类和C类之间，管理的要点是调节库存水平，定期检查库存，订货方式是以经济批量定量订货，通常做法是将若干物品合并一起订购。

（3）C类库存品。品种多，价值小，管理的要点是集中大量订货，以较高库存来减少订货费用，粗放管理，一年或6个月订货一次。大量订购以取得数量折扣，并简化采购程序；采用定期盘点方式，尽量简化库存管理程序；同一地方放置多种类的商品。

（二）关键因素分析法

1. 关键因素分析法的含义

关键因素分析法，又称库存管理法（Critical Value Analysis，CVA）作为ABC分类管理法的重要补充，主要由于ABC分类法中C类货物得不到足够的重视，往往因C类货物短缺而导致生产停工，因此引入此法。关键因素分析法是将货物分为最高优先级、较高优先级、中等优先级、较低优先级四个等级，对不同等级的货物采取不同的管理策略。

2. 库存种类及管理策略

关键因素分析法中各类库存的特点及管理策略如表4-7所示。

表4-7　　　　　　　　库存类型、特点及管理策略

| 库存类型 | 特点 | 管理策略 |
| --- | --- | --- |
| 最高优先级 | 经营管理中的关键物品，或A类重点客户的存货 | 不允许缺货 |
| 较高优先级 | 生产经营中的基础性物品，或B类客户存货 | 允许偶尔缺货 |
| 中等优先级 | 生产经营中比较重要的物品，或C类客户的存货 | 允许合理范围内缺货 |
| 较低优先级 | 生产经营中需要的，但可替代的物品 | 允许缺货 |

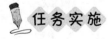任务实施

## 一、实施目的

1. 清晰描述电子商务仓库作业流程。
2. 通过小组成员分工协作，增强合作意识，培养团队精神。
3. 通过探究式学习，培养自主学习习惯，养成探究意识。

## 二、实施内容

1. 理解仓储的内涵。
2. 明晰电子商务库存的分类。
3. 了解电子商务库存管理的含义和目标。
4. 解读电子商务仓库作业流程。

5. 解析 ABC 库存分类管理法和关键因素分析法的内涵和应用。

## 三、实施地点和工具

1. 配有 Internet 的多媒体教室或实训室。
2. 备有计算机、投影仪、笔及白纸。

## 四、实施步骤

1. 学生按三人一组，自选组长，并以小组为单位开展活动。
2. 以框图的形式勾画电子商务仓库作业流程。
3. 编制实施报告，并制作成 PPT。
4. 各组派代表上台演示演讲。
5. 各组派一名代表对其他各组的实施报告打分。
6. 教师点评，评定等级。

## 五、实训指导

1. 讲解仓储的内涵。
2. 描述电子商务库存的分类。
3. 介绍电子商务库存管理的含义和目标。
4. 解读电子商务仓库作业流程。
5. 讲解 ABC 库存分类管理法和关键因素分析法。
6. 指导学生分组、制作 PPT 及演讲。

## 六、实施时间

本项任务实施时间需要 4 学时。

## 七、评价标准（如表 4-8 所示）

表 4-8　　　　　　　　　　实施方案评价标准

| 评价等级 | 评价标准 |
| --- | --- |
| 优秀 | 能在规定时间内独立编撰实施方案报告，且方案要素完整；流程描述准确，环节到位，小组成员有严密的分工协作，且讲解通俗易懂或运用流畅 |
| 良好 | 能在规定时间内独立编撰实施方案报告，且方案要素完整；流程描述基本准确；小组成员有分工协作 |
| 合格 | 能在教师帮助下完成实施方案报告 |
| 不合格 | 没能完成实施方案报告 |

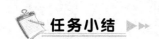 **任务小结** ▶▶▶

通过本任务的实战体验和相关知识解读，学生理解了电子商务仓储的内涵，分析了电子商务库存的分类、库存管理的含义和目标，深度解读了电子商务仓库作业流程，全面解析 ABC 库存分类管理法和关键因素分析法的内涵和应用。

## 【课后训练】

**一、单项选择题**

1. 从市场上采购回来准备用于生产，但是还没有用到生产上的物资，即（　　）。

A. 在制品库存　　　B. 原材料库存　　　C. 流通库存　　　D. 周转库存

2. 为了应付一些不确定性情况而有意识储备的库存，即（　　）。

A. 周转库存　　　B. 安全库存　　　C. 原材料库存　　　D. 流通库存

3. 管理的要点是重点管理并压缩库存到最低水平，即（　　）。

A. C 类库存品　　　　　　　　　　B. A 类库存品

C. B 类库存品　　　　　　　　　　D. A 类、B 类库存品

**二、多项选择题**

1. 围绕着仓储实体活动，要填写（　　），保证账、卡、物相符。

A. 单证　　　　　B. 记账　　　　　C. 立卡

D. 上网　　　　　E. 建档

2. 入库作业主要包括（　　）等环节。

A. 运输交接　　　B. 包装整理　　　C. 质量和数量检查

D. 条码管理　　　E. 扫描入库系统操作

3. 库存管理的基本目标（　　）。

A. 在一定库存水平的基础上，追求客户服务水平的最佳化

B. 在一定客户服务标准下，追求库存水平的最小化

C. 保证库存产品质量

D. 保证库存产品安全

E. 保证库存产品质量和数量完整

**三、判断题**

1. 年耗用资金占总库存金额的 10％～15％，品种数占总库存品种数的 20％～25％，即 A 类库存品。（　　）

2. 播种式拣选就是将数量较多的同种货物集中运到发货场，然后根据每个货位货物的发送量分别取出货物，并分别投放到每个代表客户的货位上，直至配货完毕。（　　）

3. 运用关键因素分析法，生产经营中需要的，但可替代的物品，不允许缺货。（　　）

**四、简答题**

1. 什么是仓储？它有何作用？

2. 简述电子商务仓库作业的流程。

3. 什么是 ABC 库存分类法？其分类标准是怎样的？实施步骤如何？

五、案例分析题

## B2C 巨头自建物流仓储加强服务

乐淘物流总监徐梦周：B2C 企业仓储物流就像水桶的最短板，决定着整个水桶的体积。降低配送成本，是众多电子商务大佬自建仓储中心的原因之一。

当当网联合总裁俞渝：物流网络所要支撑的供应链架构纷繁而复杂，因此打造一个基于物联网技术的智慧型供应链基础设施就显得尤为必要。

乐淘物流总监徐梦周对第三方物流的糟糕服务深有体会：由于配送流程不规范，第三方物流无法保证送货的准确时间；因为害怕纠纷，第三方物流也不愿意为购物网站提供特殊服务，比如让客户开包检查再签收或携带刷卡机去收款；即使提供代收款，代收款的返还也很慢，整个回款过程往往需要 5～7 天。

为了解决以上的难题，各 B2C 巨鳄都开始纷纷在各枢纽地区建设仓储，并发展自己的物流系统。2009 年获得第二轮千万美元风险投资的乐淘网宣布，在两个月内，已分别在北京、上海、广州、沈阳、武汉等地建立了仓储基地，使公司旗下的仓储面积较去年增长了 5 倍，其中北京、上海、广州仓库已正式投入运转。

对仓储物流的热衷，乐淘网并非个案。6 月 18 日，淘宝网宣布实施淘宝大物流计划，推出了面向 B2C 全行业开放的物流信息平台，其"淘宝大仓"已在上海、广州、成都、北京等地投入运营。早在 2009 年 4 月，阿里巴巴集团宣布战略投资国内最大的物流公司之一的星晨急便速递有限公司，目前已经在全国范围内建立了 32 个运转中心、50 多个中转站和分拨中心，网点数量达 1500 余个。淘宝网首席财务官张勇透露，此举最终将使物流成本降低 20％以上。

此前一直坚持不建设自有物流的当当网，2008 年以来也在仓储物流方面频频出手，从 2009 年起，当当网就在北京、上海、广州、成都、武汉、郑州拥有总面积达 16 万平方米的 6 大仓储配送中心。2010 年，当当网正式与无锡新区签署投资协议，当当网华东地区总部将落户无锡高新区，整个项目计划用地达 160 亩，建设总面积逾 8 万平方米的物流中心。

而一直强调"仓库决胜"的京东商城，在 5 月底宣布将于 2011 年在上海建成国际化超大型仓储中心。此外，还将陆续在北京、成都兴建单体面积超过 10 万平方米的超大型现代化物流中心，随着一系列计划的公布，京东预计未来三年投入 20 亿～30 亿元到物流建设方面。

业内人士指出，只有快速、高效的配送速度，才能将"用户体验"的满意度，由线上延伸到线下。乐淘网 CEO 毕胜说，"在这个用户为王的时代，我们所有的资金都将用于改善用户体验。乐淘是卖鞋的，改善用户体验，说起来很复杂，从软件系统到人员配备，再到仓储物流等，但其实可以用一句话归纳，就是如何把鞋更快、更好地送到客户手中。"

问题分析：

1. 乐淘网是如何改善客户体验的？

2. 国内 B2C 电子商务企业为什么自建仓储？

# 任务三　电子商务环境下库存管理系统的应用

电子商务企业必须储存一些商品。当交易发生时销售一部分商品使库存量减少，到一定时间又必须补充库存，否则库存售完无法继续经营。

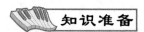

## 一、电子商务库存系统的概念和类型

（一）电子商务库存系统的概念

电子商务库存系统就是以电子商务网络为平台，能进行商品入库、出库操作，对库存信息进行处理、加工、分析、输出、查询的一套运行机制。

（二）电子商务库存系统的类型

1. 根据其需求数量变化分类

（1）确定型库存系统。即当需求数量已知时，则该库存系统即确定型库存系统；确定型库存模型就是假定需求量（即每次补充多少数量）和前置时间（即多长时间补充一次）已知，且需求量和前置时间是固定不变的。

（2）概率型库存系统。即当需求数量未知但知道其概率分布时，则该库存系统即概率型库存系统。概率型库存模型一般假设需求量和前置时间可变，但它们的概率分布已知。

我们仅就确定型库存模型展开探究。

2. 根据其数量、模式和前置时间分类

### 前置时间

前置时间是由订货准备时间、发送订单时间、物品的生产和运输时间、物品的检验和搬运时间组成的。

（1）固定订货数量系统。即订货量不变的库存管理系统。

（2）固定订货间隔时间系统。即订货间隔时间不变的库存管理系统。

3. 根据约束条件不同分类

（1）仓库容量约束的库存系统。

（2）组织资金约束的库存系统。

4. 根据库存总成本的构成分类

（1）购进成本库存系统。

（2）订购成本库存系统。

（3）储存成本库存系统。

（4）缺货成本库存系统。

## 二、电子商务固定订货数量系统

**(一) 基本原理**

1. 电子商务固定订货数量系统的概念

电子商务固定订货数量系统，又称电子商务定量订货制，是以电子商务网络为平台，以数量为基础的库存管理制度。也就是说，在电子商务固定订货数量系统中，每次补充库存的订货数量是固定不变的。

2. 电子商务固定订货数量系统运行模型

电子商务定量订货制即以电子商务网络为平台，当库存量下降到预定的最低库存量（订货量）时，按经济订货批量标准进行订货的一种库存管理方式。电子商务固定订货数量系统运行如图 4-2 所示。

在图 4-2 中，$Q$ 为每次固定订货数量；$B$ 为再订货点，即库存下降到某一点时开始再订货的数量；$L$ 为前置时间，即由订货准备时间、发送订单时间、物品的生产和运输时间、物品的检验时间和搬运时间所组成。

在电子商务固定订货数量系统中，要求经常和连续地检查库存了，当库存量降到 $B$ 点时，发出订货单，补充库存。由于在固定订货数量系统中每次都按固定的经济批量进货，所以每次的订货数量不变，但由于不同时期商品的需求可能不同，库存量降到 $B$ 点的时间可能不同，两次订货之间的间隔时间可能是变化的。固定订货数量系统运作流程如图4-3所示。

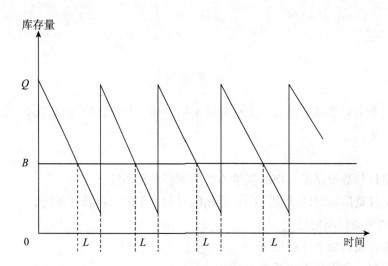

**图4-2　电子商务固定订货数量系统运行示意**

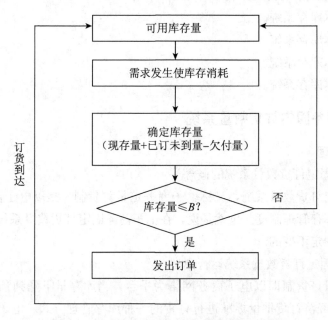

**图4-3　电子商务固定订货数量系统运作流程**

## (二) 不允许缺货

为了降低企业的库存总成本，企业通常按经济批量（$EOQ$）进行了订货。

### 1. 经济订货批量的含义

经济订货批量是使年库存总成本最低的订货量。亦即通过平衡采购进货成本和保管仓储成本核算，以实现总库存成本最低的最佳订货批量。

**2. 库存总成本的构成**

若不允许缺货，库存总成本由三部分组成：

第一，购进成本。包括商品购置成本、运输装卸费用及装运过程商品的损耗等。

第二，订购成本。包括订购手续费、催货跟踪费、收货费。

第三，储存成本。包括仓库保管费、库存品保险费、库存品的损耗费等。

**3. 年库存总成本公式**

年库存总成本＝购进成本＋订购成本＋储存成本

$$TC = R \times P + \frac{R}{Q} \times C + \frac{Q}{2} \times H$$

公式中：$TC$——年库存总成本；

$\qquad R$——年需求量；

$\qquad P$——单位购进成本；

$\qquad C$——每次的订购成本；

$\qquad Q$——每次订货量；

$\qquad H$——单位商品每年的储存成本，$H = P \times F$；

$\qquad F$——年储存成本率。

**4. 图解法**

经济批量（$EOQ$）也可以用图解法求出。库存总成本、购进成本、订购成本、储存成本与订货量之间的关系可用图 4-4 表示。

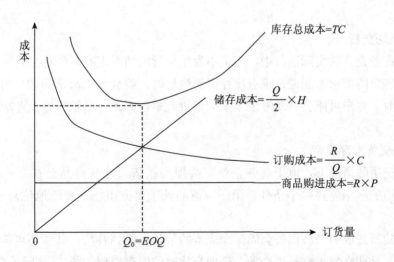

**图 4-4 $EOQ$ 与库存总成本、购进成本、订购成本、储存成本的关系示意**

为了获得年库存总成本最低的订货量，需对上述公式求关于 $Q$ 的一阶导数，并令其等于 0，得如下公式：

经济批量（EOQ）公式：

$$EOQ=\sqrt{\frac{2RC}{H}}=\sqrt{\frac{2RC}{PF}}$$

从经济批量公式可得出结论：经济批量与商品单位购进成本和商品储存成本成反比，与商品订购成本成正比。

求出经济批量后，就可求出年订购次数（$n$）和订货间隔时间（$T$），则有公式：

$$n=\frac{R}{Q}=\sqrt{\frac{HR}{2C}}$$

$$T=\frac{1}{n}=\frac{Q}{R}=\sqrt{\frac{2C}{HR}}$$

### 某电子商务企业经济批量分析

某电子商务企业每年需购进某种商品10000件。已知该商品的单位购进成本为10元，订购成本为18元，储存成本为4元，求经济批量、年库存总成本和年订购次数。

$$解：EOQ=\sqrt{\frac{2RC}{H}}=\sqrt{\frac{2\times10000\times18}{4}}=300（件）$$

$$TC_0=RP+HQ_0=10000\times10+4\times300=101200（元）$$

$$n=R/Q_0=10000/300\approx34（次）$$

(三) 延期交货

在电子商务企业的实际运营中，完全不发生缺货的情况下有时经济上是不合算或不可能的。每当客户的需求不能通过现有库存得到满足时，就会发生缺货问题。当客户经常遇到缺货问题时，客户可能会重新考虑未来的订货政策，因此，电子商务企业应慎重对待缺货问题。

1. 延期交货库存模型

在延期交货的情况下，电子商务企业不会损失销售，这些商品会在下一期交付给客户。这种策略的运用需要两个条件：第一，商品处于卖方市场（垄断地位）；第二，客户有耐性。

延期交货所造成的经济损失会因储存成本的节约而得到补偿，甚至还可能有盈余。在这种情况下，延期交货策略是可行的。延期交货时的库存模型如图4-5所示。

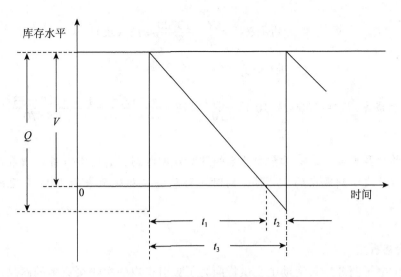

**图 4-5　延期交货时的库存模型示意**

2. 延期交货的公式

在图 4-5 中，$Q$ 表示订货量，$V$ 表示最高库存量，$Q-V$ 表示缺货量。

在延期交货的情况下，库存总成本由四个部分组成：

年库存总成本＝购进成本＋订购成本＋储存成本＋延期交货成本

年库存总成本（$TC$）公式：

$$TC = RP + \frac{R}{Q} \times C + \frac{HV^2}{2Q} + \frac{K(Q-V)^2}{2Q}$$

为了得到最优的 $Q$ 和 $V$ 的值，求 $TC$ 关于 $Q$ 和 $V$ 的偏导数并令其为 0，则有公式：

$$Q = \sqrt{\frac{2RC}{H}} \times \sqrt{\frac{H+K}{K}}$$

$$V = \sqrt{\frac{2RC}{H}} \times \sqrt{\frac{K}{H+K}}$$

## 某电子商务企业延期交货分析

某电子商务企业每年需购进某种商品 10000 件。已知该商品的单位购进成本为 10 元，订购成本为 18 元，储存成本为 4 元，若允许延期交货，并且每单位每年的延期交货成本为 1 元，求经济批量、年库存总成本和年订购次数。

解：经济批量 $Q = \sqrt{\dfrac{2RC}{H}} \times \sqrt{\dfrac{H+K}{K}} = \sqrt{\dfrac{2 \times 10000 \times 18}{4}} \times \sqrt{\dfrac{4+1}{1}} \approx 670$（件）

最高库存量 $V = \sqrt{\dfrac{2RC}{H}} \times \sqrt{\dfrac{K}{H+K}} = \sqrt{\dfrac{2 \times 10000 \times 18}{4}} \times \sqrt{\dfrac{1}{4+1}} \approx 132$（件）

$$年订购次数\ n=\frac{R}{Q}=\frac{10000}{670}\approx15（次）$$

$$TC=RP+\frac{R}{Q}\times C+\frac{HV^2}{2Q}+\frac{K\ (Q-V)^2}{2Q}$$

年库存总成本 $TC=10000\times10+\dfrac{10000}{670}\times18+\dfrac{4\times132^2}{2\times670}+\dfrac{1\times\ (670-132)^2}{2\times670}=100538$（元）

从上面的计算可知，经济批量由原来的 300 件增加到现在的 670 件，但最高库存量却由原来的 300 件减少到现在的 132 件，同时库存总成本却从原来的 101200 元降低到现在的 100538 元。

#### （四）价格折扣

在商品的电子商务交易活动中，供货商为了吸引客户一次购买更多的商品，往往规定对于购买数量达到或超过某一数量标准时给予价格上的优惠，这个事先规定的数量标准称为折扣点。

当电子商务企业的订购量超过折扣点时，折扣将自动获得。但若企业的订购量没有达到折扣点，企业就需要决策，决定是否增加订购量以此获得折扣。因为增加订购量的优点是可享受较低的价格，减少了企业的购进成本，由于订货量增大订次数也将减少，但订货量的增加会提高库存水平，增加储存成本。在此种情况下，企业目标仍是求得总库存成本最低的订货量。

#### 1. 价格折扣情况下的库存模型

如图 4-6 所示。从图中可以发现在价格折扣情况下各项成本与总库存总成本的变化。在存在价格折扣时，各项成本是不连续的，尽管目标函数仍是极小库存总成本，但由于总成本曲线是不连续的，最小总成本无法通过求导得到。

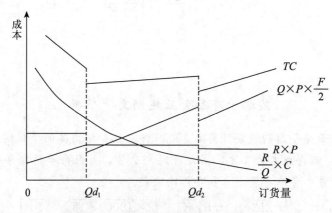

**图 4-6　价格折扣情况下的库存模型**

在价格折扣的情况下，最低库存总成本的订货量有三种可能：

第一，订货量大于折扣点。可以获得折扣，是一新的订货量；

第二，订货量等于折扣点。可以获得折扣，是最理想的情况；

第三，订货量小于折扣点。不能获得折扣，还是原来的订货量。

2. 计算步骤

在存在价格折扣的情况下，通常采用以下步骤确定最小库存总成本的订货量。

第一步，计算以不同价格折扣点的数量进行订货的年库存总成本。

第二步，按不同价格分别计算经济批量，并计算以每一有效经济批量订货的年库存总成本。有效经济批量指大于相应价格起点的经济批量，对于最高单价（即无折扣的情况），起点数量为零。

第三步，比较以上计算出的各项年库存总成本，选取年库存总成本最小的订货量。

 案例分析

### 某电子商务企业年库存总成本分析

某电子商务企业每年购进某种商品10000件，供应商规定的价格是400件以下每件10元；400件或则400件以上每件9元。若订购成本为18元，储存成本率40%，求经济订货量。

解：第一步，计算以价格折扣点400件订货的年库存总成本：

$$TC_1 = RP + \frac{R}{Q} \times C + \frac{Q}{2} \times P \times F$$

$$= 10000 \times 9 + \frac{10000}{400} \times 18 + \frac{400}{2} \times 9 \times 0.4 = 91170 \text{（元）}$$

第二步，分别计算单价10元和9元的经济批量：

$$Q_1 = \sqrt{\frac{2RC}{P_1 F}} = \sqrt{\frac{2 \times 10000 \times 18}{10 \times 0.4}} = 300 \text{（件）}$$

$$Q_2 = \sqrt{\frac{2RC}{P_2 F}} = \sqrt{\frac{2 \times 10000 \times 18}{9 \times 0.4}} \approx 316 \text{（件）}$$

由于在400件以下不存在9元的价格，只能按10元计算，而$Q_1$订货的年库存总成本：

$$TC_2 = 10000 \times 10 + 10 \times 0.4 \times 300 = 101200 \text{（元）}。$$

最后，比较各项总库存成本，可知最低库存总成本订货量为400件。

## 三、电子商务固定订货间隔时间系统

### (一) 基本原理

1. 电子商务固定订货间隔时间系统概念

电子商务固定订货间隔时间系统，又称电子商务定期订货制，即以电子商务网络为平台，以时间为基础的库存量管理制度。或是指以固定的订货间隔时间和最高库存量为基础

的库存管理系统。

#### 2. 电子商务固定订货间隔时间系统模型

在电子商务固定订货间隔时间系统中，没有固定的再订货点，每次订货的数量也不相同。而是按固定的订货周期，定期检查库存，以每次实际盘存的库存量与预定的最高库存量之差，作为每次的订货量。因此，固定订货间隔时间系统的两个重要参数是检查周期和最高库存量。电子商务固定订货间隔时间系统的运行原理如图 4 - 7 所示。

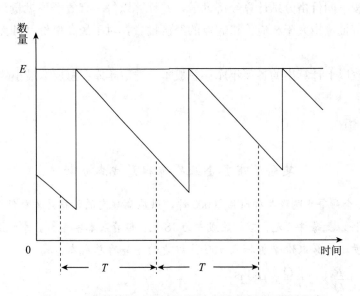

**图 4 - 7  电子商务固定订货间隔时间系统运行模型示意**

在图 4 - 7 中，$T$ 为检查周期，$E$ 为最高库存量。每经过 $T$ 时间检查库存，发出订货，订货量为：

$$Q = 最高库存量 - 现有库存量$$

固定订货间隔时间系统运作流程如图 4 - 8 所示。

(二) 单独订货

1. 单项商品经济订货间隔时间的确定

确定电子商务固定订货间隔时间系统的两参数是固定检查周期和最高库存量。经济订货间隔时间（$EOI$）是使年库存总成本最小的订货间隔期。

2. 单独订货的公式

假如不允许缺货，则年库存总成本公式：

$$年库存总成本（TC）= 购进成本 + 订购成本 + 储存成本$$

$$TC = RP + mC = \frac{RPF}{2m} = RP + \frac{C}{T} + \frac{RTPF}{2}$$

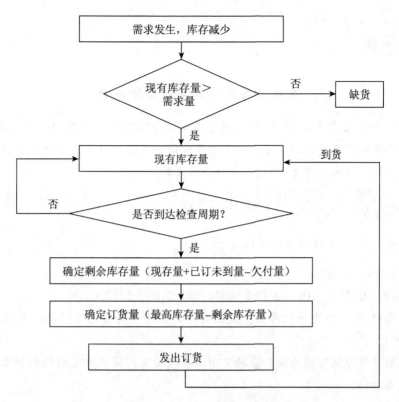

**图 4-8  电子商务固定订货间隔时间系统运行**

式中：

$m=\dfrac{1}{T}$，即每年订货次数；

$T=\dfrac{1}{m}$，即订货间隔时间；

$\dfrac{R}{2m}=R\times\dfrac{T}{2}$，即平均库存量。

为了求使年库存总成本最低的订货间隔时间 $T$，求 $TC$ 关于 $T$ 的导数，并令其等于0，则：

$$-\frac{C}{T^2}+\frac{RPF}{2}=0$$

$$T_0=\sqrt{\frac{2C}{RPF}}=\sqrt{\frac{2C}{RH}}$$

$$m_0=\frac{1}{T_0}=\sqrt{\frac{RPF}{2C}}=\sqrt{\frac{RH}{2C}}$$

最高库存水平 $E=RT+RL=R（T+L）=Q+B$

年库存总成本 $TC_0=RP+RHT_0$

**案例分析**

## 某电子商务企业单独订货分析

某电子商务企业每年以单价 10 元购进某商品 10000 件。每次订货的订购成本为 18 元，每单位每年的储存成本为 4 元。如果前置时间为 9 天，问经济订货间隔时间、最高库存水平和年库存总成本各为多少？（一年按 365 天计）

解：$T_0 = \sqrt{\dfrac{2C}{RH}} = \sqrt{\dfrac{2 \times 18}{10000 \times 4}} = 0.03$（天）

$E = R(T+L) = 10000 \times (0.03 + \dfrac{9}{365})$

$\quad = 547.9 \approx 548$（件）

$TC_0 = RP + RHT_0 = 10000 \times 10 + 10000 \times 4 \times 0.03 = 101200$（元）

所以，每隔 11 天检查一次库存并发出订单，最高库存量为 548 件，最低库存总成本为 101200 元。

从上述的计算结果可以看出：在确定型库存模型下，固定订货间隔制和固定订货数量的库存总成本相同。

### (三) 联合订货

在电子商务企业的实际运作中，为了减少工作量，对多种商品采取联合订货的方式，以减少企业的运输成本。

1. 多项商品经济订货间隔时间（$EOI$）的确定

(1) 主要是讨论多种商品联合订货的经济订货间隔时间和每种商品的最高库存量的确定。

(2) 与单种商品相同，多种商品的经济订货间隔时间仍可通过年库存总成本最小化来得到。

2. 联合订货公式

如果不允许缺货，则库存总成本可用下式表示：

$$库存总成本 = 购进成本 + 订购成本 + 储存成本$$

$$TC = \sum_{i=1}^{n} R_i P_i + \frac{(C+nc)}{T} + \frac{1}{2} TF \sum_{i=1}^{n} R_i P_i$$

式中：$R_i$——$i$ 种商品的年需要量；

$\quad\quad P_i$——$i$ 种商品的单位购进成本；

$\quad\quad C$——联合订货的订购成本；

$\quad\quad c$——与每一项商品有关的订购成本；

$\quad\quad T$——订货间隔时间，以年为单位；

$F$——年储存成本率。

为了求使年库存总成本最低的订货间隔时间，需求 $TC$ 关于 $T$ 的导数，并令其等于0，得出：

$$\frac{\mathrm{d}TC}{\mathrm{d}T} = \frac{-(C+nc)}{T^2} + \frac{1}{2}F\sum_{i=1}^{n}R_iP_i = 0$$

解方程求 $T$，得年经济订货间隔时间（$EOI$）公式：

$$T_0 = \sqrt{\frac{2(C+nc)}{F\sum\limits_{i=1}^{n}R_iP_i}}$$

每项商品的最高库存水平 $E_i = R_i(T+L) = Q_i + B_i$

### 某电子商务企业联合订货分析

某电子商务企业从同一供应商处订购5种商品，每种商品的单价和年需求量如表4-9所示，假设订购成本为每份订单2元，对于每一品种为0.4元，储存成本率为40%，若前置时间为7天，求经济订货间隔时间和每种商品的最高库存量？

表4-9　　　　　　　　　　某电子商务企业商品需求情况

| 品种 | 年需求量（$R_i$）（件） | 单价（$P_i$）（元） | 购进成本（元） |
|------|------|------|------|
| A | 200 | 1.00 | 200 |
| B | 400 | 0.50 | 200 |
| C | 150 | 2.00 | 300 |
| D | 100 | 4.00 | 400 |
| E | 70 | 5.00 | 350 |
| 合计 | 920 | | 1450 |

解：根据公式有

$$T_0 = \sqrt{\frac{2(C+nc)}{F\sum\limits_{i=1}^{n}R_iP_i}} = \sqrt{\frac{2\times(2+5\times0.4)}{0.4\times1450}} \approx 0.11(年) = 43(天)$$

各种商品的最高库存量可由下式求得：

$$E = R_i(T+L) = R_i \times \frac{43+7}{365} \approx 0.14R_i$$

根据此公式计算所得的各种商品的最高库存量如表4-10所示。

表 4 - 10　　　　　　　　　　　各种商品最高库存量

| 品种 | 最高库存量（$E_i$） |
| --- | --- |
| A | 28 |
| B | 28 |
| C | 42 |
| D | 56 |
| E | 49 |

以上讨论了电子商务固定订货数量系统和电子商务固定订货间隔时间系统两种电子商务库存管理系统。这两种库存管理系统各有特点：

（1）电子商务固定订货数量系统对库存品控制较严格，每次订货都按经济批量订购，并且只考虑前置时间内需求量的变化，保险储备量较小，因此库存水平相对较低。但它的不足之处在于工作量大，需要经常检查库存量。

（2）电子商务固定订货间隔时间系统的优势是不需要经常检查库存，只在检查周期到达时才检查库存并订货，工作量小，而且此系统还可通过把各种库存品的检查周期统一起来，实行联合订货，节约成本。但电子商务固定订货间隔时间系统的不足是保险储备量大，库存水平较高。电子商务企业在实际应用中，需根据库存品的不同特性，选择适合其特点的库存管理系统。

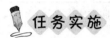 任务实施

## 一、实施目的

1. 熟练电子商务固定订货数量系统和固定订货间隔时间系统的应用。

2. 通过小组成员分工协作，增强合作意识，培养团队精神。

3. 通过探究式学习，培养自主学习习惯，养成探究意识。

## 二、实施内容

1. 明晰电子商务库存系统的概念和类型。

2. 解读电子商务固定订货数量系统的原理，分析在不允许缺货、延期交货、价格折扣情况下库存模型的应用。

3. 解读电子商务固定订货间隔时间系统的原理，分析在单独订货、联合订货情况下库存模型的应用。

## 三、实施地点和工具

1. 配有 Internet 的多媒体教室或实训室。

2. 备有计算机、投影仪、笔及白纸。

## 四、实施步骤

1. 学生按三人一组，自选组长，并以小组为单位开展活动。

2. 以表格的形式比较电子商务固定订货数量系统的原理和电子商务固定订货间隔时间系统的原理，分析在不同情况下两种订货库存模型的应用。

3. 编制实施报告，并制作成 PPT。

4. 各组派代表上台演示演讲。

5. 各组派一名代表对其他各组的实施报告打分。

6. 教师点评，评定等级。

## 五、实训指导

1. 讲解电子商务库存系统的概念和类型。

2. 描述电子商务固定订货数量系统的原理和固定订货间隔时间系统的原理。

3. 解读电子商务固定订货数量系统的应用。

4. 解读固定订货间隔时间系统的应用。

5. 指导学生分组、制作 PPT 及演讲。

## 六、实施时间

本项任务实施时间需要 6 学时。

## 七、评价标准（如表 4 - 11 所示）

表 4 - 11　　　　　　　　　　实施方案评价标准

| 评价等级 | 评价标准 |
|---|---|
| 优秀 | 能在规定时间内独立编撰实施方案报告，且方案要素完整；表格制订规范，内容分析透彻；小组成员有严密的分工协作，且讲解通俗易懂或运用流畅 |
| 良好 | 能在规定时间内独立编撰实施方案报告，且方案要素完整；小组成员有分工协作 |
| 合格 | 能在教师帮助下完成实施方案报告 |
| 不合格 | 没能完成实施方案报告 |

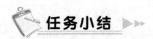 **任务小结** ▶▶▶

通过本任务的实战体验和相关知识解读，学生明晰了电子商务库存系统的概念和类型，深度解读了电子商务固定订货数量系统的原理和固定订货间隔时间系统的原理，全面解析了电子商务固定订货数量系统和固定订货间隔时间系统的应用。

## 【课后训练】

一、单项选择题

1. 根据其需求数量变化分类，库存系统可分为（    ）。

A. 确定型库存系统和概率型库存系统

B. 固定订货数量系统和固定订货间隔时间系统

C. 仓库容量约束的库存系统和组织资金约束的库存系统

D. 购进成本库存系统、订购成本库存系统、储存成本库存系统和缺货成本库存系统

2. 根据库存总成本的构成分类，库存系统可分为（    ）。

A. 确定型库存系统和概率型库存系统

B. 固定订货数量系统和固定订货间隔时间系统

C. 仓库容量约束的库存系统和组织资金约束的库存系统

D. 购进成本库存系统、订购成本库存系统、储存成本库存系统和缺货成本库存系统

3. 若不允许缺货，库存总成本由（    ）组成。

A. 购进成本＋订购成本＋储存成本

B. 购进成本＋订购成本＋缺货成本

C. 订购成本＋储存成本＋缺货成本

D. 购进成本＋缺货成本

二、多项选择题

1. 在电子商务固定订货数量系统中，每次补充库存的订货数量是固定不变的，即（    ）。

A. 电子商务定量订货制　　　　　B. 电子商务固定订货数量系统

C. 电子商务固定订货间隔时间系统　　D. 电子商务定期订货制

E. 仓库容量约束的库存系统

2. 经济订货批量是（    ）。

A. 通过平衡采购进货成本和保管仓储成本核算，以实现总库存成本最低的最佳订货批量

B. 以固定的订货间隔时间和最高库存量为基础的库存管理系统

C. 最少的库存量

D. 最高库存量

E. 使年库存总成本最低的订货量

3. 固定订货间隔时间系统的重要参数是（    ）。

A. 检查周期　　　B. 最低库存量　　　C. 最高库存量

D. 订货周期　　　E. 经济订货批量

三、判断题

1. 经济批量与商品单位购进成本和商品储存成本成反比，与商品订购成本成正比。（    ）

2. 延期交货策略的运用需要两个条件：第一，商品处于卖方市场（垄断地位）；第二，商品质量好。（　　）

3. 经济订货间隔时间（EOI）是使年库存总成本最小的订货间隔期。（　　）

四、简答题

1. 什么是电子商务库存系统？它有哪些类型？

2. 什么是电子商务固定订货数量系统？有哪些模型？

3. 什么是电子商务固定订货间隔时间系统？有哪些模型？

五、应用计算题

1. 某电子商务企业每年需要某货物 10000 件，每件价值 1 元。每次订货费用估计为 25 元，存储费约为货物价值的 12.5%。其他条件均符合基本经济订货模型，问每次订多少货物才能使库存总费用最小？

2. 某电子商务企业每年需要购买某商品 2400 套，每套单价为 100 元，其年储存成本为 12 元，每次的订购成本为 400 元。如果允许延期交货，并且每套每年的延期交货成本为 4 元，问：最优订货数量、年订购次数和年库存总成本各是多少？

3. 某电子商务企业每年需要购买 5000 套儿童服装，每套儿童服装的单价为 100 元，其年储存成本为 2 元，每次的订购成本为 50 元。问：最优订货数量、年订购次数和预期每次订货间隔时间各为多少（一年以 360 天计）？

# 模块五 电子商务环境下的物流配送

## 任务一 电子商务环境下物流配送解读

 **任务导入**

人们生活节奏的加快，越来越多的消费者热衷于选择网上购物，"虚拟"社会变得越来越重要，"鼠标＋车轮"的消费方式也越来越多地融入到现代生活方式之中。但物流配送的问题制约着电子商务的发展，更抑制着客户进一步购买的欲望。那么，电子商务企业应如何解决这个问题呢？

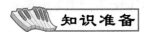

## 一、物流配送的内涵

（一）配送的含义与特点

《中华人民共和国国家标准物流术语》把配送定义为，配送（Distrition），是指"在经济合理区域范围内，根据客户要求，对货物进行拣选、加工、包装、分割、组配等作业，并按时送达指定地点的物流活动"。

配送的主要特点：配送是物流中一种特殊的、综合的活动形式，是商流与物流紧密结合；配送实质是送货；配送是一种"中转"形式；配送是"配"和"送"有机结合；配送以客户要求为出发点。

（二）物流配送分类

1. 按配送时间和数量的多少进行分类

（1）定时配送。就是按规定时间和时间间隔进行配送的方式。定时配送有小时配送、日配送、准时配送、快递等方式。

（2）定量配送。就是按事先协议规定的数量进行配送的方式。

（3）定时定量配送。即按规定的配送时间和配送数量进行配送。定时定量配送兼有定时、定量两种方式优点，是一种精准的配送服务方式。

（4）定时定路线配送。就是在规定的运行路线上，制定配送车辆到达的时间表，按运行时间表进行配送，客户可以按照配送企业规定的路线及规定的时间选择这种配送服务，并到指定位置及指定时间接货。

（5）即时应急配送。就是完全按客户突然提出的配送要求随即进行配送的方式，也是对各种配送服务进行补充和完善的一种配送方式。

2. 按加工程度的不同分类

（1）加工配送。就是与流通加工结合，通过流通加工后进行配送。流通加工和配送结合，使流通加工更有针对性，减少盲目性。配送企业不但可以依靠送货服务、销售经营取得收益，还可以通过加工增值取得收益。

（2）集疏配送。即只改变产品数量组成形式，而不改变产品本身的物理、化学性质并与干线运输相结合的配送方式，如大批量进货后小批量、多批次发货，或零星集货后形成一定批量再送货等。

**3. 按经营形式不同进行分类**

（1）销售配送。这种配送的主体是销售性企业，或销售企业作为销售战略一环，进行的促销型配送，或与电子商务网站相配套的销售型配送。各种类型的商店配送、电子商务网站配送一般都属于销售配送。

（2）供应配送。供应配送往往是针对特定的客户，用配送方式满足这特定客户的供应需求的配送方式。这种方式配送的对象是确定的，客户的需求是确定的，客户的服务要求也是确定的。

（3）供应、销售一体化配送。由生产企业或销售企业以自己生产和经营的产品供应给客户的配送形式。

**4. 按实施配送的节点不同进行分类**

（1）配送中心配送。配送中心配送的组织者是以配送为专职的配送中心，通常规模比较大，种类、存储量比较多，专业性强，与用户有固定的配送关系。

（2）生产企业配送。生产企业配送的组织者是生产制造加工企业，尤其是进行多种生产的企业。这些企业可以通过自己的配送系统进行配送，而不需要再将产品发运分配到配送中心进行配送。

（3）仓库配送。仓库配送是以仓库为物流节点组织的配送。它既可以将仓库完全作为配送中心，也可以在保持仓库仓储功能的基础上再增加一部分配送职能。

（4）商店配送。商店配送的组织者是商品零售经营者或物资经营网点。这些经营者或者网点的主营业务是零售，一般规模都比较小，但经营品种齐全，容易组织配送。

## 二、电子商务物流配送的含义和特征

### （一）电子商务物流配送的含义

电子商务物流配送是指电子商务企业采用网络化的计算机技术和现代化的硬件设备、软件系统及先进的管理手段，针对社会需求，按用户的订单要求，进行一系列分类、编配、整理、分工、配货等理货工作，按照约定的时间和地点将确定数量和规格要求的商品传递到用户的活动及过程。这种新型的物流配送带来了流通领域的巨大变革，越来越多的企业开始积极搭乘电子商务快车，采用电子商务物流配送模式。

由上述对电子商务物流配送的界定可以看出，这种新型的物流配送是以一种全新的面貌，成为流通领域革新的先锋，代表了现代市场营销的主攻方向。新型物流配送能使商品流通较传统的物流配送方式更容易实现信息化、自动化、现代化、社会化、智能化、合理化、简单化，使货畅其流，物尽其用，既减少生产企业库存，加速资金周转，提高物流效率，降低物流成本，又刺激了社会需求，有利于整个社会的宏观调控，也提高了整个社会的经济效益，促进了市场经济的健康发展。

（二）电子商务物流配送的基本特征

电子商务物流配送除具备传统物流配送的特征外，还具备以下基本特征：

1. 虚拟性

电子商务物流配送的虚拟性来源于网络的虚拟性。借助现代计算机技术，其配送活动已由过去的实体空间拓展到了虚拟网络空间，实体作业节点可以虚拟信息节点的形式表现出来；实体配送活动的各项职能和功能可在计算机上进行仿真模拟，通过虚拟配送，找到实体配送中存在的不合理现象，从而进行组合优化，最终实现实体配送过程达到效率最高、费用最少、距离最短、时间最少的目标。

2. 实时化

实时化主要是指物流配送服务信息的电子化传递，实现对配送过程的实时管理。配送要素数字化、代码化之后，突破了时空制约，配送业务运营商与客户均可通过共享信息平台获取相应配送信息，从而最大程度地减少各方之间的信息不对称，有效地缩小了配送活动过程中的运作不确定性与环节间的衔接不确定性，打破以往配送途中的"失控"状态，做到全程的"监控配送"。

3. 现代化

传统的物流配送虽然也具备相当的现代化程度，但要求并不是十分严格。较电子商务下的新型物流配送相比，无论在水平、范围、层次等方面都有很大的不足和欠缺。现代化程度的高低是区别电子商务物流配送和传统物流配送的一个重要特征。

4. 社会化

社会化程度的高低也是区别电子商务物流配送和传统物流配送的一个重要特征。很多传统的物流配送中心往往是企业为给本企业或本系统提供物流配送服务而建立起来的。有些配送中心虽也为社会服务，但同电子商务物流配送所具备的真正社会性相比，具有很大的局限性。

5. 个性化

个性化配送是电子商务物流配送的重要特性之一。作为"末端运输"的配送服务，所面对的市场需求是"多品种、少批量、多批次、短周期"的，小规模的频繁配送将导致配送企业的成本增加，这就要求配送企业必须寻求新的利润增长点，而个性化配送正是这种一个开采不尽的"利润源泉"。电子商务物流配送的个性化体现为"配"的个性化和"送"的个性化。"配"的个性化主要指通过配送企业在流通节点（配送中心）根据客户的指令对配送对象进行个性化流通加工，从而增加产品的附加价值；"送"的个性化主要是指依据客户要求的配送习惯、喜好的配送方式等为每一位客户制定量体裁衣式的配送方案。

6. 增值性

除了传统的分拣、备货、配货、加工、包装、送货等作业以外，电子商务物流配送的功能还向上游延伸到市场调研与预测、采购及订单处理，向下延伸到物流咨询、物流方案的选择和规划、库存控制决策、物流教育与培训等附加功能，从而为客户提供具有更多增值性的物流服务。

### 三、电子商务物流配送的优势

相对于传统的物流配送而言，电子商务物流配送具有以下优势。

#### (一) 能够实现货物的高效配送

在传统的物流配送企业内，为了实现对众多客户大量资源的合理配送，需要大面积的仓库来用于存货，并且由于空间的限制，存货的数量和种类受到了很大的限制。而在电子商务系统中，配送体系的信息化集成可以使虚拟企业将散置在各地分属不同所有者的仓库通过网络系统连接起来，使之成为"集成仓库"，在统一调配和协调管理之下，服务半径和货物集散空间都放大了。这种情况下，货物配置的速度、规模和效率都大大提高，使得货物的高效配送得以实现。

#### (二) 能够实现配送的适时控制

传统的物流配送过程是由多个业务流程组成的，各个业务流程之间依靠人来衔接和协调，这就难免会受到人为因素的影响，问题的发现和故障的处理都会存在时滞现象。而电子商务物流配送模式借助于网络系统可以实现配送过程的适时监控和适时决策，配送信息的处理、货物流转的状态、问题环节的查找、指令下达的速度等都是传统的物流配送无法比拟的，配送系统的自动化程序化处理、配送过程的动态化控制、指令的瞬间到达都使得配送的适时控制得以实现。

#### (三) 物流配送过程得到了简化

传统物流配送的整个环节由于涉及主体的众多及关系处理的人工化，所以极为烦琐。而在电子商务物流配送模式下，物流配送中心可以使这些过程借助网络实现简单化和智能化。如计算机系统管理可使整个物流配送管理过程变得简单和易于操作；网络平台上的营业推广可以使用户购物和交易过程变得效率更高、费用更低；物流信息的易得性和有效传播使得用户找寻和决策的速度加快、过程简化。很多过去需要较多人工处理、耗费较多时间的活动都因为网络系统的智能化而得以简化，这种简化使得物流配送工作的效率大大提高。

### 四、电子商务物流配送流程

电子商务物流配送流程主要包括采购作业流程、仓储作业流程、配送作业流程、退货及后续处理作业流程。

#### (一) 采购作业流程及其优化

1. 采购作业流程的内涵

采购作业流程是准备配送商品的阶段，它是配送中心运转的基础环节。电子商务企业物流部门根据客户要求及库存情况通过电子商务中心向供应商发出采购订单；供应商收到采购订单并加以确认后业务部门发出供货通知，业务部门再向仓储中心发出接货的信息，而仓储中心根据货物情况准备合适的仓库，最后由供应商将发货单通过 Internet 向仓储中心发送，货物则通过各种运输手段送至仓储中心。如图 5-1 所示。

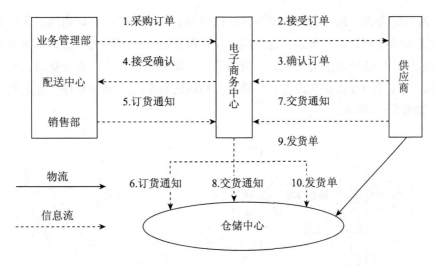

**图 5-1　采购作业流程**

### 2. 采购作业流程的优化

在物流专业化情况下，采购作业流程基本上有两种模式：第一种模式是由提供配送服务的第三方物流企业承担采购责任，直接向生产、经销企业订货或购货。第二种模式是物流、商流两者相分离的模式，由货主进行订货、购货，配送中心负责进货、理货等工作，货物所有权属于货主。采购环节需要考虑的是进货采购时间由谁决定，是货主还是配送中心。若是货主决定，配送中心就得 24 小时值班，因为货主随时都可以进货。若是配送中心决定，预约时间就变得非常重要了。提前 1～2 天预约是欧美、日本等成熟的物流市场物流配送行业通行的做法。由于不预约容易打乱配送中心的计划，因此，不预约配送中心就不受理。

但在我国，由于很多企业管理人员没有完全理解物流理念，对物流环节操作的复杂性认识不足，导致对预约时间的不理解和不执行。对此，可采取的优化方案包括加强现代物流的教育和培训，聘用专业物流人员进行管理，同时将物流配送中心的采购环节拆分成预约、验收、交接等详细的操作步骤，由专业人员进行指导和监督，以改进传统物流采购流程中存在的单据不齐全、时间不确定、仓库操作凌乱的现象，实现物流流程优化，有效将物流和信息流统一，形成一个同步作业，满足配送中心运转和客户要求。

### （二）仓储作业流程

#### 1. 仓储作业流程的内涵

仓储作业流程是采购作业的延续。仓储中心接受业务管理部门的统一管理，它的主要作业区是收货区、拣货区和发货区。当仓储中心收到供应商的送货单和货物后，在进货区对新进入的货物通过条码扫描仪进行货物验收，确认发货单与货物一致后，对货物进行了统一处理（如验收不合格，退货），一部分货物直接放入发货区，进行暂时储存，属直通型货物，这仅仅适用于周转率大的商品，今天进仓明天出货的商品最适合于利用仓库首层暂存区放置。另一部分货物属于存放型货物，要进行入库储备处理，即进入拣货区，这是出于安全库存的考虑，按一定时期配送活动的要求和到货周期，有计划地确定能够使配送活动持续进行的库存数量和形式，这适用于在仓库存放一段时间的商品。拣货是通过自动分拣输送系统、自动导向系统完成的，货物进入自动化仓库。当需要发货时，根据发货单上的显示，通过自动分拣输送设备将货物送到相应的装车线，对货物进行包装处理后，装车送货。如图5-2所示。

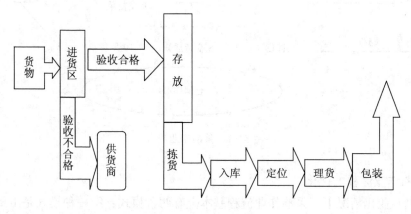

**图5-2 仓储作业流程**

### 2. 仓储作业流程的优化

物流配送中心对仓储作业流程的优化实践主要体现在货位管理上，很多企业的库位资源没有得到充分合理的使用，常常是仓库货物摆放凌乱，甚至出现货物挤压损坏现象。通过建立库位自动查询系统，督促仓储管理人员及时清查、排序、更新货位，可以简便快速地确定货物存放的详细地址。货物管理提供一个静态货位、动态商品的储存模式。可采取的优化方案，是将货位与货物通过条码编号互为关联，盘点作业实行定位定码的创新盘点法，便于寻找；分拣作业采用数字分拣系统，提高效率；搬运作业执行自动装卸系统，节省人力，这样可实现自动化和人工的有机结合，大大降低盘点、分拣、搬运等仓库作业时间。经过合理优化仓储作业流程，可使仓管员从拿到分拣单到货物装到车辆上所花费的时间缩短到25～35分钟，这样可以极大地提高物流仓储作业的工作效率，合理有效地利用企业仓库有限的人力资源。

### (三) 配送作业流程

#### 1. 配送作业流程的内涵

配送作业流程是物流配送的核心环节。配送部门由业务管理部门进行统一配送调度，根据客户的具体要求，打印相应的送货单，在运输途中通过GIS信息查询系统，GPS车辆定位系统进行实时监控，及时沟通和反馈配送信息，并在货物到达目的地，经客户确认签字无误后，凭回单向业务管理部门确认。

#### 2. 配送作业流程的优化

我国的配送作业环节在经过几年的发展后虽取得了显著进步，但整体体系还不完善，存在着许多问题，阻碍了配送作业的工作效率。其主要原因在于缺乏高效的物流配送体系。一方面，在配送的硬件上，基础设施较差，且不配套，各种运输方式之间装备标准不统一，物流器具标准不配套，物流包装标准与物流设施标准之间缺乏有效衔接，现代化水平低；另一方面，在软件上，物流企业的社会化程度、组织化程度低，没有形成覆盖面广的社会化的物流配网服务体系。缺乏适合电子商务发展的高效物流配送体系是目前电子商务发展中的一个主要障碍，导致物流无效作业环节增加，物流速度降低和物流成本上升，影响了物流的效率和效益。

一个好的配送方案应考虑以下内容：库存的可供性、反应速度、送货频率、送货的可靠性等。电子商务企业的成功运作，关键不仅在于有完善的配送网络，还在于能否在完成配送服务的同时，保证配送系统高效、低成本地运作。这是一项专业性很强的工作，必须聘请专业人员对系统的配送细节进行精心设计。在这方面配送中心可按配送合理化的要求，在全面计划的基础上制定科学的距离较短的货运路线，选择经济、迅速、安全的运输方案和适宜的运输工具。物流配送中心在安排每次出车时，按物流线性规划和相关的运筹模型，尽量满足配载的要求。

高效的配送需要在配送调度和配送运输、交货等具体操作方面进行整合优化。为此，可借鉴国外的先进经验，并根据现阶段我国的物流配送条件，对单纯配送流程进行改进。其优化方案的具体内容包括：制定运输工具的统一标准，加强物流基础设施配套建设，提高现代物流的专业化水平；设计合理的统筹规划路线模型系统。制单员在每次制单时，运用配送路线模型确定路线，不必考虑运输工具的差异性，只需在配送路线模型中输进几个需要配送的地点，每个点需要配送货物的数量，模型就会自动选出几条可供选择的路线，让调度人员根据所在区域的交通流向来灵活选择，确定配送点的合理配送路线，从而做到尽可能不安排跨度很大的车次。到达目的地后，配送员根据送货单上客户的详细地址和联系电话，就可以很容易地联系到客户。路线的合理安排，可以大大缩短配送员耗费在途中的配送时间，提高工作效率。

（四）退货及后续处理作业流程

1. 退货及后续处理作业流程的内涵

退货及后续处理作业流程是物流配送流程的最后一个环节。客户因某种原因可能要求退货，企业应制订相应的退货处理政策。很多企业认为货物配送出去，货款收回，电子商务过程就可终结。但面对竞争激烈的市场环境，售后服务已成为企业竞争策略的重要内容，越来越多的企业都开展了售后服务业务。因此必须对物流的后续处理给予应有的重视。退货可集中由配送企业送回原仓储地点，由专人清理、登记、查明原因，若是产品质量问题应进行抽样检验，超出相应标准则及时通知采购作业流程停止订货，并通过网站管理部门将网页上有关货物的信息及时删除，尚未超标则作为验收不合格物品，进行退货处理；如退货还可继续使用，可进入库存，重新开始新的仓储管理配送过程。

2. 退货及后续处理作业流程的优化

除此之外，企业还应建立客户满意度调查和投诉反馈系统，对物流配送系统进行监督和考核。电子商务企业将物流配送业务外包给专业物流配送企业，如果缺少必要的监督和约束手段，物流配送往往会成为电子商务顺利运行的障碍。客户满意度调查一般包括客户请求的响应速度，满足时间和质量等。客户忠诚度对从事电子商务的企业至关重要，客户满意度也是电子商务企业维持老客户，吸引新客户的重要因素。但如果企业物流配送服务不到位，客户忠诚度与满意度就无从谈起。即使客户已通过网络成功下单，完成支付手续，却由于物流配送没有与其他业务活动协调好，致使企业承诺的配送服务没有实现，就会使客户对企业的服务产生不满，要求退货或以后不再购买。因此，一定要建立方便宽松的客户满意度调查和投诉反馈系统，及时对客户的反馈意见给予回复，应积极主动邀请客户进行货物及配送服务评价，并将该系统信息网络公开，以便吸引更多老客户和潜在客户。值得注意的是，客户满意度调查和投诉反馈系统不是一个独立的业务步骤，这项工作与订单管理、仓储分拨、运输、退货管理等环节有密切联系。

 **任务实施**

### 一、实施目的

1. 清晰描述电子商务物流配送流程。

2. 通过小组成员分工协作，增强合作意识，培养团队精神。

3. 通过探究式学习，培养自主学习习惯，养成探究意识。

### 二、实施内容

1. 理解物流配送的含义、特点和分类。

2. 明晰电子商务物流配送的含义和特征。

3. 分析电子商务物流的优势。

4. 解读电子商务配送的采购、仓储、配送、退货后续作业流程。

### 三、实施地点和工具

1. 配有 Internet 的多媒体教室或实训室。

2. 备有计算机、投影仪、笔及白纸。

### 四、实施步骤

1. 学生按三人一组，自选组长，并以小组为单位开展活动。

2. 以框图的形式勾画电子商务配送流程。

3. 编制实施报告，并制作成 PPT。

4. 各组派代表上台演示演讲。

5. 各组派一名代表对其他各组的实施报告打分。

6. 教师点评，评定等级。

## 五、实训指导

1. 讲解物流配送的含义、特点和分类。

2. 描述电子商务物流配送的含义和特征。

3. 分析电子商务物流配送的优势。

4. 解读电子商务配送流程及其优化。

5. 指导学生分组、制作 PPT 及演讲。

## 六、实施时间

本项任务实施时间需要 4 学时。

## 七、评价标准（如表 5－1 所示）

表 5－1　　　　　　　　　　实施方案评价标准

| 评价等级 | 评价标准 |
|---|---|
| 优秀 | 能在规定时间内独立编撰实施方案报告，且方案要素完整；流程顺序准确，且通俗易懂；小组成员有严密的分工协作，且讲解或运用流畅 |
| 良好 | 能在规定时间内独立编撰实施方案报告，且方案要素完整；小组成员有分工协作 |
| 合格 | 能在教师帮助下完成实施方案报告 |
| 不合格 | 没能完成实施方案报告 |

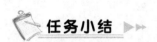

通过本任务的实战体验和相关知识解读，学生理解了物流配送的含义、特点和分类，描述了电子商务物流配送的含义和特征，分析了电子商务配送的优势，深度解读了电子商务配送的流程。

### 【课后训练】

一、单项选择题

1. 按实施配送的节点不同进行分类，配送可分为（　　　）。

A. 配送中心配送、生产企业配送、仓库配送和商店配送

B. 定时配送、定量配送、定时定量配送、定时定路线配送和即时应急配送

C. 加工配送和集疏配送

D. 销售配送、供应配送和供应、销售一体化配送

2. 电子商务物流配送功能向上游延伸到市场调研与预测、采购及订单处理，向下延伸到物流咨询、物流方案的选择和规划、库存控制决策、物流教育与培训等附加功能，体现了物流服务的（　　）。

A. 个性化　　　　B. 社会化　　　　C. 增值性　　　　D. 实时化

3. 电子商务物流配送流程为（　　）。

A. 采购、仓储、配送、退货及后续处理

B. 仓储、采购、配送、退货及后续处理

C. 采购、仓储、退货及后续处理、配送

D. 采购、配送、仓储、退货及后续处理

二、多项选择题

1. 配送的特点（　　）。

A. 配送是物流中一种特殊的、综合的活动形式，是商流与物流的紧密结合

B. 配送以客户要求为出发点，其实质是送货

C. 配送是一种"中转"形式

D. 配送等于物流

E. 配送是"配"和"送"有机结合

2. 电子商务物流配送除具备传统物流配送的特征外，还具备以下基本特征：（　　）。

A. 增值性　　　　B. 个性化　　　　C. 社会化

D. 虚拟性　　　　E. 实时化

3. 相对于传统的物流配送而言，电子商务物流配送具有以下优势：（　　）。

A. 能实现货物由供应地到目的地的移动

B. 能够实现货物的高效配送

C. 能够实现配送的适时控制

D. 能实现多式联运

E. 物流配送过程得到了简化

三、判断题

1. 物流配送中心对仓储作业流程的优化实践主要体现在货位管理上。（　　）

2. 配送作业流程是物流配送的核心环节。（　　）

3. 配送作业流程是采购作业的延续。（　　）

四、简答题

1. 什么是物流配送？有哪些分类？

2. 什么是电子商务物流配送？它有何特点？

3. 简述电子商务物流配送流程。

五、案例分析题

**京东商城以服务实现订单"当日达"**

2010 年年初京东网上商城（以下简称京东）董事局主席兼首席执行官刘强东提出，

电子商务送货要"当日达"，并将在4月起开始执行。而在4月，京东全国客服中心服务时间，由此前的9：00～21：00，延长至9：00～24：00。京东通过自身的"加速"，引领并建立着中国B2C行业标准。

据了解，此次京东物流大提速包括：在北京、上海、广州、成都四大物流中心所在城市，实现"当日达"；距离京东四大物流中心300千米以内并设有京东自有快递公司配送的城市将实现"次日达"，而其他区域城市将在原有配送周期基础上至少缩短一天。

"我们全新物流配送体系在4月实现24小时两班制，能白天、晚上均生产订单。"京东副总裁徐雷说，"虽投入了大量资金在物流配送上，但同等商品市场最低价经营原则并不会改变。通过优化库房及配送站的作业流程，缩短了作业时间。"此外，为保证其他区域同时提速，京东还对区域第三方运输进行了时间调整，通过加快配送周期等方式提升配送效率。

为全面提升物流配送速度，京东将2009年获得的2100万美元融资中的70％用于了物流环节。2009年年初，京东投资2000万元建立了自有快递公司，同年在全国25座城市建立了城市配送站。而2010年，在获得超过1.5亿美元融资后京东宣布，新资金中将有50％用于仓储、配送、售后等服务能力的提升。此后，京东再获5亿元政府贴息贷款，物流配送依旧是投入的重中之重。据规划，2010年下半年京东将陆续在北京、上海、成都三个城市兴建单体面积超过10万平方米的超大物流中心，加上广州原有的物流中心，将拥有4个一级库房。同时将在全国范围内建立15～20个二级库房。城市配送站数量也将增至50个城市以上。

物流大提速和客服中心服务时间延长是京东进入2010年后，继收购千寻网、赞助中超联赛后又一重大举措。对于客户而言，配送周期大幅缩短，咨询时间的进一步延长，将使得用户体验更加完善。

此举也避免了因物流延迟流失的订单，同时其单位时间内配送效率也将进一步提升，这些举措是京东2010年营业额突破百亿大关的有力保障。此外，其"当日达"和客户服务时间的延长也开创了电子商务行业先河，为我国未来电子商务行业标准提供了参考。

问题分析：
1. 京东是如何通过优化库房及配送站的作业流程，缩短了作业时间的？
2. 京东物流大提速和客户服务时间的延长有什么好处？

## 任务二　电子商务环境下物流配送模式的选择

支付、诚信、物流三大问题一直困扰着电子商务行业，目前，诚信和支付问题不同程度得到了解决。电子商务行业一直有种共识，认为中国电子商务要想取得持续发展，必须

解决物流这一行业瓶颈。CNNIC调查结果显示，用户反映网络购物所存在的问题中"送货耗时、渠道不畅"所占的比例正在呈现逐年增加趋势。

本任务就是在深度解读各种电子商务物流配送模式的基础上，学会慎重选择适合本企业的电子商务物流配送模式。

## 知识准备

## 一、电子商务物流配送模式的内涵

### （一）电子商务物流配送模式的概念

电子商务物流配送模式就是在电子商务环境下将传统的物流配送进行信息化、现代化、社会化改造和创新的一种物流配送方式。从目前电子商务物流配送发展的现状来看，电子商务物流配送模式主要有自营物流配送模式、委托专业物流配送机构配送模式、综合物流代理模式、物流联盟配送模式、自营与外包相结合配送模式和共同配送模式。

### （二）电子商务物流配送的主要模式

1. 自营物流配送模式

这是具有雄厚实力的电子商务企业通过自建配送渠道和设施，开展物流配送的物流策略。

2. 委托专业物流配送机构配送模式

这种方式比较适合我国国情，可进一步向独立第三方物流发展，但应解决好目前矛盾比较集中的商品配送价格等问题。

3. 综合物流代理模式

综合物流代理与上一种配送模式均是第三方物流的模式，但综合物流代理模式是高级形态，即由一家在物流综合管理经验、人才、技术、理念上均有一定优势的企业，对电子商务交易中供求双方的所有物流活动进行全权代理的业务活动。通过利用计算机和网络通信技术，该代理系统在互联网上建立了一个多对多的虚拟市场，根据物流一体化的原则，有效地对供应链上下游企业进行管理。

### 4. 物流联盟配送模式

即与百货商店、连锁店、邮政快递等原有配送网络搞联合、协作，共同完成物流配送。这种方式将电子商务配送与传统物流配送一体化，有利于集中使用物流资源，优化物流配送网络，应提倡和鼓励。此种方式可进一步向供应链管理发展，但应解决传统企业信息化程度低、配送渠道和设施不完善等问题。

### 5. 自营与外包相结合配送模式

这类电子商务企业拥有一部分物流资源，但不能满足商务扩展的需要。由于建立自己的配送体系投资太大，资金不足；对市场估计不足而害怕承担太大的风险；配送体系建设周期太长，不能满足自己的赢利期望等是导致采取此配送模式的主要原因。

### 6. 共同配送模式

共同配送也称共享第三方物流服务，指多家电子商务企业联合起来共同由一个第三方物流服务企业来提供配送服务。它是在配送中心的统一计划、统一调度下展开的。

## 二、B2C 电子商务物流配送模式

### （一）B2C 电子商务物流配送模式的概念和特点

#### 1. B2C 电子商务物流配送模式的概念

B2C 的物流配送模式是一种中心辐射状的物流，所有的货物流从一个点发出，大批量的物流可使物流成本降低的配送运作方式。因为 B2C 的客户是供应链的最终用户，往往每次购买量少，且为低价产品，对配送质量要求却很高，而且，对此类用户的物流成本却居高不下，配送效率低。这种物流配送产生的落差显然无法满足我国 B2C 电子商务的高速发展。这也就使得我国 B2C 的物流配送运作比起 B2B、C2C 等电子商务模式的物流配送运作困难很多。

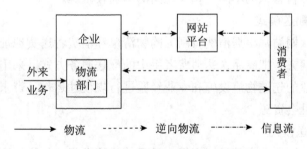

**图 5-3 B2C 电子商务物流配送模式结构**

#### 2. B2C 电子商务物流配送模式的特点

由于 B2C 电子商务物流配送模式所面向的是最终的消费者，因而在时间、空间、客户需求的多样性等方面都体现出其自身的特点。

（1）配送地点分散。B2C 电子商务直接面向的就是最终消费者，只要有网络，有消费者，对于电子商务企业而言就有可能产生业务。因而配送地点的高度分散性也就成为必然。

（2）订货时间不同。电子商务提供 24×365 全天候时间模式，任何时间都可能有消费者光顾网站。

（3）时效性不同。消费者对于商品的期望值并不相同，急需程度也不同，这就导致了 B2C 商品的时效性不同。

（4）商品种类不同。网站上商品种类繁多，大到家电，小到首饰，几乎应有尽有。

（5）配送批量小。终端消费者通常只是购买单件或少数几件商品，不会如集团一次性购买量较大。

（二）B2C 电子商务的主要物流配送模式

**1. 国内邮政体系配送模式**

电子商务企业（网站）在其营业地点建立产品仓库，根据消费者网上购物清单和消费者邮寄地址信息，通过邮局办理邮政递送手续将货物送到消费者手中的运作方式。中国邮政具有方便、快捷、点多面广的特点，是我国覆盖面最广、资历最老的物流公司。但其不足之处主要是普通邮递速度慢，而且 EMS 服务收费偏高，邮政体系服务水平偏低，容易造成包装破损、货物损坏，从而导致配送服务质量的下降而使客户不满。

**2. 共同配送模式**

电子商务企业（网站）为提高物流效率对某一地区的用户进行配送时，让多个配送企业联合起来在配送中心的统一计划、统一调度下展开的配送方式。这是一种企业之间为实现整体配送合理化，降低物流成本，以互惠互利为原则，互相提供便利的物流配送服务的协作型配送模式，其核心在于充实和强化配送的功能。共同配送的优势是有利于实现配送资源的有效配置，弥补配送企业功能的不足，促使企业配送能力的提高和配送规模的扩大，更好地满足客户需求，提高配送效率，降低配送成本。缺点是不同企业商品的不同，管理规定的不同，经营意识的不同，相互之间的沟通较困难。

**3. 第三方物流配送模式**

电子商务企业（网站）根据消费者网上购物清单和消费者送货地址信息，委托第三方物流企业（非交易两方）把商品送达消费者手中的配送服务方式。采用这种模式可以充分利用第三方物流企业的先进物流设施和专业经验进行规模性运作，带来经济利益，降低物流成本，合理利用社会资源。

**4. 企业自营配送模式**

电子商务企业（网站）在其目标市场上设置的物流送货点的物流配送方式。即在上网人群较密集的地区设置仓储中心和配送点，由客户所在地附近的配送中心或配送点配货并送货上门。物流配送各环节均由电子商务企业自身筹建并组织管理。这种模式有利于电子商务企业供应、生产和销售的一体化作业，系统化程度相对较高，物流配送效率很高，可以克服前一种模式不够快捷的问题，但配送中心和配送点建设需要大量投资，将带来短期成本的大量增加。

（三）B2C 电子商务配送模式的选择

1. 国内邮政体系配送模式——必不可少，非主流选择

当前的国内邮政体系配送模式仍在国内物流配送业内占有很重要的地位，但是单就 B2C 电子商务的物流配送而言，仅较偏远地区的客户，如其他民营快递企业的超区客户，会普遍选择中国邮政。另外，中国邮政普通邮递的配送速度太慢，EMS 价格太高，国内邮政总体服务态度一般，而几乎所有的 B2C 电子商务企业或厂商都有其他的中小型快递企业或者自营配送中心负责的配送选择。

基于此，绝大多数一线、二线城市的客户都不会使用国内邮政体系进行电子商务的购买。B2C 电子商务的各配送模式中，国内邮政体系配送模式从国内地理配送覆盖面上必不可少，各电子商务企业（网站）因此也不会放弃它，随着邮政速递业务的转型或改革，依托其点多面广的优势，物流配送效率和水平将会不断提高，也可能成为各电子商务企业（网站）选择的理想对象。

2. 共同配送模式——迫在眉睫，短期极难实现，长期极其重要

当前在国内 B2C 电子商务行业，共同配送尚未成型。原因非常简单，各种民营的中小型配送企业间呈现一种你死我活般白热化的竞争，为了一个订单斗得头破血流，有的企业甚至不惜亏本配送。对于各电子商务企业（网站）来说，表面上成本固然低了，但相对的风险却大了。试想，亏本或几近亏本的企业会注重好的服务质量吗？

从国家宏观角度来看，物流配送企业各自为政实属资源的一种浪费，共同配送或物流配送社会一体化的确迫在眉睫。最简单的例子就是日本，这个国家几乎将各种物流运力资源利用到极致。但是，国内物流配送的现状很难在短期实现共同配送模式。企业间的互相猜忌、意识的差距以及管理模式的不同是最大的阻碍。不过随着资源的逐步紧缺，共赢观念的强化，该类配送模式一定会得到迅速发展，成为中小 B2C 电子商务企业一种理想的选择。

3. 第三方物流配送模式——业务量少适合，业务量大可部分采用

在欧美盛行的第三方物流配送模式是否适合国内呢？我们经过调查发现，国内的第三方物流企业数量多、规模小，且提供的服务基本上都是物流服务里面的较低端的，如运输、配送、仓储等，能提供较为高端的服务如信息系统维护改进，物流战略管理制定等的物流企业更是凤毛麟角。另外，国内的第三方物流企业往往配送效率不高，成本也很难降低，很多时候没有达到欧美那种低廉的物流成本和规模效应。再者，我国绝大多数的第三方物流企业都仅是过去传统的运输企业改名而成，其内在运营模式和管理手段与过去并无本质的改进，无法适应当今社会高质量服务的要求。

众多国内 B2C 电子商务运营商在选择了第三方物流配送模式后都不得不忍受不尽如人意的配送效率，高昂的物流成本，以及终端用户因低劣配送服务的不满所造成的业务流失。最典型的例子是京东商城（以下简称京东）。京东是一家以电子产品、家电产品为主打的网上商店。随着客户量的激增，电子商务信息平台的稳步完善，京东有了近 300% 的平均增长率，但现有的第三方物流配送根本无法满足其业务需求，服务低端，配送效率低

下，因为京东属于 B2C 类电子商务，其客户为终端客户，往往都是单件、几件货物下单，规模经济困难重重，物流成本居高不下，且客户不断地提出物流配送服务态度差的投诉。京东除了要面临客户的质疑，还要面对货物丢失、错发等造成的损失和风险。面对 300% 的平均增长率和不断拖后腿的第三方物流配送，京东毅然于 2010 年投巨资筹建自己的配送中心，以满足其电子商务的增长需求，解决了危机。

因此，我们可以看出，尽管第三方物流在国外或在物流业中是一种大势所趋的 B2C 电子商务配送模式，但由于我国的特殊国情而不能被照搬套用。作为电子商务企业，首先应该估量自己当前的资金业务能力，谨慎出牌。我们认为，在业务发展初期，可广泛采用，既节约了成本，又能集中精力于核心业务，何乐而不为？但当企业实力发展雄厚了，业务量猛增了，就应根据当前国内的第三方物流发展状况出牌，若有非常一流的第三方物流企业可以满足企业的全部需要，则毫不犹豫的继续选择第三方物流，如若没有，可以考虑部分第三方物流，部分自建，或全部自建物流。

4. 企业自营物流配送模式——资金雄厚者适合

那么最后一种企业自营物流配送如何呢？尽管从前面的例子能看出自营物流好处多多，电子商务企业能够自己掌控物流配送，大大提高配送效率，但高昂的成本也让很多企业不堪重负。尤其是 B2C 电子商务，因为其主要是针对最终用户，而且产品多为薄利多销的快销品，在市场竞争激烈的今天，很难做到既兼顾价格，又能支撑大规模的配送。如 e 国购物网就是因为无法承受高昂的自营物流配送成本而昙花一现。

但仍然有不少成功的自营物流案例，如国内较著名的京东商城以及卓越亚马逊都实施了较为成功的自营物流配送模式。虽然自营物流配送模式从短期来看物流成本不小，但从长远角度来看，物流成本还是存在很大的下降空间。首先通过规模经济效益，企业逐步掌握住自己的各物流配送业务状况和未来发展趋势，可以有更快的反应速度以提高配送效率从而降低单位物流成本。同时由于在我国自营物流比起第三方物流能获得更高的客户满意度，客户的出单量自然大大提高，那么从长远角度来看平均物流费用率将会下降。

因此，我们可以看出，在我国当前第三方物流水平低下的阶段，自营物流对于规模大、资金雄厚的电子商务企业是个不错的选择。

物流配送是体现电子商务优越性的重要环节，同时也是电子商务发展的瓶颈环节。B2C 企业不应该盲目照搬国外发达国家的电子商务物流配送模式，而应根据自身的客户需求、所处区域、战略目标、企业规模、行业特点等因地制宜、合理地选择合适的一种或者由以上几种模式相结合的物流配送模式。

## 三、C2C 电子商务物流模式

### (一) C2C 电子商务物流配送模式的概念和特点

1. C2C 电子商务物流配送模式的概念

我们不难发现，在目前我国 C2C 网络购物产业链中，主要由卖家（网店）、购物网站（电商企业）、买家（消费者）、第三方支付平台、物流企业共同构成的物流配送运作方式。

在这条产业链中，商流、资金流、信息流实现了完全的电子化，唯有物流还不能完全电子化，实物商品必须通过有形的实体流动，整个产业链的价值才能够得以最终实现。

C2C 电子商务企业存在着数量多、规模小、分散的特点，依靠自身的力量无力解决其交易过程中的物流问题，因此必须依靠第三方物流快递的发展。然而目前我国为 C2C 网络购物提供物流配送服务的快递企业，服务水平参差不齐，快递费用普遍较高，一般为 10～20 元。

显然，与购物网站平台、第三方支付平台能够提供快速、便捷、低成本购物体验相比较，目前我国 C2C 物流配送服务成本一直居高不下，成为直接影响 C2C 网络购物产业链价值水平的关键因素之一。目前采用这一模式的电子商务网站平台主要有淘宝网、易趣网、拍拍网等。

C2C 电子商务物流配送模式如图 5-4 所示，包括：

（1）卖方（网店）在电商企业购物网站平台上发布商品信息；

（2）买方（客户）收集信息，若供求需求匹配，则买方在网上下订单；

（3）买方将货款付至第三方支付平台（网络银行或支付宝等）；

（4）第三方支付平台将收到货款的信息传到购物网站，通过网络平台告知卖方；

（5）卖方发货，通过物流企业将货物送至买方（客户）；

（6）物流企业将买方（客户）及收货的信息及时传递给购物网站，通过平台告知卖方；

（7）若买方接收货物，第三方支付平台将货款付给卖方，交易结束；

（8）若买方不接受（有问题），物流企业把信息传递给卖方和第三支付平台，并退货。

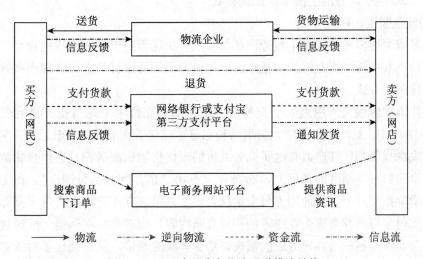

**图 5-4  C2C 电子商务物流配送模式结构**

## 2. C2C 电子商务物流配送模式的特点

C2C 电子商务一般是点对点的物流，流动的方向杂乱、分散，不能形成规模经济的优势，决定了 C2C 物流配送模式具有以下特点。

（1）客户分布广泛。互联网的无边界性特点导致了电子商务客户区域的分散，但过分分散的配送网络不利于物流集中配送降低成本。C2C 电子商务的买家、卖家（网店）一般分布在全国各地，几乎所有互联网存在的地方，就有可能存在 C2C 电子商务的客户。C2C 电子商务过于分散，加上当前我国现有的第三方物流企业（中国邮政除外）很难具有如此大的市场布局，同时在这方面也很难赢利，这是现在很多第三方物流企业不愿将快递业 C2C 业务纳入其主营业务范围的重要原因。对于很多第三方物流企业而言，C2C 类型的配送业务仅仅是它们用来扩大市场范围和影响度的一种手段和方式。

（2）第三方物流企业配送布局分散。目前我国尚没建立公共的第三方物流信息平台，这是目前存在于我国第三方物流（快递企业）行业发展的重要瓶颈。相关资料显示，大部分第三方物流企业（快递企业）一般根据自身的业务范围规划业务活动区域，而且往往会出现这样的局面，在同一小区范围内会同时出现三四家以上的第三方物流企业的业务代理点，导致重复交叉配送点多，物流配送成本居高不下，社会资源浪费特别严重。

（3）单笔交易数额较小，配送费用高。目前 C2C 电子商务网络购物的单笔交易额较小，主要集中在 1000 元以下，体现为一对一的意向物流过程，也就是说，一般是卖家（网店）将每天达成的交易商品集中送到快递企业，根据买家的要求进行填单包装，由快递企业经其分拣中心处理后，根据客户要求将商品配送到买家手中。一般由于单个卖家日均配送呈现小规模、多频次的特点，因此很难与快递企业形成稳定的客户关系，卖家在快递企业面前谈判的砝码很小，也就造成配送成本长期在高位徘徊，很难实现规模效益。

**（二）C2C 电子商务的主要物流配送模式**

1. 物流联盟配送模式

物流联盟配送模式是指电子商务网站与邮政、快递等物流企业组成的物流产业链，电子商务平台在其中扮演产业链的中枢角色，对各方面的物流资源进行合理而高效的整合与利用的物流配送方式。

作为当前国内最大的网上安全交易服务提供商，支付宝率先与相关物流企业进行合作。2005 年 6 月，支付宝与天津大田集团和宅急送成立了我国第一个电子商务第三方物流联盟，解决物流瓶颈，打造适合电子商务发展的现代化物流配送模式。整合物流之后，支付宝在"全额赔付"制度的基础上，2006 年又推出"推荐物流赔付制度"。在支付宝交易过程中，卖家在交易中直接使用支付宝系统，用下订单的方式选择由支付宝推荐的物流服务，享有支付宝与推荐物流企业商定的相应理赔内容，即对物品在运输、配送过程中的遗失、破损及非本人签收给客户造成的损失，给予相应的赔偿，从而强化了对买卖双方的利益保障。

2. 便利店配送模式

便利店配送模式源自日本 7—11 公司的服务模式，即充分利用分布于各居住区的便利店来完成物流快递的最初和最后一公里，让便利店成为物流快递企业的接货起点与终点送达手段。这样既可以极大地降低或减少物流快递企业的配送成本，又可以使原有的便利店资源得以充分发挥作用。尤其是对上班族来说，便利店送达可以减少因为上班错过送货时间的机会。

便利店营业时间长，贴近居民区，如果辅以社区网格化的宅配服务，就可以成为电子商务的商品展示点、配送中转和服务中心，帮助网商落地生根，实现商品销售、样品展示、实物交接、代收货款、退换货、宅配等增值服务。简单地说，当客户通过 Internet 完成订单后，电子商务中心可以通知客户去距离最近的那家连锁店完成交易，或者由宅配人员上门完成交付。通过与电子商务结合，便利店可以充分利用网络便利性、无限性、交互性特点，使得虚拟销售成为可能，并可成为电子商务企业的物流服务商。

以广州的 7－11 为例，便利店一般开设在居民区内，其 70% 以上的客户都在距其连锁店步行 10 分钟以内的地方居住或工作，这对在 C2C 平台订购商品的客户提供了取货和送货的方便，能够充分体现出网络购物方便和快捷的特点。并且 7－11 连锁店陆续装置了高速终端机，消费者通过终端机可以选择或订购店内没有现货的任意一种商品，而且可以进行电子转账，实现全方位的联网。这样一来，家里没有电脑或上网手机的居民来到便利店，一样可以享受电子商务的便利服务。

### 3. 物流配送代理模式

物流配送代理模式是指物流渠道中的专业化物流中间人，以签订合同的形式在一定期间内为 C2C 网络购物的卖方（网店）提供的所有或某些方面的物流业务服务。

对于 C2C 网络购物的卖方（网店）来说，面对日趋激烈的市场竞争不得不将主要精力放在自己的核心业务网络营销上，而将物流环节交由专业物流企业进行操作，以求节约和高效。物流快递企业分析比较操作成本和代理费用，灵活运用自理和代理两种方式，提供客户定制的物流服务。

### 4. 指定或推荐物流配送模式

指定或推荐物流配送模式是指为了减少物流成本的差异性，提高网上商店的物流服务质量，电子商务平台或网站充分利用自身优势，与规范的专业化的物流快递企业建立战略合作伙伴关系，向全体网商推荐这些物流快递企业，鼓励网商使用有合作的物流快递企业的物流服务。

对 2009 年市场渗透率高达 81.5% 的淘宝网来说，淘宝实施了指定或推荐物流的新模式。这样淘宝可以对自己指定或推荐的物流企业有效实施监督和管理，双方之间建立战略合作伙伴关系，形成利益共同体，有利于物流企业针对 C2C 平台的要求作出相应的调整和改善，有利于整个物流企业的发展。

### （三）C2C 电子商务配送模式的选择

#### 1. 物流联盟配送模式的选择

建立物流联盟配送模式的基本条件是第三方物流的成熟，目前我国第三方物流发展迅猛，国外的物流大鳄纷至沓来，中国邮政的 EMS（邮政快递）加快发展以及民营快递企业大量出现，但也暴露出越来越多的问题，发展参差不齐，入市门槛低，服务网络覆盖率不高，物流过程跟踪难度大，服务质量差，纠纷解决难等。在这样的情况下，物流联盟配送模式作为一种较为先进的电子商务物流配送模式是一种选择，但若仅仅依靠平台网站建立起来的物流联盟配送模式，在现阶段其本身就存在着很大的风险，也很难独立承担起C2C电子商务物流配送的任务。外资物流企业和中国的民营快递在全国范围内的网络布局远未完成，要完成物流配送任务，必须与其他物流企业进行合作，增加了服务难度和成本，风险可控性差。中国邮政的EMS却因价格较高，很难成为对成本十分敏感的C2C电子商务首选，充其量只能作为备选方案。

2. 便利店配送模式的选择

采用便利店配送模式的前提条件是网络化的便利店，充分利用信息平台把便利店网络与物流快递网络、网上商店电子商务平台网络等整合起来，实行网上网下联动。在我国一些实行全国连锁经营的企业完全可以发挥传统网络化实体店的优势，利用网络信息平台，实施便利店配送模式也是一种不错的选择。

3. 物流配送代理模式的选择

在C2C电子商务网络购物平台上开设网店的个人或企业往往规模小，实力有限，难以有力量去选择和监督物流快递企业的运作过程时，选择专业物流代理，开展对物流快递企业的综合性分析和评价，在经过充分比较后选择适用的物流快递企业作为自己的合作伙伴。

4. 指定或推荐物流配送模式的选择

由于电子商务平台的加入，可以有能力（集众多网商的需求）进行服务招标。C2C网上网店的卖方可以自愿选择是否采用平台推荐的物流快速企业，如果采用了平台推荐的战略合作伙伴，就可以享受到相应的物流服务。实际上，目前C2C网上网店卖方也自发地与大大小小的物流快速企业形成一定的合作关系，如货款的按月按量结算、量大优惠等，只不过这种合作的规模很小、很不稳定。

 小 贴 士

### 指定或推荐物流配送模式的优势

通过建立公共的物流信息平台，指定或推荐物流配送模式的优势明显：

◆在一定程度、范围内实现资源的信息共享，有利于资源的合理配置

◆有利于商品集中分类处理，节省运作成本，实现规范化管理

◆有利于整体配送成本的降低，促进我国快递业务的健康发展

◆有利于加强C2C电子商务对商品资源的有效控制，促进C2C网络购物的市场化规范运作，增加C2C电子商务网站的收益

◆有利于提升买家满意度，使得物流服务更具人性化

## 任务实施

### 一、实施目的

1. 清晰描述 B2C 电子商务物流配送模式和 C2C 电子商务物流配送模式，并慎重选择适合本企业的电子商务物流配送模式。

2. 通过小组成员分工协作，增强合作意识，培养团队精神。

3. 通过探究式学习，培养自主学习习惯，养成探究意识。

### 二、实施内容

1. 理解电子商务物流配送模式的概念。

2. 明晰自营物流配送模式、委托专业物流配送机构配送模式、综合物流代理模式、物流联盟配送模式、自营与外包相结合配送模式和共同配送模式六种电子商务物流配送模式的内涵。

3. 解读 B2C 电子商务物流配送模式及其选择。

4. 解读 C2C 电子商务物流配送模式及其选择。

### 三、实施地点和工具

1. 配有 Internet 的多媒体教室或实训室。

2. 备有计算机、投影仪、笔及白纸。

### 四、实施步骤

1. 学生按三人一组，自选组长，并以小组为单位开展活动。

2. 以表格的形式勾画 B2C 电子商务物流配送模式及其选择。

3. 以表格的形式勾画 C2C 电子商务物流配送模式及其选择。

4. 编制实施报告，并制作成 PPT。

5. 各组派代表上台演示演讲。

6. 各组派一名代表对其他各组的实施报告打分。

7. 教师点评，评定等级。

### 五、实训指导

1. 讲解电子商务物流配送模式的概念和模式类别。

2. 描述 B2C 电子商务物流配送模式的含义。

3. 解读 B2C 电子商务物流配送模式的主要类别及其选择。

4. 描述 C2C 电子商务物流配送模式的含义。

5. 解读 C2C 电子商务物流配送模式的主要类别及其选择。

6. 指导学生分组、制作 PPT 及演讲。

## 六、实施时间

本项任务实施时间需要 6 学时。

## 七、评价标准（如表 5－2 所示）

表 5－2　　　　　　　　　　　　　　实施方案评价标准

| 评价等级 | 评价标准 |
| --- | --- |
| 优秀 | 能在规定时间内独立编撰实施方案报告，且方案要素完整；表格设计科学，分析透彻，通俗易懂；小组成员有严密的分工协作，且讲解或运用流畅 |
| 良好 | 能在规定时间内独立编撰实施方案报告，且方案要素完整；小组成员有分工协作 |
| 合格 | 能在教师帮助下完成实施方案报告 |
| 不合格 | 没能完成实施方案报告 |

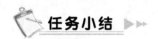任务小结 ▶▶

通过本任务的实战体验和相关知识解读，学生理解了电子商务物流配送模式的概念和模式类别，描述了 B2C 和 C2C 电子商务物流配送模式的含义，深度解读了 B2C 电子商务物流配送模式和 C2C 电子商务物流配送模式的主要类别及其选择。

## 【课后训练】

一、单项选择题

1. 电子商务企业与百货商店、连锁店、邮政快递等原有配送网络搞联合、协作，共同完成物流配送，即（　　　）。

A. 自营物流配送模式

B. 物流联盟配送模式

C. 综合物流代理模式

D. 委托专业物流配送机构完成商品的配送模式

2. （　　　）就是电子商务企业（网站）为提高物流效率对某一地区的用户进行配送时，让多个配送企业联合起来在配送中心的统一计划、统一调度下展开的配送方式。

A. 共同配送模式　　　　　　　　　B. 国内邮政体系配送模式

C. 第三方物流配送模式　　　　　　D. 企业自营配送模式

3. （　　　）是指物流渠道中的专业化物流中间人，以签订合同的形式在一定期间内为 C2C 网络购物的卖方（网店）提供的所有或某些方面的物流业务服务。

A. 便利店配送模式　　　　　　　　　B. 物流联盟配送模式

C. 物流配送代理模式      D. 指定或推荐物流配送模式

二、多项选择题

1. 电子商务物流配送模式就是在电子商务环境下将传统的物流配送进行（   ）改造和创新的一种物流配送范式。

A. 信息化     B. 个性化     C. 集成化

D. 现代化     E. 社会化

2. B2C 电子商务物流配送模式的特点（   ）。

A. 配送地点分散    B. 订货时间不同    C. 时效性不同

D. 商品种类不同    E. 配送批量小

3. C2C 电子商务物流配送模式的特点（   ）。

A. 配送地点分散

B. 客户分布广泛

C. 第三方物流企业配送布局分散

D. 集成化

E. 单笔交易数额较小，配送费用高

三、判断题

1. B2C 的物流配送模式是一种中心辐射状的物流，所有的货物流从一个点发出，大批量的物流可使物流成本降低的配送运作方式。（   ）

2. 国内邮政体系配送模式是 B2C 的主流选择。（   ）

3. 淘宝网在我国最早实施了指定或推荐物流的新模式。（   ）

四、简答题

1. 什么是电子商务物流配送模式？它有哪些类别？

2. 什么是 B2C 电子商务物流配送模式？它有何特点？有哪些主要模式？

3. 什么是 C2C 电子商务物流配送模式？它有何特点？有哪些主要模式？

五、案例分析题

### 沃尔玛借物流配送强势推进电子商务

全球最大的零售商沃尔玛正计划在中国和日本推出电子商务业务，拟把已有的部分成熟市场的网上业务扩展至新市场，通过网上业务提高全球整体销售额。沃尔玛已在日本有过与乐天合作的经验，在中国推出电子商务又怀有什么目的呢？

（一）优势与不足

沃尔玛进入我国 11 年来，国内的专家学者也倾尽心血地分析沃尔玛的成功与失败，优势与劣势。其优势大致可总结为两点：

第一是成本的控制力。大家知道这家全球第一大零售商的物流成本所占销售额的多少吗？数据是 1.3％，也就是说一个卖 100 元的东西，物流成本仅有 1.3 元，我们国内的商场超市能控制在 15％就比较厉害了。

沃尔玛在美国建有 62 个物流配送中心，每个配送中心可覆盖方圆 320 千米的所有沃尔玛商场，直接供应沃尔玛美国 4000 多家商场的物流配送业务。为了提高物流的配送效率，整合沃尔玛全球资源，建立起了强大的信息系统，甚至不惜向太空发射卫星以达到高效整合的目的，这就是沃尔玛的物流力量。

第二是产业链的整合。在沃尔玛出现之前，美国都是从中间商进货，而沃尔玛的出现改变了历史绕过中间商，直接从厂家供货，整合了中间商，而后以巨大的优势压缩上游厂家成本，最后兼并上游厂家，形成自有品牌。将上游、中游和自己的下游沃尔玛超市连锁进行产业链高效整合，进一步压缩成本，打击对手，取得市场垄断地位。

尽管实力强大，但沃尔玛进入中国后，也表现出了一些水土不服的情况：

第一，高昂的地价。沃尔玛进入中国后，沃尔玛商场的租金不但贵而且年年涨。第二，令人头痛的食品消费比重。国人的超市消费比重中，食品（蔬菜、水果、鱼虾、生肉、熟食）占比近 50%，而美国占 20% 不到，蔬菜过两天就坏了，鱼不新鲜就得打折，生肉容易变质，而且食品比重过大所带来的最大问题是信息流无法统计。量化的统计学原理在中国被细分成无数个小分支，破坏得支离破碎，信息的不确定性带来了物流、采购等的无法控制。

物流和地价造成沃尔玛优势无法与中国市场整合，好比一个身怀绝技的外来和尚念不了中国的经，要变成和中国超市一样的小和尚，会甘心吗？

如果是你，你会怎么做？想必一定会慢慢地开店，发现问题，补救问题。物流不是无法统计吗？那就多做几年，找出市场中存在的可量化的大规律，将小不同所带来的损失降到最低，再就是利用好强大的物流体系。沃尔玛也想到了电子商务与物流的对接。

沃尔玛的电子商务战略是要把电子商务与自己强大的物流信息系统形成对接，最大化地利用既有优势，扩大市场渠道的占有率，再次在电子商务市场中取得与沃尔玛超市一样的市场领先地位。

（二）沃尔玛凭借配送优势进军电子商务

第一，可避开商超土地成本的限制；第二，压缩食品类产品对商超的影响，3C 电器、玩具、厨房用品等都是沃尔玛的强项，实现与物流信息系统对接；第三，对物流配送中心升级考验。沃尔玛在中国建立了四个物流配送中心，若开展物流配送业务，能第一时间成立战略指挥中心，利用既有配送中心，扩大沃尔玛在中国的市场份额；第四，也是最重要的一点，渠道为王。目前电子商务是对传统渠道的威胁最大，若电子商务占据了越来越大的市场份额，势必会减少沃尔玛对上游厂家的控制力，提高网络市场份额，能够加强渠道控制力度，并进一步打击其他电子商务的渠道。

谁能取得市场垄断地位，成为零售商巨头，谁才是最大的赢家。这就是沃尔玛进军电子商务的真正目的。


问题分析：

1. 沃尔玛的优势在哪里？

2. 沃尔玛作为零售商业的"巨无霸"，为什么进军电子商务？

# 任务三 电子商务环境下物流配送中心的建立

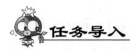

近几年的实践证明，电子商务的发展迫切需要尽快加强建设信息化、现代化、社会化的新型配送中心的步伐。而电子商务配送中心的规划与建立管理，无疑会成为电子商务发展的重要力量。

## 一、物流配送中心的定义与类型

（一）物流配送中心的定义

配送中心是从供应者手中接收多种大量的货物，进行换装、分类、保管、流通加工和信息处理等作业，然后按照众多需要者的订货要求备齐货物，以令人满意的服务水平进行配送的机构。

（二）物流配送中心的类型

1. 按运营主体的不同分类

（1）以制造商为主体的配送中心。这是特大型制造商为了减少中间环节，将产品在最短时间内以较低的物流成本推向市场，获得较高利润而采用的一种配送中心。如中国的海尔、日本的资生堂。

（2）以批发商为主体的配送中心。配送中心从制造商购进的商品，向零售企业（如连锁店）等进行配送或店铺直接配送。

（3）以零售业为主体的配送中心。零售商发展到一定规模后，也可以考虑建立自己的配送中心，为专业商品零售店、超级市场、百货商店、建材商场、粮油食品店、宾馆饭店等服务，其社会化程度介于前两者之间。

（4）以仓储运输业者为主体的配送中心。这种配送中心最强的是运输配送能力，地理位置优越，如港湾、铁路和公路枢纽，可迅速将到达的货物配送给用户。它提供仓储储位给制造商或供应商，而配送中心的货物仍属于制造商或供应商所有，配送中心只是提供仓储管理和运输配送服务。这种配送中心的现代化程度往往较高。

2. 按物流配送的模式分类

（1）集货型配送模式。这种模式主要针对上家的采购物流过程进行创新而形成。其上家生产具有相互关联性，下家互相独立，上家对配送中心的储存度明显大于下家，上家相对集中，而下家分散具有相当的需求。同时，这类配送中心也强调其加工功能。此类配送模式适于成品或半成品的推销，如汽车配送中心。

（2）散货型配送模式。这种模式主要是对下家的供货物流进行优化而形成。上家对配送中心的依存度小于下家，而且配送中心的下家相对集中或有利益共享（如连锁业）。采用此类配送模式的流通企业，其上家竞争激烈，下家需求以多品种、小批量为主要特征，适于原材料或半成品物资配送，如机电产品配送中心。

（3）混合型配送模式。这种模式综合了上述两种配送模式的优点，并对商品的流通全过程进行有效控制，有效地克服了传统物流的弊端。采用这种配送模式的流通企业规模较大，具有相当的设备投资，如区域性物流配送中心。在实际流通中，多采取多样化经营，降低了经营风险。这种运作模式比较符合新型物流配送的要求（特别是电子商务下的物流配送）。

## 二、电子商务物流配送中心的含义、特点和类型

（一）电子商务物流配送中心的含义

电子商务物流配送中心是指以电子商务网站为平台从事物流活动的场所或组织。应基本符合以下要求：主要面向社会服务；物流功能健全；完善的信息网络；辐射范围大；少品种、大批量；存储/吞吐能力强；物流业务统一经营管理。

（二）电子商务物流配送中心的特点

1. 配送反应速度快

电子商务物流配送中心对上、下游物流配送需求的反应速度越来越快，前置时间越来越短。在物流信息化时代，速度就是金钱，速度就是效益，速度就是竞争力。

2. 配送功能集成化

充分利用电子商务平台优势将物流与供应链的其他环节进行集成，如物流渠道与商流渠道集成、物流功能集成、物流环节与制造环节集成、物流渠道之间的集成。

3. 配送作业规范化

强调电子商务物流配送作业流程和运作的标准化、程式化和规范化，使复杂的作业简单化，从而大规模地提高物流作业的效率和效益。

4. 配送服务系列化

强调电子商务物流配送服务的正确定位与完善化、系列化，除传统的配送服务外，在外延上扩展物流的市场调查与预测、物流订单处理、物流配送咨询、物流配送方案、物流库存控制策略建议、物流货款回收、物流教育培训等系列的服务。

**5. 配送目标系统化**

电子商务企业从系统的角度统筹规划的一个整体物流配送活动，不求单个物流最佳化，而求整体物流活动最优化，使整个物流配送达到最优化。

**6. 配送手段现代化**

以客户为导向，以电子商务网站为平台，使用先进的物流技术、设备与管理为物流配送提供支撑，生产、流通和配送规模越大，物流配送技术、物流设备与管理就越需要现代化。

**7. 配送组织网络化**

为保证"鼠标＋车轮"的网上购物消费方式的畅通，电子商务配送中心必须有健全、完善的物流配送网络体系，物流配送中心、物流节点等网络设施星罗棋布，商品选择最佳配送路线。

**8. 配送经营市场化**

电子商务企业物流配送采用市场机制，无论是企业自己组织物流配送还是社会物流配送，都实行市场化。只有利用市场化这只看不见的手指挥调节物流配送，才能取得好的经济效益和社会效益。

**（三）电子商务物流配送中心的类型**

电子商务配送中心按业态分，可分为批发型电子商务配送中心、零售型电子商务配送中心和仓储型电子商务配送中心三种。

**1. 批发型电子商务配送中心**

批发型电子商务配送中心是以电子商务网站为平台，配送中心从事批量销售业务，向零售企业（如连锁店）等进行配送或店铺直接配送，是一种 B2B 电子商务的模式。如图 5-5 所示。

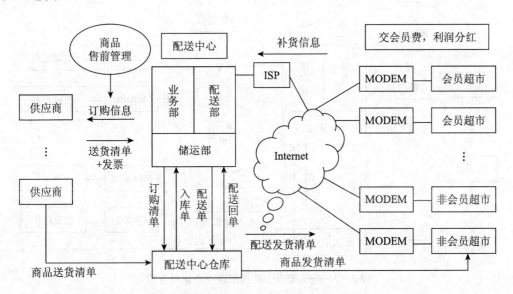

**图 5-5　批发型电子商务配送中心运行示意**

## 2. 零售型电子商务配送中心

零售型电子商务配送中心是指以电子商务网站为平台开展零售业务，依托配送中心强大的配送能力的一种 B2C 的电子商务模式。如图 5-6 所示。

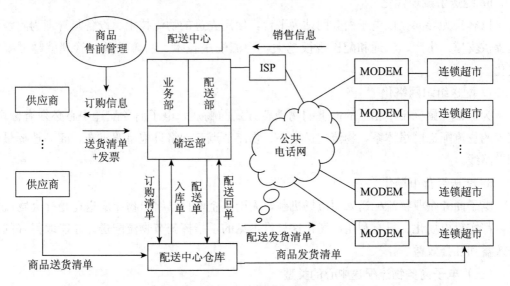

**图 5-6  零售型电子商务配送中心运行示意**

## 3. 仓储型电子商务配送中心

仓储型电子商务配送中心是以电子商务网站为平台，依托自身强大的仓储能力、地理位置和交通优势开展的批零兼营业务的一种配送中心。运行机制如图 5-7 所示。

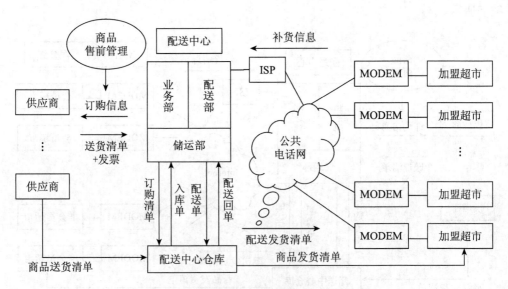

**图 5-7  仓储型电子商务配送中心运行示意**

### 三、电子商务物流配送中心规划的内容

电子商务物流配送中心规划是指在电子商务网站客户覆盖的范围内（一个城市或一个省区甚至是更大范围内）进行配送中心网点布局，确定配送中心的规模和数量，选择配送中心的设置地点和内部设施的配置等。

（一）确定电子商务物流配送中心的数量

电子商务的客户虽是随机的，但分布还是有规可寻的，分布也是可划分区域的。对于一个的特定区域，在总配送规模一定的前提条件下，配送中心的数量可在一定的范围内进行选择。进行配送中心数量决策的主要依据是配送中心数量的经济性和服务能力。一般来说，确定配送中心的数量时主要应考虑以下三个方面的因素。

1. 单个配送网点的规模

一般而言，单个配送网点的规模越大，单位投资成本越低；此外，采用大规模作业方式和使用处理商品的设备，也能降低单位物流成本。在总配送规模一定的前提条件下，单个配送网点的规模越大，配送中心的数量越小。

2. 物流费用

配送中心数量多，建设投资大，成本高；但因数量多，可使配送中心更接近各个销售或供应网点，从而改善供应条件，能更迅速、及时地补充企业库存，降低库存水平，也有利于减少商品迂回运输和缩短运输的距离，降低物流成本。随着配送中心数量的进一步增加，配送中心的投资和运转费用都会增加，当配送中心的数量超过一定限度时将导致库存分散，使总储存量增加，并且配送中心集中运输的商品数量大大下降，小额运输增加，致使运输费用上升。因此必须合理地确定配送中心的数量，使总的物流费用为最小。

3. 配送服务水平

配送中心的数量与配送服务水平有一定的关系。配送中心数量增加，可以减少配送中心到配送目的地的距离，从而在一定程度上减少商品配送成本。由于配送中心接近配送目的地，配送时间也可缩短，因而能充分满足用户的需求，提高配送服务水平。但当配送中心的数量超过一定限度时，又会因为库存分散，小额运输数量的增加而导致物流费用的上升。因而在进行配送中心数量决策时必须在多种因素之间权衡决策。

（二）电子商务物流配送中心选址

电子商务物流配送中心的选址直接影响配送速度、配送中心各项活动的成本，同时也关系到配送中心的正常运作和发展，因此，配送中心的选址和布局必须在充分调查分析的基础上综合考虑自身经营的特点、商品特性及交通状况等因素，在详细分析现状及预测的基础上对配送中心进行选址。

1. 影响物流配送中心选址的主要因素

（1）客户分布情况。准确掌握配送中心现有服务对象的分布情况以及未来一段时间内的发展变化情况，因为客户分布状况的改变、配送商品数量的改变及客户对配送服务要求的改变都会对配送中心的经营和管理产生影响。

（2）货物分布和数量。货物分布是指货物来源和去向的分布情况。货物数量是随着配送区域的扩大而不断增加的，货物数量增长越快，对配送中心选址的合理性要求也就越高，配送中心应尽可能与生产地和配送区域形成短距离优化。

（3）交通运输条件。配送中心地址选择应靠近交通运输枢纽，以保证配送服务的及时性、准确性。

（4）用地条件。配送中心的占地需考虑城建部门的总体规划，掌握配送中心的位置在城市总体规划中的地位和作用以及城市总体规划对配送中心的要求。建设须占用大量的土地资源，土地的来源、地价、土地的利用程度等要充分考虑并落实。

（5）政策法规条件。掌握政府对配送中心建设的法律法规要求，哪些地区不允许建设配送中心、哪些地区政府有优惠政策等。

（6）附属设施条件。配送中心周围的服务设施也是考虑的因素之一，如外部信息网络技术条件、水电及通信等辅助设施、北方地区的供暖保温设施等。

（7）其他。要考虑不同类别的配送中心对选址的要求是不同的。如有些配送中心所保管的商品有保温设施、冷冻设施、危险品设施等对选址都有特殊要求。

2. 电子商务物流配送中心选址的方法

单一配送中心的选址应以物流量和物流路线为依据，使配送中心与其供货工厂和用户之间的运输距离最短或运输费用最少。因此，在选址前需要对物流量及费用等资料进行分析研究，既要分析研究现有资料，又要预测将来物流客户的发展和变化，为配送中心的选址和物流设施的配备提供依据。常用的选址方法有重心法、坐标分析法等。

（1）重心法。就是把用户对货物需要量按一定比例换算成重锤的重量，用实验的方法确定重心位置，重心的位置即是配送中心的最佳位置。

重心法的应用。实验时需使用简单的实验器具，在平板上放一幅按一定比例绘制的地图，画出客户 A、B……N 所在地点，在各点上分别制作小孔。如图 5-8 所示。

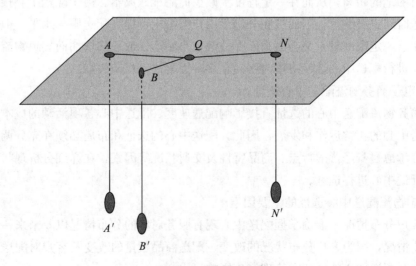

**图 5-8 重心法示意**

用一定长度的细绳，分别拴上一个小重锤，每个小重锤的重量都是按用户的需要量按一定比例制造出来的。把拴有重锤的线分别穿过各对应的小孔，在平板上方把各线的端头集中打一个小结，在平板上对打结处做一个记号。用手掌托起绳结，让它们自由落下，经过多次反复试验，可确定落下点的准确位置，落下点的位置即是配送中心的最佳位置。

把货运量重心所处的位置作为配送中心的位置，可使配送中心到各个用户的距离与用户所需的商品重量相平衡，从而节省运输费用。

（2）坐标分析法。就是将用户的地理位置用坐标标在地图上，根据配送中心到各个用户的货运量，用数值分析方法确定配送中心的最佳位置。

坐标分析法的应用。如图5-9。假如有 $n$ 个用户，它们所处的位置可用 $n$ 坐标点 $(x_i, y_i)$ 表示，配送中心位置坐标点用 $(x, y)$ 表示，配送中心到用户的直线距离 $d_i$ 为两点间的距离公式，则：

$$d_i = \sqrt{(x - x_i)^2 + (y - y_i)^2}$$

设 $t_i$ 为用户 $i$ 所需的货运量，$e_i$ 为配送中心到用户的单位货运量，单位距离所需的运输费用，则配送中心到各个用户的运输费用总额 $H$ 为：

$$H = \sum d_i \cdot t_i \cdot e_i$$

配送中心的合理位置应使总运输费用为最小，使 $\dfrac{\mathrm{d}H}{\mathrm{d}x} = 0$，$\dfrac{\mathrm{d}H}{\mathrm{d}y} = 0$，可求出配送中心的坐标点 $(x, y)$，$(x, y)$ 所在的位置即配送中心的位置。

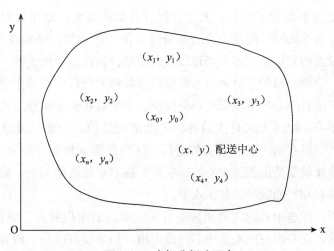

**图5-9  坐标分析法示意**

**（三）电子商务物流配送中心规模确定**

准确地确定配送中心的规模是电子商务物流配送中心规划中一项十分重要的内容。缺乏对配送中心规模的合理规划和计算，错误地估计客观实际需要，就会严重地影响配送的经济效益。若配送中心的规模过大，超过实际需要，会造成配送中心设施闲置。利用率不高。反之，配送中心的规模小于配送的实际需要，不仅无法满足配送业务的需要，同时也会影响配送各项作业活动的顺利进行。

1. 确定配送中心规模的主要任务

确定配送中心规模主要任务是根据配送业务的实际需要，计算所需要的配送中心的面积。

2. 影响配送中心规模的主要因素

（1）配送商品的种类

（2）配送商品数量

（3）配送商品周转速度

3. 确定配送中心规模的步骤

第一步，根据各个网点的需要量确定总配送量；

第二步，根据配送中心作业的需要，合理划分各个作业区域，如储存区、理货区、作业通道和生产辅助区；

第三步，合理规划各个区域所占的面积；

第四步，经过推算得出配送中心总面积。

**（四）电子商务物流配送中心内部设施的配置**

电子商务物流配送中心的内部设施应根据配送中心的规模及配送业务的要求而设置。配送中心的内部设施由具备一定形式的建筑物、构筑物以及各种机械设备所组成。

1. 配送中心的建筑设施

各种类型的配送中心为了收货、发货和保管商品的需要，必须设置收货、验收、分类、保管、配货发送等场所。配送中心若兼备流通加工的功能，还应设置流通加工场所。除此之外，还应设置办公场所，停车场地以及装卸站台、铁路专用线等。

收货、验收、分类、保管、流通加工等场所通常称为配送中心的主要业务场所，这些场所的设置取决于配送中心的规模以及业务性质。业务量和储存量较小的配送中心，或虽配送量大但品种单一，配送方式是少品种、大批量配送的，一般只设收、发货和保管场所，其他有关业务，可在同一场所内交替进行。这样既能满足业务要求，又能节省用地。在作业量大、作业比较复杂的配送中心，每项业务都应有单独的场所，除此之外，还要求配送中心的设备具有相当的数量和技术水平。

商品保管场所是配送中心的主要组成部分，它所占的面积最大。保管场所包括货场、货棚和库房。目前，在我国有的配送中心只建库房，如果没有库房，没有货场、货棚，或货场很小，就会造成车辆阻塞，吞吐不畅。货场的面积取决于货运量的大小，与采用的装卸搬运设备有关。现阶段，在我国的大中城市因节约用地的需要，主要发展多层库房，但从方便使用和投资建设的经济效益看，还是以 3～5 层为宜。在土地不太紧张的地区，也可建设平房仓库。

2. 配送中心机械设备的配置

（1）配送中心使用的主要机械设备。包括完成装卸、搬运、输送设备、检验、分货、储存、加工、包装等物流作业的机械和设备，机械设备配置合理可提高配送效率，确保货物完整，有效地利用仓库容积，以较少的耗费在规定时间内保质保量地完成配送任务。

（2）配送中心机械设备配置的要求。流通加工机械的选择取决于被加工货物的类型、要求和加工方法。包装机械的选择在于提高配送中心的配送效率，与包装方式和采用的包装技术有关。

①符合商品的特性。商品的物理、化学性质以及包装的尺寸、重量不一，所要求的保管方法、储存条件以及装卸搬运方式等也就各不相同。商品的种类及其特性决定了所需机械设备的类型。

②适应货运量的需要。货运量较大的配送中心，可在货场配备生产率较高的大型装卸机械和输送机械，利用输送机械系统把配送中心的各个作业场所连成一个整体，快速输送到装卸场所。对于货运量较小的配送中心可选用生产率较低的小型装卸机械，货物的搬运可采用各种人力搬运车。

③适应运输方式。在选择装卸机械时，必须考虑运输方式，与运输工具相适应。不同运输工具的外型尺寸、构造、载重量、容积等各不相同，因而需要采用不同的装卸机械。

根据货物种类、特性、运量以及运输工具等因素确定装卸机械的类型后，还可根据货运量确定所需机械设备的数量。

④适应储存条件。配送中心对货物的储存大多采用各种类型的货架。货架的类型主要有通用式、托盘式、重力式、移动式、旋转式等。货架高度随储存量增加而加大。因此，选用机械进行存取作业时，应结合货架的类型及货架的高度确定堆垛机机械的类型和型号。

## 四、电子商务物流配送中心规划的步骤

**1. 电子商务配送中心建设项目的立项**

配送中心的建设是一项投资相当大的系统工程。要做出建设一个配送中心的决策，项目的立项工作显得尤为重要，必须经过明确目标、决定系统范围、研究经济技术可行性、编制实施计划和研究整个物流系统等步骤。配送中心建设项目的立项研究是电子商务企业及其他连锁商业企业的经营战略决策的重要组成部分。

**2. 确定电子商务配送中心总体规模**

电子商务配送中心系统的总体设计是在物流系统设计的基础上进行的。由于配送中心具有收货验货、库存保管、拣选分拣、流通加工、信息处理、送达用户以及采购组织货源等多种功能，配送中心的总体设计首先要确定总体规模。进行总体设计时，要根据业务量、业务性质、内容和作业要求等方面来确定其总体规模，同时，也应考虑到以后业务的发展。

**3. 电子商务配送中心的选址**

在确定了上述前提条件后，应该对电子商务配送中心的位置即选址问题进行详细的规划，而且要符合电子商务配送中心选址的原则。必须符合城市规划和商品储存安全的要

求，适应商品的合理流向，交通便利，并具有良好的运输条件、区域环境和地形、地质条件，具备给排水、供电、道路、通信等基础设施。特别是大型的配送中心，应具备大型集装箱车辆进出的条件，包括附近的桥梁、道路。对于电子商务配送中心的选址，可以建立简单的数学模型，求解成本最低的运输规划问题。

4. 电子商务配送中心内部布局的设计

电子商务配送中心的构建，除了要求具有与装卸、搬运、保管等与产品活动完全适应的作业性质和功能，还必须满足管理，提高经济效益，对作业量的变化和商品形状变化能灵活适应等要求。电子商务配送中心的内部布局要做到系统规划、统筹安排、科学计算、合理布置。

5. 电子商务配送中心内部设施的构造

电子商务配送中心内部设施的构造要考虑建筑物结构、地面负荷强度、天花板高度、立柱间隔距离、建筑物的通道、卡车停车场等因素，满足各个子系统的要求。

6. 电子商务配送中心信息系统的设计

根据电子商务配送中心的业务展开，可以将信息系统划分为采购入库管理系统、销售出库管理系统、财务会计系统、运营绩效管理系统四大主管理系统，每个主管理系统之下又有许多子系统，每个子系统又能实现许多功能。正是由于这些功能齐全的管理软件和各种相应的物流设备相配合，才能使一个现代化的基于电子商务下的物流配送中心高效有序的运行。

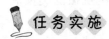

## 一、实施目的

1. 清晰描述电子商务物流配送中心规划的内容和步骤。
2. 通过小组成员分工协作，增强合作意识，培养团队精神。
3. 通过探究式学习，培养自主学习习惯，养成探究意识。

## 二、实施内容

1. 理解物流配送中心和电子商务物流配送中心的概念及其类别。
2. 明晰电子商务物流配送中心的特点。
3. 解析电子商务物流配送中心规划的内容。
4. 解读电子商务物流配送中心规划的步骤。

## 三、实施地点和工具

1. 配有 Internet 的多媒体教室或实训室。
2. 备有计算机、投影仪、笔及白纸。

## 四、实施步骤

1. 学生按三人一组，自选组长，并以小组为单位开展活动。
2. 以设置表格的形式确定电子商务物流配送中心规划的内容。
3. 以框图的形式勾画电子商务物流配送中心规划的步骤。
4. 编制实施报告，并制作成 PPT。
5. 各组派代表上台演示演讲。
6. 各组派一名代表对其他各组的实施报告打分。
7. 教师点评，并评定等级。

## 五、实训指导

1. 讲解物流配送中心的概念和类型。
2. 描述电子商务物流配送中心的概念、特点和类型。
3. 解读电子商务物流配送中心规划的内容。
4. 描述电子商务物流配送中心规划的步骤。
5. 指导学生分组、制作 PPT 及演讲。

## 六、实施时间

本项任务实施时间需要 6 学时。

## 七、评价标准（如表 5-3 所示）

表 5-3　　　　　　　　　　实施方案评价标准

| 评价等级 | 评价标准 |
|---|---|
| 优秀 | 能在规定时间内独立编撰实施方案报告，且方案要素完整；表格设计科学，流程框图缜密；小组成员有严密的分工协作，且讲解通俗易懂或运用流畅 |
| 良好 | 能在规定时间内独立编撰实施方案报告，且方案要素完整；小组成员有分工协作 |
| 合格 | 能在教师帮助下完成实施方案报告 |
| 不合格 | 没能完成实施方案报告 |

## 任务小结 ▶▶

通过本任务的实战体验和相关知识解读，学生理解了物流配送中心和电子商务物流配送模式的概念和类型，描述了电子商务物流配送中心的特点，深度解析了电子商务物流配送中心规划的内容和步骤。

## 【课后训练】

一、单项选择题

1. 中国海尔物流配送中心的类型为（　　　）。

A. 以制造商为主体的配送中心

B. 以批发商为主体的配送中心

C. 以零售业为主体的配送中心

D. 以仓储运输业者为主体的配送中心

2. （　　　）是以电子商务网站为平台，依托自身强大的仓储能力、地理位置和交通优势开展的批零兼营业务的一种配送中心。

A. 零售型电子商务配送中心　　　　　　B. 仓储型电子商务配送中心

C. 制造型电子商务配送中心　　　　　　D. 批发型电子商务配送中心

3. 一般来说，确定配送中心的数量时主要应考虑单个配送网点的规模、（　　　）和配送服务水平 3 个方面的因素。

A. 区位优势　　　　B. 地理位置　　　　C. 物流费用　　　　D. 市场竞争程度

二、多项选择题

1. 电子商务物流配送中心的特点为（　　　）。

A. 配送反应速度快　B. 配送功能集成化　C. 配送作业规范化

D. 配送服务系列化　E. 配送目标系统化

2. 影响物流配送中心选址的主要因素有（　　　）。

A. 交通运输条件　　B. 货物分布和数量　C. 客户分布情况

D. 用地条件　　　　E. 政策法规条件

3. 电子商务物流配送中心规划的内容（　　　）。

A. 配送中心数量　　B. 配送中心规模　　C. 配送中心选址

D. 配送中心制度　　E. 配送中心内部设施的配置

三、判断题

1. 影响配送中心数量的主要因素包括配送商品的种类、配送商品数量和配送商品周转速度。（　　　）

2. 重心法就是把用户对货物需要量按一定比例换算成重锤的重量，用实验的方法确定重心位置，重心的位置即是配送中心的最佳位置。（　　　）

3. 批发型电子商务配送中心是一种 B2B 电子商务的模式。（　　　）

四、简答题

1. 什么是物流配送中心？它有哪些类型？

2. 什么是电子商务物流配送中心？它有何特点？有哪些类型？

3. 电子商务物流配送中心规划有哪些内容和步骤？

五、案例分析题

## 九州通全国规划布点建立物流配送中心

九州通医药集团股份有限公司发轫于改革开放之初的 1985 年。2003 年年底，九州通集团有限公司正式成立，开始建立规范的法人治理结构和完善的组织结构，其战略定位：以医药分销（批发）为主业，以医药物流、电子商务、零售连锁为主要经营模式，并为上下游客户提供差异化服务打造医药商业流通行业龙头。

近年来，九州通投巨资在湖北、北京、河南、新疆、上海、广东、山东、福建、江苏、重庆、兰州、辽宁、内蒙古等地先后建设起 14 座大型现代化医药物流配送中心、24 家地级配送中心、200 多个业务办事处，覆盖了国内 70% 以上的行政区域，形成了国内辐射面最广的医药分销网络。集团在全国近万家医药商业企业中位列第三名、中国民营医药商业企业第一名，已连续 5 年入围"中国企业 500 强"，2010 年排位 313 位。是湖北省最大的民营企业。2009 年，公司含税销售统计指标为 220 亿元，公司总资产 70 多亿元，下属企业 70 余家。

### 专注第三终端配送，积极开拓第一终端市场

公司专注于第三终端配送领域。下游客户主要是药店、基层医疗机构、诊所、二级分销商等，公司销售的主要产品也是 OTC 产品，占公司销售总额的 41%。公司也在积极争取进入纯销市场。在北京此前的招标中，公司凭借新收购的企业，顺利中标了北京二级以上医院的配送。并且公司通过和大型医院的物流合作，开拓新的业务模式。

### 现代物流和信息技术的运用为公司核心竞争力

2001 年九州通开始进行现代医药物流流程以及相关物流技术的研究，探索将国内外先进的物流技术与中国医药物流的具体国情相结合的物流模式。在过去 9 年时间里，九州通共规划投资了 34 座医药物流配送中心，形成了仓储管理系统（WMS）、设备控制系统（WCS）、运输管理系统（TMS）三大自主研发成果，并取得多项独立知识产权。公司目前是中国目前唯一具备独立集成规划现代医药配送中心能力和拥有自主知识产权的现代医药物流企业，公司的现代医药物流系统和信息管理系统可以满足客户多批次、多品规、小批量、物流量大的要求，具有低物流成本和高运行效率的特点。

问题分析：

1. 九州通物流的优势在哪里？
2. 九州通的战略定位是什么？

# 模块六  电子商务环境下的供应链管理

## 任务一  供应链和供应链管理识读

任务导入

20 世纪 90 年代以来，经济网络化发挥着越来越重要的作用，同时伴随着信息技术的高速发展，电子商务（EC）的浪潮席卷全球，强烈地冲击着传统的经济模式。其中作为参与经济的重要个体，企业与企业之间的竞争日趋激烈，手段日益复杂，从而产生了许多与电子商务环境密切相关的新的观点和理论，如企业界的热点——供应链管理（SCM）等。

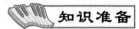

## 一、供应链的含义

根据我国国家标准《物流术语》（GB/T18354—2001）的表述，供应链（Supply Chain）定义为：生产及流通过程中，涉及将产品或服务提供给最终用户所形成的网链结构。在这个网链结构中，围绕核心企业，通过对商流、物流、资金流、信息流和客服流的控制，将产品生产和流通中涉及的原材料供应商、制造商、分销商、零售商以及最终客户连成一个功能网链，结成相互密切联系的供应链网络。

### 供应链的特征

◆从结构上看，供应链是围绕核心企业的网链关系。如核心企业与供应商，供应商的供应商乃至一切向前的关系，与销售商、零售商到终端客户乃至一切向后的关系。在这个功能网链中，企业只是供应链的一个节点，是产品或服务的提供者，也可能是产品或服务的享受者或客户。

◆从运行机制来看，供应链是一个过程。它是根据客户订单，通过原材料供应、储存、产品生产、产品送客户的一个信息、资金和物质的流动过程。这个过程的原动力是客户需求拉动，推动力是供应链上的企业协同互动的快速响应。

## 二、供应链管理的含义和内容

（一）供应链管理的含义

供应链管理（Supply Chain Management，SCM）就是利用计算机网络技术全面规划供应链中的商流、物流、信息流、资金流等并进行计划、组织、协调与控制。

（二）供应链管理的内容

供应链管理（SCM）是使企业更好地采购制造产品和提供服务所需原材料、生产产品并将其递送给客户的艺术和科学的结合。供应链管理包括以下五大基本内容。

**1. 计划**

这是 SCM 的策略性部分。企业需要有一个策略来管理所有的资源，以满足客户对企业的产品或服务的需求。

**2. 采购**

选择能为企业的产品或服务提供货品和服务的供应商，和供应商建立一套定价、配送和付款流程并创造方法监控和改善管理，并把对供应商提供的货品和服务的管理流程结合起来，包括提货、核实货单、转送货物到企业的制造部门并批准对供应商的付款等。

**3. 制造**

安排生产、测试、打包和准备送货所需的活动，是供应链中核算内容最多的部分，包括质量水平、产品产量和工人的生产效率等的核算。

**4. 配送**

调整用户的订单收据、建立仓库网络、派递送人员提货并送货到客户手中、建立货品计价系统、接收付款。

**5. 退货**

这是供应链中的处理问题部分。建立网络接收客户退回的次品和多余产品，并在客户使用产品出问题时提供支持。

## 三、供应链管理的特征

从上面关于供应链管理定义可以看出，供应链管理有以下特征：

**1. 供应链管理关注的范围跨越了企业界限**

供应链管理关注的并不仅仅是物流实体在供应链中的流动，还包括：战略性供应商和客户合作伙伴关系管理；供应链产品需求预测、快速响应和决策计划落实；供应链的设计（全球或全国节点、资源、设备等的评价、选择和定位）；企业内部与企业之间的物料供应与需求管理；基于供应链管理的产品设计与制造管理、生产集成化计划、跟踪和控制；基于供应链的客服流（客户服务）和物流（运输、库存、包装等）管理；企业间资金流管理（汇率、成本等问题）；基于现代信息化计算机技术在整体供应链中交互"链动"的信息管理等。

**2. 供应链管理的复杂性远远超过了企业内部管理本身**

由于供应链管理中的物流、商流、信息流、资金流和客服流已跨越了企业界限，要求企业从全局和整体的角度考虑产品的市场竞争能力，所以其全面规划、整体实施和组织管理的复杂性远远超过了企业内部管理本身。这就要求企业的决策管理者必须在各种主要功能要素环节之间，运用"外延企业"的广阔思维权衡利弊，协调关系，进而在多个合作组织间提供早期的需求变动，以协调各组织间的企业流程，把不同企业集成起来以增加整个供应链的效率，注重企业之间的合作，并以此为基础制定企业战略发展决策。

**3. 供应链管理的出现为企业组织再造和流程优化设计创造了条件**

供应链管理视野的拓展使"链"中企业决策管理者，部门负责人乃至一线负责人的计划落实与行动实施的可见性大大增强。当然，要实现这一点，也要求供应链管理中的每一个"链"都应尽可能地协调一致并提供强有力的互动支持、相应地也增加了对"链"本身实施优化选择的要求——每一个"链"都要选择最优秀的企业，并建立起符合供应链管理的系统流程以满足产品、信息和资金的高效流动。

4. 供应链管理目标的实现过程有完善的保障机制

供应链管理的目标自然是要实现整个供应链的增值并在"链"与"链"的协调配合过程中提升每个"链"的行业竞争力，最终确保合理的预期利润的实现。因此，供应链管理目标实现过程有较完善的机制。

## 四、供应链管理模式

传统的物流管理是按照市场的要求，将产品从供应地向需求地转移的过程，它强调的是单个企业物流系统的优化，即对运输、仓储、装卸搬运、配送、包装、流通加工和信息服务实施一体化的管理；而供应链管理则是一个从理念到实践的革新化、规模化和现代化的管理，它的精髓表现在以客户的需求为前提，通过供应链上下游企业的紧密合作，有效地为客户提供更多附加值，对原材料供应、中间生产、销售网络的各个环节进行协调，将所有的环节联系起来进行优化，用先进的信息网络技术实现生产及销售的有效链接和物流、商流、资金流、信息流、客服流的合理流动，强调速度和集成，使产品和服务以最快速度送达客户手中，从而降低成本，提高效率。

供应链管理模式主要有三种：以制造商为主导的供应链管理模式、以零售商（连锁超市）为主导的供应链管理模式和以 3PL（集成物流供应商）为主导的供应链管理模式。

1. 以制造商为主导的供应链管理模式

以制造商为主导的供应链管理模式就是以制造商的生产为主导，进行供应链的构建、运营及管理。如图 6-1 所示。

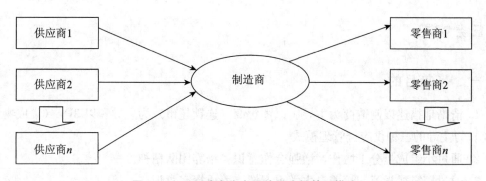

**图 6-1 以制造商为主导的供应链管理模式**

2. 以零售商（连锁超市）为主导的供应链管理模式

以零售商（连锁超市）为主导的供应链管理模式就是以零售商（连锁超市）为主导进行供应链的构建、运营及管理。如图 6-2 所示。

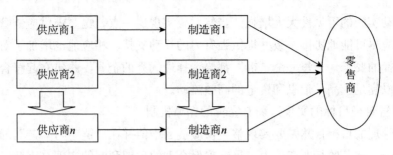

图6-2 以零售商（连锁超市）为主导的供应链管理模式

3. 以3PL（集成物流供应商）为主导的供应链管理模式

以3PL（集成物流供应商）为主导的供应链管理模式是以集成物流供应商为主导进行供应链的构建、运营及管理。如图6-3所示。

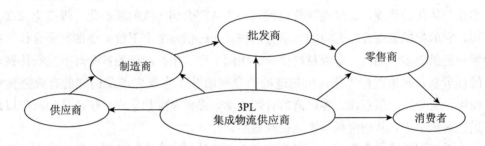

图6-3 以3PL（集成物流供应商）为主导的供应链管理模式

以上三种模式中，集成物流供应商即第三方物流企业更强调和注重整合及完整性，因为它更能带来降低成本、提高效率、快速反应、加速资金周转、取得竞争优势的价值，从而代表着未来的发展趋势。

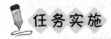 任务实施

一、实施目的

1. 清晰地描述以制造商为主导、以零售商（连锁超市）为主导和以3PL（集成物流供应商）为主导的三种供应链管理模式。

2. 通过小组成员分工协作，增强合作意识，培养团队精神。

3. 通过探究式学习，培养自主学习习惯，养成探究意识。

二、实施内容

1. 理解供应链和供应链管理的含义。

2. 明晰供应链管理的内容和特征。

186

3. 解读供应链管理模式。

## 三、实施地点和工具

1. 配有 Internet 的多媒体教室或实训室。

2. 备有计算机、投影仪、笔及白纸。

## 四、实施步骤

1. 学生按三人一组，自选组长，并以小组为单位开展活动。

2. 以框图的形式勾画以制造商为主导、以零售商（连锁超市）为主导和以 3PL（集成物流供应商）为主导的三种供应链管理模式。

3. 编制实施报告，并制作成 PPT。

4. 各组派代表上台演示演讲。

5. 各组派一名代表对其他各组的实施报告打分。

6. 教师点评，评定等级。

## 五、实训指导

1. 讲解供应链的含义。

2. 描述供应链管理的内容和特征。

3. 解读三种典型的供应链管理模式。

4. 指导学生分组、制作 PPT 及演讲。

## 六、实施时间

本项任务实施时间需要 4 学时。

## 七、评价标准（如表6－1所示）

表 6－1　　　　　　　　　　　　　实施方案评价标准

| 评价等级 | 评价标准 |
| --- | --- |
| 优秀 | 能在规定时间内独立编撰实施方案报告，且方案要素完整；框图画法准确，解析通俗易懂；小组成员有严密的分工协作，体现合作精神 |
| 良好 | 能在规定时间内独立编撰实施方案报告，且方案要素完整；小组成员有分工协作 |
| 合格 | 能在教师帮助下完成实施方案报告 |
| 不合格 | 没能完成实施方案报告 |

**任务小结** ▶▶

通过本任务的实战体验和相关知识解读，学生理解了供应链和供应链管理的含义，描述了供应链管理的内容和特征，深度解读了以制造商为主导、以零售商（连锁超市）为主导和以 3PL（集成物流供应商）为主导的三种供应链管理模式。

## 【课后训练】

一、单项选择题

1. （　　）就是利用计算机网络技术全面规划供应链中的商流、物流、信息流、资金流等并进行计划、组织、协调与控制。

A. 供应链　　　　　　　　　　　B. 供应链管理

C. 供应链管理模式　　　　　　　D. 供应链规划

2. 从运行机制来看，供应链是一个（　　）。

A. 阶段　　　　　　　　　　　　B. 过程

C. 工具　　　　　　　　　　　　D. 供应链是围绕核心企业的网链关系

3. 供应链就是围绕（　　）企业，通过对商流、物流、资金流、信息流和客服流的控制，将产品生产和流通中涉及的原材料供应商、制造商、分销商、零售商以及最终客户连成一个功能网链，结成相互密切联系的供应链网络。

A. 核心　　　　　B. 电子商务　　　　C. 供应　　　　　　D. 物流

二、多项选择题

1. 供应链管理的内容包括（　　）。

A. 采购　　　　　　B. 配送　　　　　C. 计划

D. 制造　　　　　　E. 退货

2. 供应链管理的特征（　　）。

A. 供应链管理关注的范围跨越了企业界限

B. 供应链管理的复杂性远远超过了企业内部管理本身

C. 供应链管理的难度不可估量

D. 供应链管理目标的实现过程有完善的保障机制

E. 供应链管理的出现为企业组织再造和流程优化设计创造了条件

3. 供应链管理模式主要有（　　）。

A. 以零售商（连锁超市）为主导的供应链管理模式

B. 以 4PL 为主导的供应链管理模式

C. 以制造商为主导的供应链管理模式

D. 以 3PL（集成物流供应商）为主导的供应链管理模式

E. 以批发商为主导的供应链管理模式

### 三、判断题

1. 供应链管理是按照市场的要求，将产品从供应地向需求地转移的过程。（　　）

2. 供应链管理目标实现过程有较完善的机制。（　　）

3. 供应链管理是一个从理念到实践的革新化、规模化和现代化的管理。（　　）

### 四、简答题

1. 什么是供应链管理？它有何特点？

2. 简述供应链管理的内容。

3. 供应链管理模式有哪三种？各自的含义是什么？

### 五、案例分析题

## 青岛啤酒的供应链管理

（一）青啤背景

1903 年 8 月，古老的华夏大地诞生了第一座以欧洲技术建造的啤酒厂——日尔曼啤酒股份公司青岛公司。历经百年沧桑，这座最早的啤酒公司如今已发展成为享誉世界的"青岛啤酒"生产企业——青岛啤酒股份有限公司（以下简称青啤）。

1993 年，青啤成立并进入国际资本市场，公司股票分别在香港和上海上市，成为国内首家在两地同时上市的股份有限公司。2009 年，青啤入选中国世界纪录协会中国出口最多国家的啤酒企业，青啤创造了多项中国之最、世界之最。

目前，青啤在国内 18 个省、市、自治区拥有 55 家啤酒生产厂和麦芽生产厂，构筑了遍布全国的营销网络。销售收入、利税总额、市场占有率、出口及创汇等多项指标均居国内同行业次席。然而新千年伊始，青啤的发展却并不顺利。

（二）主要问题

问题 1：混乱的运输，延误造成的"保鲜"之痛

（1）随着啤酒市场的逐渐扩大，在青啤想发力的时候，混乱的物流网络成了瓶颈。

（2）运输的混乱，使啤酒的新鲜度受到了极大的考验。

（3）在青啤原产地青岛，由于缺乏严格的管理监控，外地卖不掉的啤酒竟流回了青岛，结果不新鲜的酒充斥市场，使青啤的美誉度急剧下跌，销量自然上不去。

问题 2：高库存量带来资金的浪费

（1）青啤在运输上的混乱，带来了窜货、损耗过多等一系列问题，因而对市场终端的管控也力不从心。

（2）这样的结果造成对销售计划的预估极其不准确，使安全库存数据的可信度几乎为零。

问题 3：牛鞭效应带来的问题

（1）供应链上增加的需求变动导致了生产计划的扩大和过量的库存投资，增加了资金投入，降低了资金的利用效率。

（2）因为缺货而引起收入减少，降低了客户服务水平，运输低效，误导了生产排程。

（3）由于牛鞭效应的影响，青岛啤酒的"新鲜度战略"无法实施，所以要变革。

### 牛 鞭 效 应 （bullwhip effect）

"牛鞭效应"是对需求信息扭曲在供应链中传递的一种形象的描述。

其基本思想是：当供应链上的各节点企业只根据来自其相邻的下级企业的需求信息进行生产或者供应决策时，需求信息的不真实性会沿着供应链逆流而上，产生逐级放大的现象。当信息达到最源头的供应商时，其所获得的需求信息和实际消费市场中的顾客需求信息发生了很大的偏差。由于这种需求放大效应的影响，供应方往往维持比需求方更高的库存水平。

产生"牛鞭效应"的原因主要有六个方面，即需求预测修正、订货批量决策、价格波动、短缺博弈、库存责任失衡和应付环境变异。

（三）解决方案

方案1：打造协同供应链平台

（1）青啤想要打通整个供应链，需建立一个统一的平台。

（2）供应链管理是从原料供应商到终端用户之间的流程进行集成，从而为客户和其他所有流程参与者增值。

（3）良好的供应链必须能快速、准确回答这几个问题：什么时候发货？哪些订单可能被延误？为什么造成这种延误？安全库存要补充至多少？进度安排下一步还存在什么问题？现在能够执行的最佳的进度计划是什么？

方案2：采用外包方式实现跨企业供应链平台

供应链管理平台涉及的应用主体多，地域范围广，环境复杂，所以在项目实施过程中的风险较大，成本相对较高。于是青啤采取外包的方式。2001年，青啤面向全国进行销售物流规划方案的招标，最终，招商局下属的物流集团胜出，与青啤同征战场。

方案3：优化仓库结构

先设立CDC（中央分发中心），然后设立RDC（多个区域物流中心）和FDC（前端物流中心），一改以前仓库分散且混乱局面。这样，青啤从原有总部和分公司都有仓库的情况，变成了由中央分发中心至区域物流中心，再到直供商，形成了"中央仓—区域仓—客户"的配送网络体系，对原来的仓库重新整合。全国设置了四个RDC，分别是在北京、宁波、济南和大连。在地理上重新规划企业的供销厂家分布，以充分满足客户需要，并降低经营成本。

RDC方面的选择则是考虑了供应和销售厂家的合理布局，能快速准确地满足顾客的需求，加强企业与供应和销售厂商的沟通与协作，降低运输及储存费用。

方案 4：信息化管理

库存管理采用信息化管理，提供商品移仓、盘点、报警和存量管理功能，并为货主提供各种分析统计报表，如进出存报表、库存异常表、商品进出明细查询、货卡查询和跟踪等。

（四）效果评估

（1）可以说，在供应链中存在大量削减成本的机会。大量企业通过有效供应链管理大幅增加收入或降低成本，而青啤就是一个很好的例子。

（2）在一系列的整合后，青啤每年超过千万元亏损的车队转变成一个高效诚信的运输企业。而且就运送成本来说，由 0.4 元/千米降到了 0.29 元/千米，每个月下降了 100 万元。

（3）在青啤运往外地的速度上，也比以往提高了 30％以上。据称，山东省内 300 千米以内区域的消费者都能喝到当天的啤酒。而在其他地区，如东北的啤酒一出厂，直接用大头车上集装箱，运到大连时还是热乎乎的。

问题分析：

1. 青啤在供应链管理上过去存在哪些主要问题？后来是如何解决的？

2. 青啤实施供应链管理后有什么效果？

# 任务二　电子商务环境下的供应链管理解读

### 任务导入

当前，实现高效的供应链管理已成为企业之间开展有效竞争的战略选择。正在蓬勃发展的电子商务为供应链管理的实现提供了极为重要的工具。在电子商务的驱动下，供应链管理的新模式将会不断出现，其对供应链管理运作的影响也会越来越深入。电子商务与供应链管理的融合发展，将进一步推动电子商务的普及，同时也将带来供应链管理的新时代。

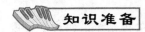知识准备

## 一、电子供应链的概念

电子商务将供应链的各个参与方联结为一个整体，实现了供应链的电子化管理。

电子供应链就是围绕核心企业，以 Internet 为平台，以电子商务为手段，通过对物流、资金流与信息流的整合和控制，从采购原材料开始，制成中间产品以及最终产品，最后由销售网络把产品送到消费者手中，将供应商、生产商、分销商、零售商、直到最终客户连成一个整体的网链结构和模式。如图 6-4 所示。

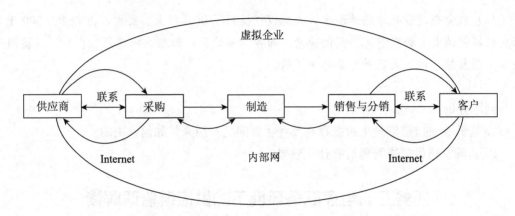

**图 6-4  基于电子商务环境下的供应链框架**

## 二、电子供应链与传统供应链的区别

电子供应链与传统的供应链主要区别反映在如下几点：

1. 商品物流和承运的类型不同

在传统的供应链形式下，物流是对不同地理位置的客户进行基于传统形式的大批量运作或批量式的空间移动，将货物用卡车运抵码头或车站，然后依靠供应链的最后一环将货物交付到最终消费者。在电子供应链状况下情况则不同，借助于各种信息技术和互联网，物流运作或管理的单元不是大件货物而是每个客户所需的单件商品，虽然其运输也是以集运的形式进行，但客户在任一给定时间都可以沿着供应链追踪货物的下落。

2. 客户的类型不同

在传统的供应链形式下，企业服务的对象是既定的，供应链服务提供商能够明确掌握顾客的类型以及其所要求的服务和产品。但是，随着电子商务的到来，供应链运作正发生着根本性的变化。典型的电子商务，客户是一个未知的实体，他们根据自己的愿望、季节需求、价格以及便利性，以个人形式进行产品订购。

3. 供应链运作的模式不同

传统的供应链是一种典型的推式经营，制造商将产品生产出来之后，为了克服商品转移空间和时间上的障碍，而利用物流将商品送达到市场或客户。而电子供应链则不同，由于商品生产、分销以及仓储、配送等活动都是根据客户的订单进行，物流不仅为商流提供了有力的保障，而且因为其活动本身就构成了客户服务的组成部分，因而它同时也创造了价值。

4. 库存、订单流不同

在传统的供应链运作下，库存和订单流是单向的。但是在电子供应链条件下，由于客户可以定制订单和库存，因此，其流程是双向互动的。作为制造商、分销商可以随时根据客户的需要及时调整库存和订单，以使供应链运作实现绩效最大化。

5. 物流的目的地不同

传统的供应链由于不能及时掌握商品流动过程中的信息，尤其是分散化客户的信息，加上个性化服务能力的不足。但是电子供应链完全是根据个性化客户的要求来组织商品的流动，这种物流不仅要通过集运来实现运输成本的最低化，同时也需要借助差异化的配送来实现高质量服务。

## 三、电子商务环境下的供应链模式

供应链管理模式主要有两种：推动式供应链模式和拉动式供应链模式。

1. 传统模式——推动式供应链模式

推动式供应链以制造商为核心，以需求预测为基础并在客户订货前进行运作，产品出厂后通过分销商逐级推向终端需求客户。分销商和零售商一般处于被动地位，供应链各节点间的整体协调程度比较低，但产品的生产供给或库存水平一般较高，通常依靠这种较高的生产供给量或库存水平应付市场需求的变动。由于供应链上的产品供给水平较高，使这种模式对需求变动的响应速度和柔性变得相对较差。如图 6-5 所示。

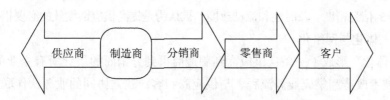

**图 6-5 卖方市场下（制造商推动）的供应链示意**

2. 电子商务环境下的新模式——拉动式供应链模式

拉动式供应链使整个供应链的驱动力产生于最终的客户，产品生产是受需求驱动的，生产是根据实际客户需求而不是预测需求进行协调的，它是电子商务环境下的新模式。在拉动式供应链模式中，需求确定性很高，周期较短，主要的生产战略是按订单生产，按订单组装和按订单配置。整个供应链要求集成度较高，信息交换迅速，可以根据最终用户的需求实现定制化服务。如图 6-6 所示。

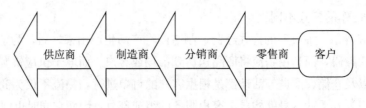

图 6-6 买方市场下（客户拉动）的供应链示意

基于需求驱动原理的供应链"拉动式"整合运作模式是一种逆向牵引式模式，驱动力来源于市场终端需求，与正向的"推动式"模式有着本质的区别。正向推动模式以生产商为中心，而逆向牵引模式是以客户为中心。两种不同模式分别适用于不同的市场环境并有着不同的运作要求与效果，且反映着供应链整合理念从"以生产商为中心"向"以客户为中心"的转变。实践中，随着供应链整合程度的逐步提高及其节点成员整合能力的增强，其运作模式也逐步由"推动式"向"拉动式"演变，由此体现企业经营观念的转变和供应链逐渐重视客户需求的发展趋势。

## 四、电子商务环境下供应链管理的特点和优势

### （一）电子商务环境下的供应链管理的特点

电子商务环境下供应链管理是指以电子商务等信息技术为手段，对企业的整个组织流程，如产品服务设计、销售预测、采购、库存管理、制造或生产、订单管理、物流、分销和客户满意度等进行管理和改进的思想和方法。电子商务环境下的供应链管理主要是通过电子商务与供应链的整合来实现，其特点主要表现为：

1. 管理信息化

当今市场在急剧变化，企业要想在激烈竞争的环境中取得持续发展，最主要的是要掌握用户需求的变化和在竞争中知己知彼。信息技术的应用是推进供应链系统中信息共享的关键，改进整个供应链的信息精度、及时性和流动速度，被认为是提高供应链绩效的必要措施。

2. 横向一体化与网络化

"横向一体化"形成了一条从供应商到制造商再到分销商的贯穿所有企业的"链"；利用现代信息技术改造和集成业务流程、与供应商和客户建立协同的业务伙伴联盟。

3. 生产经营的敏捷柔性化

全球性市场竞争的加剧，单个企业已经难以依靠自己的资源进行自我调整，敏捷制造面对的是全球化激烈竞争的买方市场，采用可以快速重构的生产单元构成的扁平组织结构，以充分自治的、分布式的协同工作代替金字塔式的多层管理结构，注重发挥人的创造性，变企业之间的生死竞争关系为"共赢"关系，强调信息的开放和共享、集成虚拟企业，而电子商务的兴起为实现敏捷制造提供了可能。

4. 物流系统化、专业化

在电子商务时代，物流上升为企业经营中重要的一环，其经营的绩效直接决定整个交

易的完成和服务的水准，尤其是物流信息对于企业及时掌握市场需求和商品的流动具有举足轻重的作用，因此，物流活动必须综合起来，进行系统化管理。

（二）电子商务环境下供应链管理的优势

**1. 有利于保持现有的客户关系**

电子商务使竞争从企业之间的竞争逐渐演化为供应链之间的竞争。基于电子商务的供应链管理直接加强了供应链中企业与客户间的联系，并且在开放的公共网络上，企业可以与最终消费者进行直接对话，从而有利于满足客户的各种需求，保留住现有客户。

**2. 有利于促进现有业务增长**

通过实施基于电子商务的供应链管理，可以实现供应链的各相关企业对产品和业务进行电子化、网络化的信息管理。同时，通过电子商务手段对供应链中各企业实现有组织、有计划的统一管理，减少流通环节，降低成本，提高效率，使供应链管理达到更高的水平。

**3. 有利于开拓新的客户和新的业务**

通过实施基于电子商务的供应链管理，无论是企业还是客户都会从中获得利益，企业产生新的业务增值，成本降低，实现"双赢"目标。

**4. 有利于提高营运绩效**

实施基于电子商务的供应链管理，不仅能使供应链的各相关企业降低生产成本、缩短需求响应时间和适应市场变化的时间，还能为客户提供全面服务，使客户能够获得最好品质的产品和服务，同时实现最大增值。

**5. 有利于分享需要的信息**

基于电子商务的供应链交易涉及信息流、产品流和资金流。供应链中的企业借助电子商务手段可以在互联网上实现部分或全部的供应链交易，从而有利于各企业掌握跨越整个供应链的各种有用信息，及时了解客户的需求以及供应商的供货情况，同时也便于客户网上订货并跟踪订货情况。

**6. 有利于快速反映客户的反馈信息**

通过实施基于电子商务的供应链管理，可以全天候地工作，及时了解客户的反馈信息，不仅提高了为客户服务的时间效力，而且还提高了为客户服务的忠诚度。

## 五、电子商务环境下供应链管理体系的构建

（一）电子商务环境下的供应链管理模式

电子商务环境下的供应链管理模式要求突破传统的采购、生产、分销和服务的范畴和障碍，把企业内部以及供应链节点企业之间的各种业务看做一个整体功能过程，通过有效协调供应链中的信息流、物流、资金流，将企业内部的供应链与企业外部的供应链有机地集成起来管理，形成集成化供应链管理体系，以适应新竞争环境下市场对企业生产管理提出的高质量、高柔性和低成本的要求。

基于电子商务的核心企业与供应商、终端客户、银行、配送中心之间借助 Internet 进行信息的快速交换，同时供应链中的各个节点间也能进行信息的互通。通过电子商务的应

用，能有效地将供应链上各个孤岛业务环节连接起来，使业务和信息实现集成和共享。在交易的同时，电子商务只有进一步做好物流管理，大量缩减供应链中物流所需的时间，使物流管理符合信息流和资金流管理的要求，才能真正建立起一个强大的、快速反应的供应链管理体系。

（二）电子商务环境下供应链管理体系的构建途径

1. 采用第三方物流（3PL）方式改善企业外部物流情况

所谓第三方物流是指由物流劳务的供需方之外的第三方以契约形式完成全部或部分物流服务的物流运作方式。第三方物流是当今世界物流业的发展趋势，是适应物流一体化趋势和电子商务发展的必然结果。

2. 完善企业网络基础设施，改革企业内部供应链管理模式

供应链管理的实施必须以完善的网络设施为前提，特别是企业的内联网、外联网和因特网的集成，是保证供应链高效运作的基本条件，同时它的供应商也要有好的信息化水平，这样才可以实现企业网络之间的对接。

3. 进行业务流程再造（BPR），实施 ERP 系统

企业流程再造是对企业的业务流程做根本性的思考和彻底重建。通过流程再造，企业在成本、质量、服务和速度等方面可取得显著改善，使得企业能最大限度地适应以顾客、竞争、变化为特征的现代企业经营环境。

4. 加强协同整合

电子商务条件下的竞争，将不再是企业单打独斗式的竞争，而是供应链之间的竞争。为适应电子商务环境下生存的需要，为提高整个供应链的竞争优势，企业应在供应链的范围内增加信息共享的意识。供应链各环节参与者彼此资源共享与信息交流，减少相互之间的信息不对称程度，降低不必要的浪费，以提升经营的效率。

5. 重视客户关系管理建设

客户关系管理（Customer Relationship Management，CRM）是电子商务供应链管理的延伸，是供应链管理的核心技术。CRM 能够突破供应链上各节点的地域界面和组织界面，将客户、经销商、企业销售部系统整合，实现企业对客户个性化的快速响应，真正解决供应链中下游管理问题。作为电子商务供应链管理向客户延伸，客户反馈的信息折射到供应链的各个环节，实现供应链各环节的共赢。

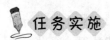 任务实施

一、实施目的

1. 清晰描述电子商务环境下供应链管理体系的构建。
2. 通过小组成员分工协作，增强合作意识，培养团队精神。
3. 通过探究式学习，培养自主学习习惯，养成探究意识。

## 二、实施内容

1. 理解电子供应链的含义。

2. 明晰电子供应链与传统供应链的区别。

3. 解析推动式供应链模式和拉动式供应链模式。

4. 明确电子商务环境下供应链管理的特点和优势。

5. 解读电子商务环境下供应链管理体系的构建。

## 三、实施地点和工具

1. 普通教室或实训室。

2. 备有粉笔、钢笔、直尺及 B4 白纸。

## 四、实施步骤

1. 学生按三人一组，自选组长，并以小组为单位开展活动。

2. 准确画出本任务（任务二）详细的知识框图。

3. 各组派代表上台演示并准确解析。

4. 各组派一名代表对其他各组的演示（知识框图）打分。

5. 教师点评，评定等级。

## 五、实训指导

1. 讲解电子供应链的含义。

2. 剖析电子供应链与传统供应链的区别。

3. 介绍推动式供应链模式和拉动式供应链模式。

4. 讲解电子商务环境下供应链管理的特点和优势。

5. 分析电子商务环境下供应链管理体系的构建。

6. 指导学生分组，并组织演示。

## 六、实施时间

本项任务实施时间需要 4 学时。

## 七、评价标准（如表6-2所示）

表6-2　　　　　　　　　　　　实施方案评价标准

| 评价等级 | 评价标准 |
| --- | --- |
| 优秀 | 能在规定时间内根据提供的知识清单独立画出本任务的知识框图；框图画法准确，且要素完整；演示通俗易懂；小组成员有严密的分工协作，体现合作精神 |

| 评价等级 | 评价标准 |
| --- | --- |
| 良好 | 能在规定时间内根据提供的知识清单独立画出本任务的知识框图；框图画法基本准确，且要素基本完整；小组成员有分工协作 |
| 合格 | 能在教师帮助下根据提供的知识清单，画出本任务的知识框图 |
| 不合格 | 没能画出本任务的知识框图 |

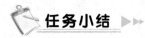 **任务小结** ▶▶▶

通过本任务的实战体验和相关知识解读，学生理解了电子供应链的含义，明晰了电子供应链与传统供应链的区别，描述了推动式供应链模式和拉动式供应链模式，明确了电子商务环境下供应链管理的特点和优势，深度解读了电子商务环境下供应链管理体系的构建。

## 【课后训练】

一、单项选择题

1. 推动式供应链以（ ）为核心，以需求预测为基础并在客户订货前进行运作，产品出厂后通过分销商逐级推向终端需求客户。

A. 客户　　　　　　B. 物流运营商　　　　C. 制造商　　　　　　D. 零售商

2. 企业流程再造是对企业的业务流程做根本性的思考和彻底重建。通过流程再造，企业在成本、质量、服务和（ ）等方面可取得显著改善，使得企业能最大限度地适应以顾客、竞争、变化为特征的现代企业经营环境。

A. 速度　　　　　　B. 过程　　　　　　　C. 工具　　　　　　　D. 设备

3. 在拉动式供应链模式中，需求确定性很高，周期较短，主要的生产战略是（ ）、按订单组装和按订单配置。

A. 按订单采购　　　　　　　　　　B. 按订单生产

C. 按订单销售　　　　　　　　　　D. 按订单运作

二、多项选择题

1. 电子供应链与传统供应链的主要区别表现在（ ）。

A. 商品物流和承运的类型不同　　　　B. 客户的类型不同

C. 物流的目的地不同　　　　　　　　D. 供应链运作的模式不同

E. 库存、订单流不同

2. 电子商务环境下的供应链管理的特点（ ）。

A. 横向一体化与网络化　　　　　　　B. 生产经营的敏捷柔性化

C. 纵向一条龙　　　　　　　　　　　D. 物流系统化、专业化

E. 管理信息化

3. 电子商务环境下供应链管理的优势表现为（ ）。

A. 有利于保持现有的客户关系　　　　B. 有利于促进现有业务增长

C. 有利于开拓新的客户和新的业务　　　D. 有利于提高营运绩效

E. 有利于分享需要的信息

三、判断题

1. 基于需求驱动原理的供应链"拉动式"整合运作模式是一种逆向牵引式模式，驱动力来源于市场终端需求，与正向的"推动式"模式有着本质的区别。（　　）

2. 电子商务环境下的供应链管理主要是通过电子商务与供应链的整合来实现。（　　）

3. 随着供应链整合程度的逐步提高及其节点成员整合能力的增强，其运作模式也逐步由"拉动式"向"推动式"演变。（　　）

四、简答题

1. 什么是电子供应链？它与传统供应链有何区别？

2. 电子商务环境下供应链管理模式主要有哪两种？各有何含义？

3. 电子商务环境下供应链管理体系的构建途径？

五、案例分析题

### 揭秘当当供应链系统：当当"提前一天到达"背后

经常在当当网上买书和日用品的人会有一个发现。原先，在当当上下了订单往往要等上两三天。从 2010 年 7 月开始，当当的送货速度明显提升了——早晨上班时下的订单，下班前就能收到了；下午下的订单，第二天上班的时候，快递员就已送到了前台。

目前，送货服务在电子商务行业里有些专业名词"当日达"、"次日达"。对于网购用户，这个变化只是提前一天或两天收到货。但这个小小变化的背后是当当网后台整个供应链体系的优化甚至是变革。

（一）系统支撑下的即时出库

下单的商品在两三个小时之后就会被分拣包装好放置在待发货区。某天上午 9 点，当当网员工又接到了一个麻烦的订单，一瓶洗面奶、几把牙刷、一副随身听的耳机、一双凉鞋。完全不相关的产品汇集成了一个订单。当当网一天接到这样汇集不同商品的订单会达到十几万个。要想将每个订单都快速准确地出库配送需要 IT 系统的强大支撑。

"订单即时出库是电子商务高效运作的关键。"当当网全国仓储副总裁姜胜青表示。但怎么才能即时出库，其中更关键的是分拣效率。

以上述订单为例，首先该订单上的所有商品需要拣货员去仓库中拣货，对于当当网这样的电子商务企业，商品种类多达 60 万种，仓库的面积达几万平方米。这样规模的仓库一个人在里边走一圈就需要一天的时间。而用户订单上商品是千差万别的，分布在仓库的不同区域。若拣货员按照每张订单去拣货，单位订单花费的时间将是惊人的。

据姜胜青介绍，类似这种内容庞杂的订单包含的商品有可能分布在几个拣货单上。商品入库系统自动记录了每件商品的库存位置。在成千上万的订单中，系统自动把仓库中同样的商品、同一区域的商品，分配在一张拣货单上，这张拣货单在系统中生成时，上面所有的商品已按照路径排列了顺序，拣货员按顺序拣货在仓库走的便是优化的路线，不会走回头路。这样大大提高了拣货的效率。

以订单上洗面奶为例，在拣货单上，这个商品可能分布在 80 号货架上，那么在同一张拣货单上，A 客户购买的同一款产品，或相邻的 81 号货架上的 B 客户购买的洗发水，和 82 号货架上 C 客户购买的剃须刀都会汇集在一起，并且排序。拣货员拣完一批货后，汇集在一起，系统里纪录了每个订单是什么商品，分货员用扫描器一一扫描将新货单以及 A、B、C 客户的商品分别归类包装。新货单购买的四种商品被包装成一个包裹，这整个流程只需要短短的半小时左右。

除了分拣货物的流程，仓库的货品摆放系统也会进行优化。为了尽量缩短拣货员的行走路径，一定是最畅销、购买率最高的产品会被摆放在离包装区最近地方。在仓储管理中，有一个专用名词叫动销率（A、B、C 分类，是根据动销率进行分类判断的）。所有的商品在当当的系统中都有销售记录，哪些商品动销率比较高，哪些商品次之，系统都会根据数据进行计算。那些动销率比较高的商品会被摆放在离出口更近的地方。但动销率不是固定不变的，有些季节性产品，比如电风扇、羽绒服等动销率变化明显的商品，在系统中会设计一些参数，使管理人员到一定时期对其仓储位置是进行调整或是退货给供应商。另外，一些促销产品，在当当网首页主推的商品的动销率也比较高，也会优先存储于更方便的位置。

这样一来，在所有流程进行优化以后，这个上午 9 点下单的商品在两三个小时之后就会被分拣包装好放置在待发货区，等待物流公司上门取货，完成出库的流程。在这个过程中，每个库房工作人员的效率都提升了，成本也相应下降了。

（二）九大分仓和供应商优化管理

当当网在北京有两个仓储中心，这是保证其订单能更快送达的关键。但对于远在重庆或南京的用户，若从北京仓库发货，即使拣货速度再快，也无法实现当日达或次日达。分仓的建立成为保障送货速度的一个重要手段。2011 年以来，当当网、卓越亚马逊、京东网上商城都在各地建立了分仓。

当当网在全国六地建立了九个分仓。分仓的选址是有一些指标的。根据当当网的历史销售数据，根据增长率、市场份额、覆盖地区、当地经营成本等多个数据作为参数进行选址。比如广州仓覆盖珠三角、上海仓覆盖长三角，成都仓覆盖西南地区、郑州仓覆盖中原地区等。

在当当网的系统里，已经将每个仓库覆盖的区域进行了数据统计。一个用户在当当网前台下的订单，在后台，系统会自动分配给最近的仓库。比如，南京的订单就会自动分配给上海仓，而重庆用户的订单则会自动分配给成都仓。

但在实际运作中往往会出现这样的情况，本应在成都仓出库的商品，成都仓却缺货，系统只好将订单自动分配给就近的分仓，但用户等候的时间就会相对长一些。还有一种情况，用户在网站上下单，但仓库里却缺货，用户只有等供应商补货之后才能购买。这两种情况都会降低用户体验的满意度，降低效率。

客户要在前台网页上实现所见即所得，对于电子商务企业技术要求是很高的。

比如库存里有 10 个商品，有两个客户在同时点击，一旦点击，这两个商品在系统里就变成被占用状态，在后台库存里，这个数据就变成了 8 个。若有 10 个人同时购买，那么后台库存就会变成无货，前台网页这个商品就自动下架了。若在促销期间，促销商品很容易被同时点击占用，这就需要系统根据历史促销数据进行提前备货。

　　在互联网上，销售数据是适时变化的。既要保障客户所见即所得，还不能备货过多占用库存空间，这就需要动态管理供货商的供货。在美国亚马逊，供货商的信息化水平很高，几乎所有的供货商系统都接入亚马逊的系统。这样供货商可自动地根据系统数据进行补货。而亚马逊也靠强大的系统将前端和后台以及整个供应链整合起来。但在中国，供货商的信息化水平千差万别，远远达不到美国的水平。因此，在供货商管理上就需要有适应本地市场的方法。

　　在当当网上，有近百万种的商品，所有的销售数据都是指导供货商供货的依据。在当当，有一个团队专门管理供货商，在系统里，每个供货商的供货周期及供货能力都有记录，而在当当的库存系统里，根据历史日均销售数据及供货商的供货周期对每个商品设定安全库存值。然后再根据每个商品对应的供货商的供货周期设定补货提醒。比如，某个商品安全库存期是 20 天，系统会在到达安全库存的前 20 天自动提醒管理人员通知供货商补货，补货数量都是根据销售数据计算出来，以达到最优化的库存。

　　（三）减少"腿"的数量

　　前面提到的麻烦订单在两三小时之内就完成了出库。该订单要在下午送达，光提升库房的效率还不够。还需要"腿"跑得快。物流公司就是电子商务企业的"腿"。当当的"腿"分为两类，一类是城际运输公司，另一类是本地的 COD（货到付款业务）公司。

　　在当当的送货流程中，本地订单由当地的 COD 公司去仓库取货，然后分配到各个送货站点，往下分发，外地订单则由城际运输公司将货物分送到当地的 COD 公司的配送站。

　　在当当的配送公司中，几乎没有全国性的知名快递公司，如申通、圆通、顺丰等，大多都是一些公众很少听说的小公司。而这个选择恰恰是提升效率的一个手段。

　　当当网负责物流业务的高级总监张昀指出，实际上，快递公司和配送公司是两个概念，当当网选择的是配送公司。在申通、圆通等快递公司的业务体系中分为配送和收货两种业务。快递员既送货，也收货，但送货是免费的，而收货才有收入，而很多快递公司是采取加盟的扩张方式，在利益的驱动下，加盟商就更倾向于收货的业务。如快递员在送货过程中，接到同区域的收货业务，送货员会优先去收货，这样就会使送货的效率降低。而单纯配送公司利润的唯一来源是送货，就不会出现上述情况，单一业务更容易保障当当网的用户体验。

　　在电子商务业务模型中，对于用户，门槛最低的方式就是 COD 业务，也就是货到付款。物流和支付一体化更方便用户。但对于电子商务企业，则面临着资金的风险。张昀并不回避 COD 业务的风险。但在当当看来，COD 公司发生财务风险最主要原因是自身经营不善，不赚钱。所谓饥寒生盗心，当 COD 公司自身资金链限入紧张或发生亏损，才会有可能想要挪用电子商务企业的货款。搞清这个事实，当当的策略是想办法让这些 COD 公司赚钱。

从 2010 年开始，当当网启动了一个"大商战略"即提高物流供应商的集中度。首先是减少"腿"的数量。以北京为例，原来为当当提供配送服务有 20 多家 COD 公司，当当采取质量考核体系，末位淘汰制将数量减少为 10 家。使每家 COD 公司的业务都增长了至少一倍，用规模效率提升 COD 的赢利能力。

减少数量的同时是缩减"腿"的活动范围。北京川都物流和北京迅强快递都是当当的配送服务供应商，原先这两家公司的赢利能力都不是很强。他们原先都是负责北京全城业务的，站点很多，由于每个站点都要招管理人员、快递员，但每个站点的配送量又不大，效率低，赢利能力差。当当启动大商战略之后，把这两家配送商变成区域配送商。比如，川都物流只专注丰台区，而迅强快递将站点和业务收缩至海淀区。这样一来，配送半径变小了，配送密度加大了，对于配送公司来说，单位包裹成本降低了，而对于当当网，单位包裹的配送时间缩短了，自然就达到了提升速度的目的。对于 COD 公司，虽区域变小了，但由于当当减少配送商，其业务量却增长了 2～3 倍，也增加了其赢利能力。

依据这个原则，当当网将北京划分为八个区域，由十个 COD 公司进行配送。这样一个订单在出库之后就能在最短的时间送达用户。同理，城际运输公司也采取了同样的优化原则。减少"腿"的数量，但提高了"腿"的速度。

据张昀介绍，目前当当网的物流服务供应商中有 50% 的供应商只做当当的业务。这样的紧密合作关系，使得当当能更好地加强对供应商的管理，以提高效率，降低风险。如 2010 年，当当网研发了一套快递管理系统平台，将供应商纳入到这个平台上。物流供应商能适时地在自己的终端看到当当网给自己的所有包裹信息，同时系统按用户的区域自动将包裹分拣到供应商的各个配送站点。甚至将站点上的货物再分配给每个配送员。而每个站点的配送员将配送情况适时录入系统。这些信息直接反馈到当当网的后台系统，又能提升当当的售后服务效率。

从供货到配送，整个供应链都在系统的支撑下形成一个联动且有机的整体，这就是当当网订单提前一天送达的秘密。

问题分析：
1. 当当网是如何分仓选址的？又是如何对供货商优化管理的？
2. 当当网的送货流程中为什么不选择快递公司而选择配送公司？
3. 当当网订单提前一天送达的秘密是什么？

# 任务三　电子商务环境下供应链管理战略的实施

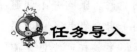

在网络和信息技术迅速发展的今天，面对电子商务的出现和兴起，企业最关心的是如

何通过电子商务解决供应链管理问题。供应链管理主要由信息流管理、资金流管理和物流管理三部分组成，而电子商务供应链管理中的信息和资金能迅速、准确的在供应链各节点之间传递。然而，仅有这些还远远不够，只有进一步做好物流管理，大量缩减供应链中物流所需的时间，使物流管理符合信息流和资金流的要求，才能真正建立起一个强大的、快速反应的供应链管理体系。

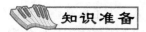

## 一、电子商务环境下供应链管理战略的含义和目标

1. 电子商务环境下供应链管理战略的含义

电子商务环境下供应链管理战略就是指从企业长远发展的高度，以电子商务为平台，考虑供应链管理事关全局的核心问题的重大规划，包括战略目标的制定、运作方式的选择、战略实施与控制、绩效评价等。

供应链管理的战略思想就是以电子商务为平台，通过供应链成员间的有效合作，建立低成本、高效率、响应性好、敏捷度高的经营机制，从而获得竞争优势。这种战略思想的实现需要供应链系统从供应链战略高度去规划与规划，并把供应链管理战略通过物流战略的贯彻实施得以落实。

2. 电子商务环境下供应链管理战略的目标

在电子商务平台上，一个完整的供应链的各个成员之间关系复杂，各成员间目标和利益既相同又矛盾，实施供应链管理必须有系统的整体观念。因此，确定科学合理的战略目标是实施电子商务环境下供应链管理战略的第一步。具体目标主要有：

（1）提供更加精确和及时的信息；

（2）进行更加全面的数据分析；

（3）更加完整地评价各种可供选择的方案；

（4）提高新产品引入市场的频率；

（5）减少浪费并提供降价的可能；

（6）改进质量和产品设计。

## 二、电子商务环境下供应链管理战略的实施方式和要点

（一）电子商务环境下供应链管理战略的实施方式

1. 从相互对立转向战略合作

在传统模式下，协调物流的功能机制极端化，过分依赖市场交易机制，由于供需双方都各自分立，相互之间存在着大量的利益冲突。任何一方对对方都缺乏信任，特定供需信息得不到共享，因而造成许多不必要的浪费。而以电子商务平台为手段的供应链管理，促进了由市场交易机制向战略协作机制的快速转变，即在供应链成员企业之间建立了一种长期的战略合作伙伴关系，消除了供应链管理过程中的各种浪费，提高了对客户与市场需求的快速反应能力，真正实现了由过去的"单赢"向供应链成员之间的"共赢"的转变。

2. 从功能整合转向流程集成

传统的企业管理以职能部门为基础，往往由于利益目标冲突、分工不清、信息分散等原因，各职能部门无法完全发挥其潜在效能，因而很难实现整体目标最优。而供应链各成员企业与整体之间的功能、业务互动关系，是许多工作流程的综合体。为了提高整个供应链的工作效率，加快产品从供应商经制造商送达最终客户的速度，减少重复或不必要的步骤，改善跨功能、全过程的沟通与信息共享，应建立跨功能的工作团队。

基于电子商务环境下的供应链各成员企业主管及链上员工，都必须把供应链的所有功能活动视为一个整体化流程，集中核心力量去满足，甚至超越客户的需要，致力于客户价值增值。同时，在一个流程框架中完成的工作有利于各种供应链功能的整合，实现整个供应链各项业务流程的集成化。

3. 从信息封闭转向信息共享

信息交互与信息共享是供应链高效运行的前提保证。特别是以互联网为代表的网络技术的发展，有力地促进了信息封闭向信息共享的转变。而要真正实现电子商务环境下供应链成员企业之间的信息共享与信息交互，有赖于以下转变的完成：有效的信息共享必须以供应链成员企业之间的相互信任为基础；信息共享的发展越来越要求供应链成员企业共同制定在电子商务平台上的物流经营战略和发展计划；信息共享有多种方式，最有效的方式就是通过直接登录相关数据库来获取所需的信息。

4. 从客户服务转向客户关系管理

基于电子商务环境下的供应链管理的目标旨在提升客户价值。在当今买方市场条件下，客户在购买过程中的控制力越来越大，他们有最终的选择权，而且希望利用不同的方式（如网上购物）购买产品或服务不满足其特定的需要。由此，客户关系管理越来越受到重视，并已成为市场领先企业的核心战略。

 小 贴 士

### 客户关系管理（CRM）

客户关系管理是以客户为中心，借助先进的信息技术和管理理念，通过优化与客户关系相关的业务流程来整合客户资源，不断提高客户满意度，增强客户忠诚度，实现企业利润最大化的一种经营策略。

然而，传统的客户服务以符合内部的运营标准为目标，而在电子商务环境下供应链管理模式下则以客户成功为宗旨。对许多客户来说，一些运营标准如订单完成周期时间的压缩、准确的送货时间和完美的订单送货，成为选择供应商的主要因素。而另一些客户则要求无论何时何地都能提供高水平的物流服务。因此，为了满足不同的客户需求，必须认真分析客户购买行为的驱动因素，以客户关系为基础进行供应链管理，充分发挥潜能，提供独特的物流解决方案。

以电子商务为平台的供应链上核心企业越来越认识到成功依赖关键客户、建立紧密合作关系对供应链物流管理的重要性。而要获得最佳的客户关系，就必须使企业资源与特定客户的需求相匹配，并充分利用整个供应链的能力和资源来实现竞争对手不能提供或是不能以合理成本提供客户增值。

5. 从核算成本管理转向目标成本管理

为了更有效地实现电子商务环境下供应链管理的目标，使客户需求得到最大限度的满足，成本管理应从战略的的高度分析，与战略目标相结合，使成本管理与经营管理全过程的资源消耗和资源配置协调起来，因而要求实现从核算成本管理向目标成本管理的有效转变。

核算成本管理局限于事后的成本反映，而没有对成本形成的全过程进行监控；局限于对现有作业的成本监控，没有将供应链的作业环节与客户的需求紧密结合。而目标成本管理法不是局限于供应链企业内部来计算成本，而是从产品开发、设计阶段到制造阶段，以及整个供应链的各个环节进行成本管理。目标成本管理是一种全过程、全方位、全人员的成本管理方法。

6. 从垂直一体化转向虚拟集成化

很长时间，企业出于管理和控制上的目的，对其提供原材料、半成品或零部件的其他企业一直采取投资自建、投资控股或兼并的"垂直一体化"管理模式，即核心企业与其他企业是一种所有权关系。其问题在于需要大量的资金投入和构建非常复杂的企业组织结构。现在以集中企业资源和精力于其核心业务，推动企业由垂直一体化向虚拟集成化发展已是大势所趋。作为虚拟集成化供应链的核心企业，将发生两个转变：一方面把自己的管理活动延伸到供应商、分销商、客户乃至供应商的供应商、客户的客户；另一方面，必须

重构组织结构以适应虚拟集成化的需要。

（二）电子商务环境下供应链管理战略的实施要点

在电子商务环境下实施供应链管理战略就是将供应链中的企业结成联盟或伙伴关系。其实施要点为：

（1）与一条供应链上的两个或多个企业达成长期共识，在物流流程高度一体化和同步化的原则下开展彼此业务。

（2）企业致力于发展高标准的信任与合作关系，目的是把买卖关系改变为合作的、团队型企业的战略合作关系，彼此能为对方着想。

（3）以电子商务信息为平台，实施物流一体化活动，一般包括如即时敏感的需求与销售数据、库存数据、货运状况等信息资源共享。

（4）供应链管理方式产生的透明性和灵活性，使传统的物流流程管理方式产生重大改变，如供应商管理库存、货物免检等。

（5）确定供应链中成员的利益共享机制，使各层次成员企业的服务改善和成本降低。

## 三、电子商务环境下供应链管理战略的实施策略

电子商环境下供应链中信息量庞大而复杂，如果处理不当或处理不及时，就有可能造成信息的失真，进而影响到供应链的稳定。在电子商务环境下供应链管理的理论及实践中，相续出现了快速响应策略、有效客户响应策略、供应商管理库存策略及联合库存管理策略。他们从不同角度推动供应链管理向更加集成化与一体的方向发展，提高了供应链的整体效率及客户满意度的提高。

（一）快速响应

1. 快速响应的含义

快速响应（Quickly Response，QR）是对消费者作出快速反应，减少原材料到销售的时间和整个供应链上的库存，最大限度地提高供应链的运作效率。

QR 最早在 20 世纪 80 年代美国纺织与服装行业发展起来的一种供应链管理策略。QR 的根本目标是对客户的需求作出快速反应，以时间为基础，建立一套对环境反应敏捷和迅速的系统。QR 的实现很大程度上依赖信息技术的支持，特别是电子数据交换（EDI）、条码和带有激光扫描仪的电子销售点系统等工具的使用。采用 QR 策略的贸易双方通过共享信息预测未来的需求，通过 Internet、EDI 来提高信息流动的速度，并重组自己的业务活动以减少提前期和成本，对客户的需求作出快速反应。

2. 快速响应实施的条件

（1）改变传统的经营方式，革新企业的经营意识和组织。

（2）开发和应用现代信息处理技术。这是成功进行快速响应活动的前提条件。这些信息技术有商品条码技术、物流条码技术、电子订货系统（EOS）、POS（销售时点）数据读取系统、EDI（电子数据交换）系统、电子支付系统（EFT）、供应商管理库存方式（VMI）等。

（3）与供应链各方建立战略伙伴关系。

（4）改变传统的对企业商业信息保密的做法。

（5）供应方必须缩短生产周期，降低商品库存。

3. 快速响应实施的内容

在 QR 的实施中，零售商和制造商紧密协调零售库存的分布与管理，这样的系统一般包括下面几个重要的部分：

（1）零售商通过扫描条码商品，从 POS 系统得到及时准确的销售数据。

（2）经由 EDI 或 Internet 传送，制造商每周或每日共享 SKU（库存单元）一级的销售与库存数据。

（3）针对预定的库存目标水准，制造商受委托进行自动补充库存。

4. 快速响应实施的步骤

QR 实施分为三个阶段：

（1）对所有的商品单元条码化，利用 EDI 传输订购单文档和发票文档；

（2）增加内部业务处理功能，采用 EDI 传输更多的文档，如发货通知、收货通知等；

（3）与贸易伙伴密切合作，采用更高级的策略，如联合补库系统等，以对客户的需求作出迅速的反映。

（二）有效客户反应

1. 有效客户反应的含义

有效客户反应（Efficient Customer Response，ECR）是指以满足客户需求和最大限度降低物流过程费用为原则，能及时作出准确反应，使提供的物品供应或服务流程最佳化的一种供应链管理策略。

有效客户反应起源于美国食品业，是 20 世纪 80 年代末 90 年代初美国食品杂货行业为提高竞争能力和快速响应采用的一种有效的策略。ECR 是一种完全以客户的需求和满意度为驱动的管理方法，目的是满足消费者的需要，有效的减少流通成本，降低产品的库存周期，提高供应商和零售商的库存周转率，从而提高他们的利润。

2. 有效客户反应的内容

ECR 运作的核心内容主要包括以下四大效率模式：

（1）快速产品引进（Efficient Product Introduction）。ECR 的一大要素就是能够帮助供应商和零售商最有效地开发新产品，进行产品的生产计划，以降低成本。

（2）快速商品再包装（Efficient Store Assortment）。运用 ECR 系统，供应商可以通过第二次包装满足不同定单需求，将一个运输包装中的产品进行不同的包装，并赋予不同的包装标识等手段，提高货物的分销效率，使库存和商店空间的使用率最优化。

（3）快速促销（Efficient Promotion）。ECR 以提高仓库、运输、管理和生产效率，减少预先购买。供应商库存及仓储费用，使贸易和促销的整个系统效益最高。

（4）快速补货（Efficient Replenishment）。运用 ECR 系统，包括 EDI 以需求为导向的自动连续补充和计算机辅助订货，可以使补充系统的时间和成本最优化。

3. 有效客户反应的特征

（1）管理意识的创新。传统的产销双方的交易关系是一种对立型关系，即交易各方都以对自己有利的成交条件进行交易。简单地说，就是一赢一输型关系。而有效客户反应要求交易双方的关系是一种合作伙伴型关系，即交易各方通过相互协调合作，实现以低成本向消费者提供高价值服务的目标，简单地说，就是一种双赢型关系。

（2）供应链整体协调。就是以追求供应链上利益最大化为目标，强调供应链上供应商、分销商、零售商之间和企业内部采购、生产、销售和物流等部门协同。

（3）涉及范围广泛。有效客户反应涉及的范围包括供应商、分销商和零售商等相关的各个行业，为了最大限度地发挥有效客户反应所具备的优势，必须对这些相互关联的行业进行分析研究，对组成供应链的各类企业进行管理和协调。

（4）优化供销关系。通过有效客户反应，如计算机辅助订货技术，零售商无须签发订购单即可实现订货，供应商则可利用有效客户反应的连续补货技术，随时满足客户的补货需求，使零售商的存货保持在最优水平，从而提供高水平的客户服务，并进一步加强与客户的关系。与此同时，供应商也可从销售商的 POS 数据中及时获得新的市场信息，改变销售策略，也为新产品的开发与生产决策带来更大的科学性，减少决策的盲目性；对于分销商来说，ECR 可使其快速分拣运输包装，加快订购货物的流动速度，进而使消费者增加购物的便利，并加强消费者对特定物品的偏好。

（三）供应商管理库存

1. 供应商管理库存的含义

供应商管理库存（Vendor Management Inventory，VMI）是由供应商来为客户管理库存，为他们制订库存策和补货计划，根据客户的销售信息和库存水平为客户进行补货的一种库存管理策略和管理模式。简言之，就是为适应供应链一体化而出现的一种新的库存管理模式。美国生产与库存管理协会对 VMI 的定义是"一种优化供应链绩效的方式，在此方式下供应商可以获得客户的库存数据，负责根据客户需求维护库存水平"。

VMI 突破了传统的条块分割的库存管理模式，强调以系统的、集成的管理思想进行库存管理，使供应链系统能够获得同步化的优化运行。在这种库存控制策略下，供应商不再是被动地执行供应商的订单，而是主动地为零售商补货或提出建议性的订单，以降低补货成本，提高供货速度和准确性，降低库存水平。其主要思想就是实施供应厂商一体化，供应商在相互同意的目标框架下来管理库存，零售商商品数据的任何变化随时传递给供应商，供应商根据这些数据决定未来的货物需求数量、库存水平和补给策略，拥有库存控制权。供应商与客户企业实现信息交换、信息共享后，供应商实时得知市场销售状况，实时为零售点补货，并以市场最新信息作实时反应调整市场策略，使缺货的机会大大减少，更好地改变了用户的满意度和销售状况，从而提升供应链效率。

2. 供应商管理库存的内容

（1）供应商首先从分销商处接受电子数据，这些数据代表了分销商销售和库存的真实信息，如 POS 和库存水平的信息等。

（2）供应商通过处理和分析得到的信息了解分销商仓库里每一种货物的库存情况和市场需求，制订和维护库存计划。

（3）供应商依据分销商库存计划与需求信息生成订单，对分销商仓库进行补货。

（4）当产品卖出后，分销商生成实际销售单，信息系统将销售记录转化为财务记录用于结算。

3. 供应商管理库存实施的步骤

（1）供应商管理库存的前期准备阶段。主要体现在战略层次上包括采取哪种供应商管理库存形式，选定某一个供应商作为自己实施的合作伙伴，制定相互之间的契约关系以及供应的目标。

（2）供应商管理库存的实施阶段。这一阶段是最为重要和复杂的。它主要体现在战术层次上，包括适应供应商管理库存的组织机构的变革，买方企业和自己的合作伙伴供应商共同组建一个工作团队，设立一些新的职能部门，以及整个供应商管理库存是如何具体运作的。

（3）供应商管理库存的评估。就是根据双方企业实施供应商管理库存之前制订的目标，确定一些经济指标，对实施前后作一个对比，若达到预期效果就进入全面实施阶段；若达不到就返回到供应商管理库存实施阶段，进行改进和完善，直至通过再进入供应商管理库存的全面实施阶段。

## VMI 在海尔的应用

经典回放：海尔的供应商提供物料，并将它们存储在海尔的物流中心，物料在寄存耗用之前，物料的物权属于供应商，供应商通过海尔的 B2B 网站，随时查看库存信息：当生产用料时，在海尔的 ERP 系统中作寄售释放，此时系统会将其物权转移到海尔公司下，在系统中产生结算的凭证，供应商提出支付后给予结算。海尔之所以实现 VMI，因为已经具备以下四个必备条件：

第一，ERP（企业资源计划）系统。2000 年 10 月，海尔 ERP（企业资源计划）系统成功上线，该系统集成了销售管理的功能，通过对这些功能的扩展，可以建立完善的销售网络管理系统。实现了库存状态的透明化，以及业务处理的标准化，使供应商对海尔的库存状态能随时进行跟踪调查和检查。

第二，基于 Internet 的电子数据传递。海尔 B2B 网站是基于 Internet 建立的与供应商之间零距离的信息沟通手段，供应商可借助因特网，通过高速数据专用线与 Internet 实现连网，通过路由器与自己的 Intranet 相连，再由 Intranet 内服务器为供应商的库存管理部门提供各种信息存取、处理等服务。

第三，条码技术的应用。海尔的出入库实现条码扫描，实现对物料的准确识别，便于供应商随时跟踪和检查海尔的库存状况，快速反应需求。

第四，供应商与海尔之间互动双赢的合作框架协议。海尔通过与供应商协商来确定库存检查周期、库存的维持水平、订货点等有关库存控制的核心问题，以及合作双方这期间如何进行信息的交流和存取、订单的传递和处理等有关业务流程的问题。

目前80%以上的海尔供应商实现了VMI管理，不但海尔零库存的目标实现，而且降低了供应商的库存，使库存信息达到共享，实现了供应商的成本最低，提高了整条供应链的响应速度，达到了互动双赢。

海尔实施VMI可以降低存货，提高海尔的核心竞争力，减少供应商的数目，通过改进供应商之间、供应商与用户之间的流程节约采购时间，提高供应链的持续改进能力，加强供应商的伙伴关系，降低采购订单、发票、付款、运输、收货等交易成本。实施VMI可以实现海尔和供应商的"双赢"。

学生讨论：

1. 海尔为什么能成功实施VMI？

2. 海尔实施VMI有什么好处？

## （四）联合库存管理

### 1. 联合库存管理的含义

联合库存管理（Joint Managed Inventory，JMI）是打破了传统的各自为政的库存管理模式，有效地控制了供应链中库存风险，体现了供应链的集成化管理思想，适应市场变化的要求，是一种新的有代表性的库存管理思想。

### 2. 联合库存管理的思想

JMI是一种在VMI的基础上发展起来的上游企业和下游企业权利责任平衡和风险共担的库存管理模式。JMI体现了战略供应商联盟的新型企业合作关系，强调了供应链企业之间双方的互利合作关系。

联合库存管理的思想可以从分销中心的联合库存功能谈起。地区分销中心体现了一种简单的联合库存管理思想，传统的分销模式是分销商根据市场需求直接向工厂订货，比如汽车分销商（批发商）根据用户对车型、款式、颜色、价格等的不同需求，向汽车制造厂订的货，需要经过一段较长时间才能达到，因为客户不想等待这么久的时间，因此各个分销商不得不进行库存备货，这样大量的库存使分销商难以承受，以至于破产。而采用地区分销中心，就大大减缓了库存浪费的现象。

联合库存控制不同于VMI集成化运作的决策代理模式，联合库存是一种风险分担的库存管理模式，简单来说，联合库存管理就是基于协调中心的联合库存管理模式。

### 3. 联合库存管理的实施策略

（1）建立供应链协调管理机制。为了发挥联合库存管理的作用，供应链各方应从合作的精神出发，建立供应链协调管理的机制，建立合作沟通的渠道，明确各自的目标和责任，为联合库存管理提供有效的机制。没有一个协调的管理机制，就不可能进行有效的联合库存管理。建立供应链协调管理机制，要从以下几个方面着手。

①建立供应链共同愿景。

②建立联合库存的协调控制方法。

③建立利益的分配、激励机制。

（2）建立信息沟通渠道。应建立一种信息沟通的渠道或系统，以保证需求信息在供应链中的畅通和准确性。要将条码技术、扫描技术、POS 系统和 EDI 集成起来，并且要充分利用 Internet 的优势，在供应链中建立畅通的信息沟通桥梁和联系纽带。

（3）发挥第三方物流系统的作用。实现联合库存可借助第三方物流具体实施。把库存管理的部分功能代理给第三方物流系统管理，可以使企业更加集中精力于自己的核心业务，第三方物流系统起到了供应商和用户之间联系的桥梁作用，为企业提供诸多好处。

面向协调中心的第三方物流系统使供应链各方都取消了各自独立的库存，增加了供应链的敏捷性和协调性，并且能够大大改善供应链的用户服务水平和运作效率。

（4）选择合适的联合库存管理模式。供应链联合库存管理有两种模式：

一是集中库存模式。各个供应商的零部件都直接存入核心企业的原材料库中，就是变各个供应商的分散库存为核心企业的集中库存。

二是无库存模式。供应商和核心企业都不设立库存，核心企业实行无库存的生产方式。此时供应商直接向核心企业的生产线上进行连续小批量、多频次的补充货物，并与之实行同步生产、同步供货，从而实现"在需要的时候把所需要品种和数量的原材料送到需要的地点"的操作模式。这种准时化供货模式，由于完全取消了库存，所以效率最高、成本最低。但是对供应商和核心企业的运作标准化、配合程度、协作精神要求也高，操作过程要求也严格，而且二者的空间距离不能太远。

## 四、上海贝尔电子商务供应链管理战略实施案例解析

下面通过研究上海贝尔的电子商务供应链管理战略实施案例，分析了基于电子商务的供应链管理的要素，并对应用的关键切入点进行了探讨。

### （一）上海贝尔面临的供应链管理问题

上海贝尔有限公司成立于 1984 年，是中国现代通信产业的支柱企业，连续名列全国最大外商投资企业和电子信息百强前茅。公司总注册资本 12050 万美元，总资产 142 亿元，现有员工 4000 多人，平均年龄 29 岁，72％以上的员工具有大学本科以上学历，拥有硕士和博士生 500 余名，其中科研开发人员占员工总数的 40％。2000 年，公司实现销售收入 108 亿元。

上海贝尔拥有国家级企业技术中心，在通信网络及其应用的多个领域具有国际先进水平。17 年来，公司建立了覆盖全国和海外的营销服务网络，建成了世界水平的通信产品制造平台。公司的产品结构主要由两部分构成：

（1）传统产品：指 S12 系列程控交换机系列；

（2）新产品：相对 S12 产品而言，由移动、数据、接入和终端产品构成；产值比例约为 8：2。

上海贝尔企业内部的供应链建设状况尚可，如，有良好的内部信息基础设施、ERP系统、流程和职责相对明晰。但上海贝尔与外部供应链资源的集成状况不佳，很大程度上依然是传统的运作管理模式，而并没真正面向整个系统开展供应链管理。从1999年开始，全球IT产品市场需求出现爆发性增长，但基础的元器件材料供应没及时跟上，众多IT行业厂商纷纷抢夺材料资源，同时出现设备交货延迟等现象。由于上海贝尔在供应链管理的快速反应、柔性化调整和系统内外响应力度上有所不够，一些材料不成套，材料库存积压，许多产品的合同履约率极低，如2000年上半年普遍履约率低于70％，有的产品如ISDN终端产品履约率不超过50％。客观现状的不理想迫使公司对供应链管理进行改革。

（二）上海贝尔的电子商务供应链管理战略

电子商务是一种未来企业提高国际竞争力和拓展市场的有效方式，同时，它也为传统的供应链管理理论与方法带来了新的挑战。供应链管理与电子商务相结合，产生了电子商务供应链管理，其核心是高效率地管理企业的信息，帮助企业创建一条畅通于客户、企业内部和供应商之间的信息流。

上海贝尔的电子商务供应链管理战略的重点分别是供应商关系管理的E化、市场需求预测的E化、外包决策和跟踪控制的E化和库存管理战略的E化。

1. 供应商关系管理的E化。

对上海贝尔而言，其现有供应商关系管理模式是影响开展良好供应链管理的重大障碍，需要在以下几个方面作E化的调整：

（1）供应商的遴选标准。首先，依据企业/供应商关系管理模型对上海贝尔的需求产品和候选供应商进行彼此关系界定；其次，明确对供应商的信息化标准要求和双方信息沟通的标准，特别关注关键性材料资源供应商的信息化设施和平台情况。传统的供应商遴选标准＋分类信息标准是E化供应商关系管理的基础。

（2）供应商的遴选方式和范围。上海贝尔作为IT厂商，其供应商呈现全球化的倾向，故供应商的选择应以全球为遴选范围，而充分利用电子商务手段进行遴选、评价，如：运用网上供应商招标或商务招标，一方面，可以突破原有信息的局限，另一方面，可以实现公平竞争。

2. 生产任务外包业务的E化

目前，IT企业核心竞争优势不外乎技术和服务，上海贝尔未来发展方向是提供完善的信息、通信解决方案和优良的客户服务，生产任务逐步外包是当然选择。未来外包业务量的增大势必会加大管理和协调的难度和复杂度，需要采用电子商务技术管理和协调外包业务。

（1）外包厂商的选择。除原有的产能、质量、交货等条件外，增添对其生产计划管理系统和信息基础建设的选择标准，保证日后便于开展E化运行和监控，如上海无线电35厂一直是公司的外包厂商，但其信息基础设施相对薄弱，一旦外包任务量大增，市场需求信息频繁变动，落后的信息基础设施和迟缓的信息响应，会严重影响供应链的效率。

（2）外包生产计划的实时响应。上海贝尔现拥有 Intranet 和 ERP 系统，外包厂商可借助 Internet 或专线远程接入 ERP 管理系统的生产计划功能延伸模块，与上海贝尔实现同步化生产计划，即时响应市场、需求的变动。

3. 库存管理战略的 E 化

近几年，由于全球性的电子元器件资源紧缺，同时上海贝尔的原有库存管理体系抗风险能力差，结果库存问题成为上海贝尔的焦点问题之一。面向供应链管理的库存管理模式有多种，根据上海贝尔的库存管理种类和生产制造模式，采用如下库存管理模式：

（1）材料库存和半成品库存管理。在上海贝尔，材料和半成品库存管理基本是对应于订单生产模式的，市场需求的不确定性迫使企业备有一定的安全库存，这样就产生了库存的管理问题。根据近年遇到的实际情况，对关键性材料资源，考虑采用联合库存管理策略。通过供应商和上海贝尔协商，联合管理库存，在考虑市场需求的同时，也顾及供应商的产能，在电子商务手段的支持下，双方实现信息、资源共享、风险共担的良性库存管理模式。

（2）成品库存管理。由于上海贝尔公司的产品结构和近期市场需求旺盛两方面方面的原因，近年来基本无严重成品库存管理问题，但是因市场需求波动造成的缺货压力偏大。上海贝尔较终端产品的渠道和分销商信息 IT 系统和基础设施比较完善，能有力地支持库存管理，同时企业实力、存储交货能力也较强，2000 年公司已开始尝试运用总体框架协议、分批实施、动态补偿，同时实行即时的相关信息交换，采用供应商管理客户库存模式来实现终端成品库存管理。

4. 需求预测和响应的 E 化

上海贝尔要发展成为世界级的电信基础设施供应商，必然面对全球化的市场、客户和竞争，势必对市场研究、需求预测和响应作相应的变革。

（1）E 化的市场研究和需求预测。上海贝尔的库存风险来自两方面：其一是库存管理模式，其二市场预测的偏差大。强化市场研究、减少需求预测偏差势在必行。电子商务技术的应用可从研究范围、信息来源、反馈时间、成本费用等提高市场预测的水平。上海贝尔可以在公司原有 Intranet 的基础上，与各分公司、分销商专门建立需求预测网络体系，实时、动态地跟踪需求趋势、收集市场数据，随时提供最新市场预测，使上海贝尔的供应链系统能真正围绕市场运作。

（2）E 化的市场和客户响应。现在，上海贝尔各大分公司通过专递合同文本至总公司审查确认，然后进入 ERP 运行，周期平均为 7～10 天，而现有的合同交货周期大量集中在 20～30 天，生产的平均周期为 10～15 天，运输周期为 3～5 天，如此操作，极易造成交货延迟，ERP 系统在物理上的延伸的确能较大地改善需求和合同响应效率。

近期，可通过骨干网专线的延伸或 Internet，建立公司内部 ERP 系统与分公司、专业分销商之间的电子连接，同时将有关产品销售或服务合同的审查职能下放至各大分公司，使市场需求在合同确认时即能参与企业 ERP 运行，同时在需求或合同改变时企业 ERP 系统及时响应，调整整个供应链的相关信息。

从中长期而言，逐步发展上海贝尔的B2B电子商务，建立网上产品目录和解决方案、网上客户化定制和订购、在线技术支持和服务，使上海贝尔的目标客户更直接、方便、及时地与上海贝尔的内核响应。

（三）电子商务供应链管理的要素和应用的关键切入点

1. 电子商务与供应链管理的集成

供应链管理模式要求突破传统的计划、采购、生产、分销的范畴和障碍，把企业内部及供应链节点企业间的各种业务看做一个整体功能过程，通过有效协调供应链中的信息流、物流、资金流，将企业内部的供应链与企业的供应链有机地集成，以适应新竞争环境下市场对企业生产和管理运作提出的高质量、高柔性和低成本的要求。基于电子商务的供应链管理的主要内容涉及订单处理、生产组织、采购管理、配送与运输管理、库存管理、客户服务、支付管理等几个方面。

电子商务的应用促进了供应链的发展，也弥补了传统供应链的不足。从基础设施的角度看，传统的供应链管理是一般建立在私有专用网络上，需要投入大量资金，只有一些大型的企业才有能力进行自己的供应链建设，并且这种供应链缺乏柔性。而电子商务使供应链可以共享全球化网络，使中小型企业以较低的成本加入到全球化供应链中。

从通信的角度看，通过先进的电子商务技术和网络平台，可以灵活地建立起多种组织间的电子连接，从而改善商务伙伴间的通信方式，将供应链上企业各个业务环节孤岛连接在一起，使业务和信息实现集成和共享，使一些先进的供应链管理方法变得切实可行。

2. 应用的切入点分析

企业的供应链管理是一个开放的、动态的系统，可将企业供应链管理的要素区分为两大类：

（1）区域性因素：包含采购/供应、生产/计划、需求/分销三要素。

（2）流动性因素：包含信息流、资金流和物流。根据供应链管理系统基本六元素的区域性和流动性，可形成供应链管理系统矩阵分析模型。

借助电子商务实现集成化供应链管理是未来供应链管理的发展趋势，管理者可以从供应链管理矩阵的角度，根据供应链管理系统的具体内容，系统地认识和分析电子商务应用的关键切入点，并充分发挥电子商务的战略作用。

基于电子商务的应用，可以有效地实现供应链上各个业务环节信息孤岛连接，使业务和信息实现有效集成和共享。同时，电子商务应用将改变供应链的稳定性和影响范围，也改变了传统的供应链上信息逐级传递的方式，为企业创建广泛可靠的上游供应网关系、大幅降低采购成本提供了基础，也使许多企业能以较低的成本加入到供应链联盟中。上海贝尔电子商务供应链管理实践表明，该战略的实施不仅可以提高供应链运营的效率，提高顾客的满意度；而且可以使供应链管理的组织模式和管理方法得以创新，并使得供应链具有更高的适应性。

✎ 任务实施

## 一、实施目的

1. 清晰描述电子商务环境下供应链管理战略的实施。

2. 通过小组成员分工协作，增强合作意识，培养团队精神。

3. 通过探究式学习，培养自主学习习惯，养成探究意识。

4. 通过对电子商务环境下供应链管理战略实施的解读，提升分析和归纳能力。

## 二、实施内容

1. 理解电子商务环境下供应链管理战略的含义和目标。

2. 明晰电子商务环境下供应链管理战略的实施方式和要点。

3. 解读电子商务环境下供应链管理战略的实施策略。

4. 解析上海贝尔电子商务供应链管理战略实施。

## 三、实施地点和工具

1. 多媒体教室或实训室。

2. 备有计算机、投影仪、笔及白纸。

## 四、实施步骤

1. 学生按三人一组，自选组长，并以小组为单位开展活动。

2. 准确画出电子商务环境下供应链管理战略实施的详细知识框图。

3. 各组派代表上台演示并准确解析。

4. 各组派一名代表对其他各组的演示（知识框图）打分。

5. 教师点评，评定等级。

## 五、实训指导

1. 讲解电子商务环境下供应链管理战略的含义和目标。

2. 介绍电子商务环境下供应链管理战略的实施方式和要点。

3. 电子商务环境下供应链管理战略的几个实施策略。

## 六、实施时间

本项任务实施时间需要 4 学时。

## 七、评价标准（如表 6-3 所示）

表 6-3　　　　　　　　　　　　实施方案评价标准

| 评价等级 | 评价标准 |
| --- | --- |
| 优秀 | 能在规定时间内根据提供的知识清单独立画出本任务的知识框图；框图画法准确，且要素完整；演示通俗易懂；小组成员有严密的分工协作，体现合作精神 |
| 良好 | 能在规定时间内根据提供的知识清单独立画出本任务的知识框图；框图画法基本准确，且要素基本完整；小组成员有分工协作 |
| 合格 | 能在教师帮助下根据提供的知识清单，画出本任务的知识框图 |
| 不合格 | 没能画出本任务的知识框图 |

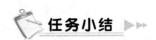

**任务小结** ▶▶▶

通过本任务的实战体验和相关知识解读，学生理解了电子商务环境下供应链管理战略的含义和目标，明晰了电子商务环境下供应链管理战略的实施方式和要点，深度解读了电子商务环境下供应链管理战略的实施策略，全面解析上海贝尔电子商务供应链管理战略实施。

### 【课后训练】

一、单项选择题

1. （　　）就是为适应供应链一体化而出现的一种新的库存管理模式。

A. 快速反应　　　　　　　　　　　B. 供应商管理库存

C. 联合库存管理　　　　　　　　　D. 联合管理库存

2. 基于电子商务环境下的供应链管理的目标旨在（　　）。

A. 提高企业运作效率　　　　　　　B. 提高企业经营规模

C. 创造企业经济效益　　　　　　　D. 提升客户价值

3. （　　）体现了战略供应商联盟的新型企业合作关系，强调了供应链企业之间双方的互利合作关系。

A. 快速反应　　　　　　　　　　　B. 供应商管理库存

C. 联合库存管理　　　　　　　　　D. 联合管理库存

二、多项选择题

1. 电子商务环境下供应链管理战略的目标主要有（　　）。

A. 提供更加精确和及时的信息　　　B. 进行更加全面的数据分析

C. 更加完整地评价各种可供选择的方案　D. 提高新产品引入市场的频率

E. 减少浪费并提供降价的可能

2. 电子商务环境下供应链管理战略的实施方式主要包括（　　　）。

A. 从相互对立转向战略合作　　　　B. 从功能整合转向流程集成

C. 从信息封闭转向信息共享　　　　D. 从核算成本管理转向目标成本管理

E. 从垂直一体化转向虚拟集成化

3. ECR 运作的核心内容主要包括（　　）效率模式。

A. 快速产品引进　　B. 快速商品再包装　C. 快速促销

D. 快速补货　　　　E. 条码商品的扫描

三、判断题

1. QR 的根本目标是对客户的需求作出快速反应，以时间为基础，建立一套对环境反应敏捷和迅速的系统。（　　　）

2. 供应链联合库存管理有集中库存模式、分散库存模式和无库存模式。（　　　）

3. 目标成本管理是一种全过程、全方位、全人员的成本管理方法。（　　　）

四、简答题

1. 什么是电子商务环境下供应链管理战略？其目标是什么？

2. 电子商务环境下供应链管理战略的实施方式有哪些？实施要点有哪些？

3. 电子商务环境下供应链管理战略的实施策略有哪些？

五、案例分析题

## 神州数码：供应链管理一体化

作为中国最大的 IT 分销商，神州数码在中国的供应链管理领域处于第一的地位。在 IT 分销模式普遍被质疑的环境下，依然保持了良好的发展势头，与 CISCO、SUN、AMD、NEC、IBM 等国际知名品牌保持着良好的合作关系。本着"分销是一种服务"的理念，神州数码通过实施渠道变革、产品扩张、服务运作，不断增加自身在供应链中的价值，实现规模化、专业化经营，在满足上下游客户需求的过程中，使供应链系统能提供更多的增值服务，具备越来越多的"IT 服务"色彩。

（一）帮助企业进行供应链管理规划

神州数码要有稳固的上下游合作伙伴，从而提高企业链运作的效益，才能降低企业链之间运营的成本，这里面包括企业链各个环节，企业之间的运营成本，最后实现以核心制造企业为圆心的企业链竞争能力。

那么怎么样去帮助企业进行供应链的管理规划呢？这时引发出了电子商务的概念，电子商务作为企业供应链的管理方法已非常成熟。企业供应链的需求分成四个层次，分别从初级到高级依次为信息服务，也就是信息服务的分布、供求搜寻、采销整合和 E2E。目前我国企业网络的接入率实际上已达到了 84%，可想而知，互联网的普及在企业经营方面已有了很大的发展。但通过电子商务的方式去管理、提升企业供应链的方式仅仅为 9%，那么经过 IDC 的数据预测，在 2009 年年底，我国通过网络进行管理交易的企业已超过 9000 万家，到 2012 年年底将会突破 1 亿家。

电子商务总体的营业规模将达到 15 万亿元，无论从数量上还是从营业金额增长上，这种趋势发展的空间非常大。那么通过神州数码整体的供应链解决方案，自身保持了持久的竞争优势，同时也可帮助客户企业的供应链保持竞争优势。企业的总成本下降了约20％，按时交货率提高约 15％，生产周期缩短约 25％以上，生产率增值提高约 15％。这些是神州数码经过多年的客户应用得到的反馈数据，帮助企业带来的一些有效的价值。

企业内部的供应链管理，就是通过企业内部各个部门的有效地整合资源、共享资源，帮助客户企业个体提升相对的竞争力，比如说现在很多企业都在应用 ERP、都在应用PLM、CRM、HR，这样一个系统进行整合之后，已完成了供应链初始阶段的搭建。那么接下来的两个阶段呢，就是要帮助企业在已有的内部供应链管理规划下去搭建规划企业间的供应链管理，最终实现终端对终端的协同商务。神州数码推出了电子商务（Easy Bridge）的供应链解决方案，它是帮助一个企业跟下游进行的一个沟通。从应用上划分为两个，在左上边是以客户为一个层面，那么依次包括分销管理、渠道管理、售后服务、终端客户直销。在右下边是以供应商为一个应用层面，分别包括招投标管理，协议采购、精益供应、委外加工以及供应商管理库存。不难发现神州数码为什么要提供这样的解决方案，它们的客户在制定营销策略之时，期望尽量合理压缩中间销售环节，它们的产品能不能快速传递到客户的手中，如何掌握终端消费者的动态，及时地去响应终端市场的需求，当它们有这样一个梦想的时候，神州数码有 B2C 帮助它们实现这样一个诉求。

（二）量身定做供应链管理解决方案

据了解，尤其是在中国，大多数的企业在营销方面都是通过分销这种方式去实现的，通过代理商、分销商、门店去实现。销售环节、分销网络十分庞大、繁杂，那么怎么样去更快、更及时、更准确地去发布分销的政策，去控制分销商、代理商的信用。能够更准确地去统计在分销网络上产生的销售订单，从而快速地去制定营销策略。神州数码 Easy Bridge 帮助客户解决了这样的问题，制定的相应策略，仍然会面对其他的问题，比如渠道销售数据不透明，无法及时去处理一些渠道库存的积压，导致不能提前去进行不同区域库存的合理分配，渠道方调货的效率十分低，没有办法快速提升，而且销售数据无法及时、准确统计。那么这样，神州数码推出了一个渠道系统，帮助客户去解决上述的问题。那么在销售层面上总结了一些企业遇到的问题，那么在采购层面上，企业是否碰到了采购成本居高不下，采购效率想提升但提升的幅度很小，采购周期相对较长，资金的周转率没有办法快速地提高。

面对这样的问题，神州数码的协议采购解决方案，帮助企业解决在采购的过程中存在的这样的问题。同时，在采购的这个管理过程中，提炼出了一个问题 JIT 的场景，是由丰田公司提出的。当然这样的一个管理模式现已广泛应用到了非制造行业，神州数码制定了七个标准，从而在采购层面上帮助企业去实现采购利用最大化。但又发现，很多的企业是一种工程性的企业，或是一种集团性的企业，他们的生产厂房分布在全国各地，为了控制采购的价格具有更多的商务话语权，他们往往采用的是集中采购的模式或是通过工程而引发的招投标的模式，那么在这种集中采购的模式下，企业往往会通过这种招投标的方式实现阳光采购，去实现整体集中采购的效率，因此神州数码提供了 Bidding，招投标的工程管理的解决方案。那么在市场大的环境非常好的情况下，或者说现在神州数码接触到一些制造型的客户，他们的订单需求量会出现忽然的增加和放大，但是由于自己产能的瓶颈导致无法满足客户的需求，因此他们会去寻找第三方合作厂商，因此神州数码在这里面称为第三方，如何跟踪生产进度，是神州数码的系统需要为您解决的问题。那么解决了以上这些过程后，才会发现在采购料件经常会出现采购物品多余，导致厂商的库存积压，那么积压意味着什么，实际上意味着企业流动资金的占用。那么神州数码通过 VMI 供应链托管库存的管理模式，帮助企业去最大化地释放因不合理的采购所占用的库存产生的流动资金，何不把这样的流动资金释放出来去进行产品品牌的提升，去进行销售渠道的拓展。那么上述的 Easy Bridge 阐述的九个不同的场景，帮助企业解决不同的层面上存在的问题，仅仅是帮助企业打通了上游和下游之间的供应链，那么要实现的最终目标是要实现企业内部到外部整体供应链的打通。因此神州数码多个产品线实现了标准的一体化集成。Easy Bridge 引进了 PLM、ERP 等系统进行了标准的集成，帮助企业更快速进行整体化项目实施，从而为企业带来效率。

那么，有一些大型的企业会用到一些大型的 ERP，神州数码知道无论是企业间的一体化解决方案，还是整体的一体化解决方案都会帮助企业带来快速响应市场的需求，提高客户的满意度。降低在采购过程中的运营成本。也可以促使神州数码业务人员角色的转变，所有的业务人员与它们客户进行接触的过程中及时完成客户的要求。在降低了运营成本的前提下，可以去规范整个供应链的业务操作，原来可能仅仅局限的是规范企业内部的业务操作，那么此时神州数码要把要求提高，要把与它们合作的供应商、渠道商、客户，使他们和神州数码的业务日常管理规范化。最终可以使企业自身以及企业与上下游合作伙伴所组成的企业链总体的竞争能力实现了提升。

（三）神州数码与客户共同成长

神州数码集团是做 IT 分销的，从 2000 年开始，在分销管理上就已建立了电子商务的分销系统，到 2008 年年底，累计在分销系统上的交易额已突破了 500 亿元，有 6000 家以上的代理商和分销商通过这样的分销系统与神州数码进行分销上的管理交易。同时神州数码也实现了与后台 ERP 的无缝集成，被国家信息化评测中心评为最佳的电子商务应用者。在渠道层面上帮助中国联通集团下的联通华盛通信有限公司实现了手机分销以及网上零售业务。在采购层面上，帮助全球第四大显示器制造商唯冠科技有限公司构建了采购一体化的解决方案，分别在企业内部实现了神州数码易拓 ERP 系统和易桥电子商务系统一体化解决方案，并且帮助其在采购的基础长实现了 JIT 精益供应的管理模式，从而帮助唯冠科技实现了生产规模的快速扩张。

问题分析：
1. 神州数码是如何帮助企业进行供应链管理规划的？
2. 神州数码是如何为客户量身定做供应链管理解决方案的？

# 参考文献

[1] 燕春蓉．电子商务与物流［M］．2版．上海：上海财大出版社，2010.

[2] 王维民．电子商务与物流［M］．北京：科学出版社，2009.

[3] 杨军．物流与电子商务［M］．北京：人民交通出版社，2009.

[4] 周长青．电子商务物流［M］．北京：北京大学出版社，2006.

[5] 朱美虹．电子商务与现代物流［M］．北京：中国人大出版社，2010.

[6] 郑承志．电子商务与现代物流［M］．大连：东北财大出版社，2006.

[7] 程越敏．电子商务实务［M］．北京：高等教育出版社，2010.

[8] 何明珂．电子商务与现代物流［M］．北京：中国财政经济出版社，2010.

[9] 王玫．物流法律法规［M］．武汉：华中科大出版社，2010.

[10] 特伯恩，等．电子商务管理新视角［M］．王理平，等，译．2版．北京：电子工业出版社，2007.